Memel
Litauen
1. Baltische Front
(Bagramjan)
Nidden
Tauroggen
Memel
Heeresgruppe Nord
bis 25. Januar Heeres-
Gruppe Mitte
einhardt, später Rendulic)
Tilsit
Kraupischken
KÖNIGSBERG
Pregel
Insterburg
Gumbinnen
dingen
Heiligenbeil
DANZIG
Braunsberg
Goldap
Wolfsschanze
Lotzen
Elbing
Ostpreußen
Augustow
Grodno
Bischofsburg
Nikolaiken
Allenstein
Deutsch
Eylau
Ortelsburg
Graudenz
Gilgenburg
Białystok
Kulm
Nowogrod
Thorn
2. Weißrussische Front
(Rokossowskij)
hensalza
Włocławek
Płock
Weichsel
Bug
Modlin
WARSCHAU
Brest
Sochaczew
Kolo
Kutno
POLEN
1. Weißrussische Front
(Schukow)
alisch
Łódź
Lublin
eeresgruppe A
(Harpe)
Radom
Skarzysko
Kamienna
Radomsko
Ostrowiec
Tschenstochau
Sandomierz
Weichsel
1. Ukrainische Front
(Konjew)
Miechow
Kosel
Kattowitz
Rzeszów
Tarnow
KRAKAU
Przemyśl
Jasło
Neusandez

Guido Knopp

Der Sturm

Guido Knopp

Der Sturm

Kriegsende im Osten

Econ

Econ ist ein Verlag
der Ullstein Buchverlage GmbH

ISBN 3-430-15518-5

Buchgestaltung und Layout:
Büro Jorge Schmidt, München
Repro: Franzis print & media
GmbH, München
Druck und Bindearbeiten:
MOHN Media · Mohndruck GmbH,
Gütersloh

Vorwort

»Wir haben noch immer Funkverkehr mit Berlin, wo sich der Feind den Weg ins Stadtinnere erkämpft hat. Das Herz blutet bei diesen Gesprächen. Es ist wie der Kampf der Westgoten am Vesuv.« Ende April 1945 sandte Hitlers Helfer Alfred Jodl diese verzweifelte Botschaft an seine Frau. Vergeblich hatte er von außen die letzten Kräfte der ausgebluteten Wehrmacht zu mobilisieren versucht, um den Tyrannen aus der von der Roten Armee eingeschlossenen Hauptstadt zu befreien. Die Niederlage des Reiches vor Augen, verfiel er wie so viele andere in die schicksalstönende Untergangsromantik, mit der Hitler seine Paladine bis zuletzt in Bann hielt – wider jede Vernunft und ohne Rücksicht auf die Opfer, die der aussichtslos gewordene Kampf kostete. Bedenkenlos verknüpfte der Diktator das Los Deutschlands mit seinem eigenen: alles oder nichts. Wenn schon kein Sieg, dann der totale Untergang.

Gut sechs Jahrzehnte sind vergangen, seit der Krieg sein Ende fand und das Nazireich in einem Meer von Blut und Tränen versank. Viele Städte waren nur noch schwelende Ruinenfelder, landauf, landab bot sich den Siegern ein gespenstisches Bild. Millionen Soldaten waren an den vielen Fronten gestorben; Millionen Zivilisten in den Bombennächten, auf der Flucht und durch Vertreibung umgekommen; Millionen in Gaskammern ermordet worden.

Seinen Höhepunkt erreichte dieser Krieg im Osten. »Ostfront« – schon das Wort klang nach Tod. Mit dem Überfall am 22. Juni 1941 hatte Hitlers Vernichtungsfeldzug gegen die Sowjetunion begonnen.

Hier wollte er seine beiden Hauptziele verwirklichen: die Eroberung von »Lebensraum im Osten« und die Ermordung der Juden Europas. Beides war für ihn die Vorstufe zum Endziel, dem wahnwitzigen Traum eines großgermanischen Reiches vom Atlantik bis zum Ural. Doch spätestens seit Stalingrad stand fest, dass der Krieg nicht mehr gewonnen werden konnte. Nach drei Jahren und Millionen Toten war die Wehrmacht in die alten Reichsgrenzen zurückgedrängt worden.
Im Oktober 1944 erreichte die Rote Armee im Osten deutschen Boden. Nun wurden die Ostpreußen Opfer eines Hasses, den die Deutschen selbst gesät hatten. Nemmersdorf bildete den Anfang: Stalins Truppen rächten sich mit einem Blutbad unter der Zivilbevölkerung für jene Grausamkeiten, die in deutschem Namen auf dem Boden der Sowjetunion begangen worden waren. Goebbels' Propaganda schlachtete die Massaker nach Kräften aus: Das würde dem gesamten deutschen Osten drohen, wenn die Russen kämen! Der Kampfeswille wurde neu entfacht, und noch einmal gelang es der Wehrmacht, die Front im Osten zu stabilisieren. Von Oktober 1944 bis zum Januar 1945 verharrte die Rote Armee im Grenzland von Ostpreußen. Das war nur die Ruhe vor dem »Sturm«. 2,2 Millionen Soldaten, 33 500 Geschütze und 7000 Panzer standen Anfang Januar 1945 bereit für den entscheidenden Vorstoß nach Berlin.
Vieles wäre der Zivilbevölkerung erspart geblieben, hätte man sie rechtzeitig evakuiert. Doch die Menschen durften ihre Dörfer und Städte nicht verlassen. »Jede Räumung wird die Moral der Truppe und der Zivilbevölkerung schwächen«, verfügte Ostpreußens Gauleiter Erich Koch. Ein Bauernhof voller Kinder werde hartnäckiger verteidigt als ein leeres Gehöft – so das menschenverachtende Kalkül der obersten Führung. Als die Rote Armee schließlich am 12. Januar 1945 ihre Großoffensive startete, durchstieß sie binnen weniger Tage die dünnen deutschen Verteidigungslinien und drang bei Elbing bis zur Ostseeküste vor: 2,5 Millionen Menschen saßen in der Falle. So sammelten sich überall in aller Eile Trecks, die zu den Häfen strebten. Zu Fuß, mit Schlitten oder Pferdewagen versuchten die angstvollen Menschen, ein rettendes Schiff zu erreichen. Doch vor den vermeintlich sicheren Häfen lag das Haff, eine bis zu zwanzig Kilometer breite, siebzig Kilometer lange Ostseebucht, die durch eine fünfzig Kilometer lange Landzunge, die Nehrung, von der offenen See getrennt ist. Schon die Überquerung des zugefrorenen Haffs war für viele ein Wettlauf mit dem Tod. In der dunklen Eiswüste kamen sie vom festen Weg ab, verirrten sich und brachen ein.

Während Millionen auf der Flucht nach Westen waren, vollzog sich im Osten Deutschlands eine Tragödie anderer Art. Um den Vormarsch der Roten Armee Richtung Berlin zu verzögern, wurden Städte wie Königsberg, Breslau und Kolberg zu »Festungen« erklärt. Sie sollten bis zum letzten Mann gehalten werden und damit starke russische Kräfte binden. Für die Eingeschlossenen begannen qualvolle Monate zwischen Bangen und Hoffen. Hinter hastig aufgebauten Panzersperren, eilig ausgehobenen Gräben und Einmannbunkern hausten Hunderttausende Zivilisten, verteidigt von zusammengewürfelten Einheiten aus Wehrmacht, Volkssturm und Hitlerjungen. Wer nicht weiterkämpfen wollte, wurde zur Abschreckung als »Verräter« aufgehängt. Aus allen Rohren feuerte die sowjetische Armee auf die Eingekesselten, Straße um Straße wurde von den Rotarmisten eingenommen. Am 18. März fiel Kolberg, am 9. April Königsberg, am 6. Mai schließlich auch Breslau. Die Rache der Sieger traf vor allem die Frauen: Vergewaltigungen, Plünderungen und Morde waren an der Tagesordnung. Der dramatische Kampf ums Überleben unter der Besatzung begann. Erst Jahre später wurden die letzten Überlebenden aus ihrer Heimat ausgewiesen, die ihnen zu einem Ort des Schreckens geworden war.
Mitte April begann der Großangriff auf Berlin. Mit über einer Million Soldaten setzte Marschall Schukow an der Oder zum entscheiden den Stoß an. Das Ringen um die Schlüsselstellung auf den Seelower Höhen wurde zum Fanal. Hier sollte nach Hitlers Willen das letzte Aufgebot der Wehrmacht wie ein »Wellenbrecher« die Flut der heranströmenden Roten Armee aufhalten. Nach vier Tagen war der idyllische Landstrich, den der Dichter Theodor Fontane einst als »fernes Wunderland« gepriesen hatte (»alles Friede, Farbe, Duft«), in eine gesichtslose Kraterlandschaft verwandelt. Zehntausende Tote hatte der erbitterte Kampf beide Seiten noch einmal gekostet. Nun lag der Weg in die Hauptstadt offen. Am 21. April standen Schukows Soldaten am Stadtrand von Berlin. Als die ersten sowjetischen Granaten in der Innenstadt explodierten, war auch bei Hitler endlich die Fassade aus Unnachgiebigkeit und falscher Siegeszuversicht zerstört. »Der Krieg ist verloren«, rief der »Führer« unter Tränen in einer dramatischen Lagebesprechung im Bunker. Doch aufgeben, um Leben zu schonen, kam für ihn nicht infrage. Er werde in Berlin bleiben, und wenn es denn sein müsste, auf den Stufen der Reichskanzlei fallen. Am 25. April hatte die Rote Armee die Reichshauptstadt eingeschlossen. Der Endkampf um das Herz der Stadt begann.

Was folgte, war der jämmerliche Untergang eines Reiches, das tausend Jahre bestehen sollte und nach zwölf zusammenbrach. Während Berlin im Straßenkampf versank und Zigtausende Menschen dieses letzte Aufbegehren mit ihrem Leben bezahlten, entzog sich der Verantwortliche »fünf nach zwölf« durch Selbstmord. Und mit einem Schlag versank das Nazireich. Sein mörderisches Dasein hatte allein von Hitler abgehangen. Ohne ihn war es ein Totenschiff. »Hitlers Tod«, sagte seine Sekretärin Traudl Junge, die bis zum bitteren Ende bei ihm ausgeharrt hatte, »war für uns wie das Ende eines Zustands der Massenhypnose. Plötzlich entdeckten wir in uns wieder eine unbezwingbare Lust zu leben, wir selbst zu werden, menschliche Wesen zu sein.«

Die Bilanz des Krieges im Osten? Für den Kriegsherrn Hitler war der Krieg nicht nur eigentliches Staatsziel, er war auch Selbstzweck, und der Überlebenskampf das Gesetz jeder Existenz: der Wahn des Usurpators, für den es nur ein Entweder/Oder gab – Siegen oder Untergehen. Er fand genügend Generäle, die ihm folgten. Millionen von Soldaten wurden nicht gefragt, ebenso wenig die Zivilbevölkerung. Vier Millionen Deutsche hatten als Soldaten für ein mörderisches Vaterland ihr Leben gelassen. 2,5 Millionen Zivilisten kamen in den Bombennächten um, auf der Flucht, durch die Vertreibung.

Diejenigen, die das schreckliche Geschehen überstanden hatten, fanden keine Zeit für Tränen. Nichts als überleben wollten sie. Noch Hunderttausende verhungerten in jenem Jahr – gefangene Soldaten, Greise und Kranke. Konrad Adenauer sah das deutsche Volk »zugrunde gehen – langsam, aber sicher«. Der alte Herr aus Rhöndorf hatte seine Deutschen jedoch ziemlich unterschätzt. Sie streckten Leberwurst mit Holz, sie bückten sich nach Ami-Kippen, fälschten Fragebögen und tauschten Silber gegen Butter. Mitunter war die neue Zeit schon da, bevor die alte endete: Noch vor der Kapitulation hatte sich bereits der erste Ortsverein der SPD formiert; am Tag von Hitlers Selbstmord war in der Nähe von Küstrin die »Gruppe Ulbricht« gelandet, Schlangenei des späteren DDR-Regimes.

Das Jahr war Ende und Anfang: Schlussstrich unter eine Zeit der Weltkriege, die künftige Historiker als einen großen Orlog sehen werden – 1914 bis 1945, der Dreißigjährige Krieg des zwanzigsten Jahrhunderts. Und der Anfang einer neuen Ära: einer Friedenszeit, die allerdings nicht durch menschliche Vernunft gesichert wurde, sondern durch die Angst vor der Atombombe.

»Eherne Beute« – Sowjet-Dichter Jewgenij Dolmatowski mit einer Hitler-Trophäe in Berlin

»Schreckliche Tragödie« – Ostpreußische Zivilisten flüchten über das Eis des Frischen Haffs nach Westen

Der »größte Bluff seit Dschingis Khan« – so nannte Hitler den Aufmarsch der schlagkräftigsten Streitmacht der Geschichte: Während an der Grenze zu Ostpreußen über zwei Millionen Rotarmisten aufmarschierten, zog der Diktator noch Truppen Richtung Westen ab. Zugleich verbot er die Evakuierung der Zivilisten. Mit der sowjetischen Offensive vom 13. Januar 1945 begann für die Bevölkerung Ostpreußens eine schreckliche Tragödie.

Die Schlacht um Ostpreußen

Im letzten Kriegswinter ritt Alexander Fürst Dohna mit russischer Pelzmütze durch die Wälder rund um Schloss Schlobitten. Er nahm Abschied: »Fast niemand konnte und wollte daran glauben, dass wir bald unser ganzes bisheriges Leben würden aufgeben müssen.« Düstere Vorahnungen, die allmählich zur Gewissheit wurden, ließen ihm keine Ruhe: »Ich ritt die langen Alleen entlang und fragte mich, wer würde in den Wäldern künftig das Holz schlagen, wer würde die jungen Bäume in die Kulturen pflanzen, wer würde unsere Rinder, Schafe, Pferde weiterzüchten, wer unsere Felder abernten?«

Das prächtige Schloss mit all den dazugehörigen Ländereien war der Stammsitz des Hauses Dohna-Schlobitten. Sollte das gesamte Anwesen etwa bald in Trümmern liegen? Solche Gedanken plagten den Fürsten. Dass sich der 45 Jahre alte Schlossherr, der Stabsoffizier beim LXXV. Armeekorps in Italien gewesen war, mitten im »totalen« Krieg auf dem heimatlichen Gut aufhalten konnte, hatte seinen Grund: Dohna war Ende April 1944 unehrenhaft aus dem Wehrdienst entlassen worden, weil er sich geweigert hatte, die Erschießung von mehreren

»Imposantes Bauwerk« – Schloss Schlobitten war für Jahrhunderte der Sitz der fürstlichen Familie zu Dohna

US-Gefangenen anzuordnen. Die daraufhin verhängte Strafe lautete: Schanzeinsatz am »Ostwall«. Doch in dieser Situation kamen ihm seine Beziehungen als Gutsherr zugute. Der Kreisbauernführer von Preußisch Holland machte seinen Parteigenossen klar, dass der Mann in seinem verwaisten landwirtschaftlichen Großbetrieb viel nützlicher sei. Zu dieser Zeit standen schon fast alle Männer an der Front. Hinzu kam: Seit Herbst 1944 wurde nahezu jeder, der bislang zu jung oder zu alt für den Militärdienst gewesen war beziehungsweise für die Kriegswirtschaft als »unabkömmlich« galt, zum »Volkssturm« einberufen – also sämtliche »Volksgenossen« im Alter zwischen 16 und 60 Jahren. Mehr als drei Viertel der Bevölkerung, die in Ostpreußen zurückblieb, waren daher nun Frauen, Kinder und alte Leute. Auf den dortigen Schlössern, den Gütern oder den Bauernhöfen taten aus diesem Grund viele Kriegsgefangene Dienst: Polen, Franzosen und Russen. Sie waren als Zwangsarbeiter den jeweiligen Stätten zugeteilt worden.

Die unmenschliche Kriegführung bedrückte mich am meisten. Wir hörten von Massenerschießungen, vom Wüten der SS-Einsatzgruppen. Aber es war gefährlich, über diese Vorgänge zu sprechen. Und so schwieg man, wodurch die Schuld noch drückender wurde.

Alexander Fürst zu Dohna-Schlobitten

Fürst Dohna war nicht der Besitzer irgendeines Schlosses in dieser Region. Im Kreis Preußisch Holland südöstlich von Elbing (polnisch: Elblag) gelegen, zählte dieses Anwesen zu den prächtigsten in Ostpreußen. Die Ruine heute lässt immer noch erahnen, dass hier einmal ein wahrhaft imponierendes Bauwerk stand. Beeindruckende Fotografien von damals bestätigen diesen Eindruck. Kaiser Wilhelm II. gastierte einst hier, um mit Fürst Richard zu Dohna in den Wäldern zu jagen. Hermann Göring kam zur Jagd, der landwirtschaftlich interessierte Heinrich Himmler wurde im Horch-Cabriolet des Fürsten Alexander zu Dohna durch die schöne Landschaft chauffiert.

Der Fürst räumte später ein, bei den Wahlen im November 1932 für die NSDAP gestimmt zu haben. Es gab sie lange, die Schnittmenge gemeinsamer Interessen, bei national-konservativ gesinnten Adligen und Protagonisten der NS-Bewegung. Der Versailler Vertrag sorgte parteiübergreifend für Erbitterung. Ostpreußen war durch den polnischen Korridor vom restlichen Reichsgebiet abgetrennt. Die Weimarer Republik war verpönt, zumindest »ungeliebt«, der Kommunismus das gemeinsame Feindbild. Auch Claus Schenk Graf von Stauffenberg hatte einst Hitlers Aufstieg gutgeheißen, bevor er sich angesichts der Verbrechen des Regimes zum entschlossenen Gegner wandelte. In den Abgründen des Vernichtungskriegs schieden sich die Geister. Nach

»Land der dunklen Wälder und kristallnen Seen« – Bäuerliche Arbeit und die Schönheit der Natur prägten Ostpreußen

dem gescheiterten Attentat des 20. Juli spürte die Gestapo auch dem Fürsten Dohna nach. Doch dieser war gewieft genug zu verschleiern, was er schon seit dem Frühjahr 1944 plante: die Flucht seiner Familie und all der Menschen, die ihm als Gutsherren anvertraut waren.

Dohna war Realist. Er zählte zu den wenigen, die sich schon früh mit dem Gedanken trugen, die Heimat verlassen zu müssen. Er beschaffte sich Kartenmaterial der Wehrmacht im Maßstab 1 : 300 000 und nahm sich viel Zeit, um eine sichere Route für den Treck zu finden. Welche Straßen würde die Wehrmacht benötigen? Wo könnte es bei einer Massenflucht zu Engpässen kommen? Solche Gedanken waren in den Augen des Regimes Hochverrat. Man musste sich vorsehen, wem gegenüber man sich offenbarte. Die militärische Lage gab dem Fürsten Recht. Am 22. Juni 1944, es war der dritte Jahrestag des Überfalls auf die Sowjetunion, begann die Rote Armee ihre Großoffensive gegen die Heeresgruppe Mitte. Dass der Krieg einmal zu seinem Ausgangspunkt zurückkehren könnte, war für viele – Zivilisten und Soldaten – schwer zu begreifen.

Als ich Ende Januar 1943 aus Stalingrad zurückkehrte, war es mir zur Gewissheit geworden, dass wir nicht nur den Krieg, sondern auch unsere Heimat verlieren würden.

Alexander Fürst zu Dohna-Schlobitten

Die Übermacht von Stalins Streitmacht war jedoch enorm: Im Bereich der Heeresgruppe Mitte standen 2,2 Millionen Soldaten der Roten Armee gegen nur eine halbe Million der Wehrmacht. Nach der Landung der Westmächte in der Normandie am 6. Juni 1944 hatte Hitler viele Reserven an die Front im Westen abgerufen. Im Osten wiederholte der deutsche Kriegsherr nun den gleichen Fehler, den Stalin beim Einmarsch der Wehrmacht in die Sowjetunion gemacht hatte. In seiner wahnhaften Haltung befahl der NS-Diktator, keinen Meter Boden preiszugeben und eine bewegliche Verteidigung nicht zuzulassen. Das führte zu einer militärischen Katastrophe: Von 38 deutschen Divisionen wurden zwei Drittel vernichtet, etwa 350 000 Soldaten wurden verwundet, getötet oder gerieten in Gefangenschaft. Die Heeresgruppe Mitte brach vollständig zusammen. Die Folgen dieses Schlages waren noch verheerender als die Niederlage von Stalingrad. Wie eine riesige Welle drangen die sowjetischen Verbände durch eine 350 Kilometer breite Schneise nach Westen vor. Die Lage war derart bedrohlich, dass Hitler sogar die »vorübergehende Evakuierung« der nicht kampffähigen Bevölkerung aus dem Memelland genehmigte.

Ende Juli 1944 zogen die ersten Flüchtlingstrecks durch Ostpreußen. Die Hitler-Propaganda posaunte ritualgemäß, dass die deutsche Wehrmacht die Sowjets zurückschlagen werde. In der Tat sollte es zwar bald

gelingen, den russischen Einbruch abzuriegeln. Das führte dazu, dass sich viele Bewohner der Provinz in trügerischer Sicherheit wogen. Die Front war aber nur vorübergehend stabilisiert worden. Der nächste Schlag gegen Ostpreußen folgte aus der Luft. In zwei Nächten Ende August klinkten britische Bomber Hunderte Tonnen tödliche Fracht über Königsberg aus. Neue Brandstrahlbomben schürten einen grauenvollen Feuersturm. Mehr als 5000 Menschen kamen in den Flammen um, 150 000 Menschen wurden obdachlos.

»Vollständiger Zusammenbruch« – Soldaten der deutschen Heeresgruppe Mitte fliehen vor der vorrückenden Roten Armee, Sommer 1944

Manche hohen Militärs waren in ihren Einschätzungen realistischer als die Parteibonzen in den Gauen und Kreisen. Generalleutnant Friedrich Hoßbach, der seit Juli 1944 Oberbefehlshaber der 4. Armee in Ostpreußen war, regte bereits Ende August die Evakuierung der gesamten Zivilbevölkerung aus den östlichen Gebieten der Provinz an. Er wollte dadurch verhindern,

Nach dem Bombenangriff auf Königsberg ist vieles in den Menschen kaputtgegangen.

Hannelore Thiele,
Jahrgang 1932

»Keinen Meter Land preisgeben« – Der ostpreußische Gauleiter Koch (unten) inspiziert einen »Einmannbunker« des so genannten Ostwalls

dass Frauen und Kinder in die Kampfhandlungen einbezogen wurden. Doch Gauleiter Erich Koch erklärte kategorisch: »Jede Räumung wird die Moral der Truppe und der Zivilbevölkerung schwächen.« Ein Bauernhof voller Kinder werde hartnäckiger verteidigt als ein leeres Gehöft – so die menschenverachtende Devise der obersten Führung. Fluchtversuche standen unter Strafe.

Überdies brüstete sich Koch in seiner Funktion als »Reichsverteidigungskommissar« mit der Errichtung des so genannten Ostwalls. Hunderttausende Menschen wurden dafür von ihrem Arbeitsplatz in das grenznahe Gebiet zum Graben und Schanzen geschickt. Erich Koch behauptete Hitler gegenüber, die Volksgenossen würden aus »Liebe zum Führer« freiwillig Dienst leisten. Tatsächlich aber schufteten Tausende von Menschen einzig auf Befehl. Koch war davon überzeugt, mit Schützen- und Panzergräben den Vormarsch der Roten Armee aufhalten zu können. Als Generaloberst Georg-Hans Reinhardt forderte, die Linie weiter im Landesinneren zu ziehen, warf der Parteimann dem Militär Defätismus vor.

Wir fanden es unerträglich, dass man der Bevölkerung nicht die Möglichkeit gegeben hatte, sich rechtzeitig auf eine Flucht einzustellen. Das ist eine schwere Schuld, die besonders auf dem damaligen Gauleiter Erich Koch lastet. Er selbst hat sich natürlich rechtzeitig in Sicherheit gebracht.

Bernd Freytag von Loringhoven, letzter Adjutant von Generaloberst Guderian

Für sich selbst traf Koch längst Vorkehrungen, um im Ernstfall das sinkende Schiff rechtzeitig verlassen zu können. Er wusste, was er in der Sowjetunion, als Reichskommissar der Ukraine, hinterlassen hatte: ein Meer aus Blut und Tränen. »Wir sind die Herrenrasse«, das hatte er immer wieder von sich gegeben. »Ich werde das Letzte aus diesem Land herauspressen ... Der niedrigste deutsche Arbeiter ist biologisch tausendmal wertvoller als die Bevölkerung hier.« Ausbeutung, Zwangsarbeit, Hungersnot und Massenmord – das war damals die grausame Bilanz des Erich Koch und seiner Schergen im besetzten Land.

Nun drohte all das auf das deutsche Volk zurückzuschlagen. Im Herbst 1944 sollte es zu einer weiteren sowjetischen Offensive kommen. Wertvolle Wochen waren von Mitte August bis Oktober verstrichen, in denen sich die Bewohner grenznaher Gebiete noch in Sicherheit hätten bringen können. Im Streit zwischen der Gauleitung und der Heeresgruppe entschied letztlich Hitler. Er weigerte sich strikt, Ostpreußen zum Operationsgebiet zu erklären. Damit war dem Militär die Kontrolle auch über den zivilen Bereich entzogen.

Mein Vater hat gesagt, bei uns waren die Russen schon 1914. Die kommen wieder, aber die hauen auch wieder ab. Alles bleibt so, wie es ist.

Heinz Grönling, Jahrgang 1931

»Untauglicher Versuch, die Russen aufzuhalten« – Bau eines Panzergrabens an der ostpreußischen Grenze im Sommer 1944

Bis wenige Kilometer vor der Front hatte Erich Koch allein das Sagen. Und er meldete dem Kriegsherrn: »In Ostpreußen gibt es nur einen Glauben und das ist der Glaube an den Führer. Wenn es nötig ist, mein Führer, werden Mann, Frau und Kind die Heimat mit nackten Fäusten verteidigen.« Dies war nur ein Beispiel jener völligen Verblendung angesichts der drohenden Katastrophe.
Der sowjetische Angriff Mitte Oktober 1944 sollte frontal in Richtung Königsberg erfolgen. Am 16. Oktober überschritt die Rote Armee die Grenze nach Ostpreußen. Das Grollen der Front versetzte die Bevölkerung in Angst und Schrecken. Zum ersten Mal rollten sowjetische

»Das verfluchte Deutschland« – Die ersten sowjetischen Soldaten überschreiten im Herbst 1944 die ostpreußische Grenze

Panzer auf deutschen Boden. Nach wenigen Tagen standen sie fünf Kilometer tief auf ostpreußischem Gebiet. In drei Richtungen spaltete sich der Angriffskeil auf, wobei die beiden Kreise Gumbinnen und Goldap in der Mitte dieser Offensive lagen.

Am 21. Oktober 1944 schließlich erreichten Verbände der 11. Gardearmee Nemmersdorf. Eine nun eilends gestartete deutsche Gegenoffensive warf die Rotarmisten jedoch zurück. Am 5. November waren die Russen fast wieder von deutschem Boden vertrieben – vorerst. Doch die zwei Wochen hatten ausgereicht, um den Menschen einen bitteren Vorgeschmack auf das zu geben, was sie in den kommenden Monaten erwartete: Soldaten und Männer des Volkssturms fanden in vielen der zurückeroberten Orte fast nur noch Tote vor – erschossen, erschlagen oder auf andere Weise misshandelt. Es waren all die Menschen, die vor Ort geblieben waren. Ein Ortsname geriet von da an zum Symbol für die Gräuel der Roten Armee auf deutschem Boden: Nemmersdorf.

»Die bestialische Bluttat von Nemmersdorf wird die Bolschewisten teuer zu stehen kommen«, ließ Joseph Goebbels in sämtlichen

»Bitterer Vorgeschmack auf das Kommende« – Noch konnten die deutschen Soldaten die Rote Armee aufhalten

Bei den ersten Kämpfen in Ostpreußen schworen wir: »Die deutschen Frauen und Männer werden noch hundert Jahre an den Aufenthalt der russischen Panzerfahrer zurückdenken!« Das haben wir genau erfüllt. Wir haben Schrecken gesät.

Andrej Gez, Soldat

deutschen Zeitungen am 27. Oktober 1944 verkünden. Das Massaker war auch sofort Thema der Wochenschau. In immer neuen Variationen rief die Nazi-Führung zur »Rache für Nemmersdorf!« auf. Der Reichspropagandaminister wollte die schrecklichen Ereignisse ausschlachten, um den Kampfeswillen der Wehrmacht neu zu beleben. Flugblätter informierten die Soldaten an der Front über die grausigen Vorfälle in der Heimat. Für die erschöpften Soldaten sollten die Nachrichten über die Ereignisse in Ostpreußen ein Ansporn sein, die letzten Kräfte im Kampf gegen den vielfach überlegenen Gegner zu mobilisieren.

Inzwischen ist nach kritischer Prüfung zeitgenössischer Quellen und diverser Augenzeugenberichte eindeutig geklärt, dass viele der Schilderungen zu den Vorgängen in Nemmersdorf übertrieben waren und dass die Opfer damals für Filmaufnahmen »öffentlichkeitswirksam« präsentiert wurden: die Frauen mit entblößtem Unterleib, daneben tote Kinder und Greise. Mit eiskalter Berechnung instrumentalisierte Goebbels das Leid der Menschen. Sein Kalkül ging jedoch nur zum Teil auf. Mag sich mancher Soldat, Hitlerjunge oder Angehörige des Volkssturms dadurch mehr denn je angespornt gefühlt haben, das eigene Vaterland, Frauen, Kinder und Familien zu verteidigen – bei der

»Furchtbare Gräueltaten« – Ein deutscher Offizier untersucht getötete Zivilisten in Nemmersdorf

»Vorstoß der Russen zunächst gestoppt« – Ein zerstörter Sowjetpanzer in der Nähe von Nemmersdorf

Mehrheit der Bevölkerung weckte die Propaganda nicht den Willen zum Widerstand, sondern den Entschluss, die Heimat so schnell wie möglich zu verlassen. Im grenznahen Bereich brach sogar Panik aus. Eine erneute unkontrollierte Fluchtbewegung setzte ein, sodass die Gauleitung schließlich auf Drängen des Militärs die Evakuierung eines etwa dreißig Kilometer langen Streifens hinter der Front gestattete.
Die Sowjets unternahmen noch weitere Vorstöße, diesmal ohne nennenswerten Geländegewinn, und blieben dann auf einer Länge von 150 Kilometern etwa vierzig Kilometer tief im Grenzland von Ostpreußen stehen. Für das Oberkommando der Roten Armee war dies ein Misserfolg: »Die unbefriedigenden Ergebnisse des Oktobers zeigten, dass wir den schon länger im Einsatz befindlichen Divisionen eine Ruhepause gönnen, unsere Truppen umgruppieren, die rückwärtigen Dienste nachziehen und die für die anschließende Entwicklung der Operation erforderlichen materiellen Vorräte anschaffen mussten.« Das mochte auf deutscher Seite noch einmal die Illusion wecken, dass Stalins Armeen vielleicht doch nachhaltig erschöpft waren. Tatsächlich bedeutete die Zurückhaltung der russischen Militärs jedoch nichts anderes, als dass sich entlang der Grenze zum Deutschen Reich innerhalb von wenigen Wochen einer der gewaltigsten Truppenaufmärsche der Geschichte vollziehen sollte.

Ich testete, wie lange man brauchen würde, um abseits der großen Straßen etwa 45 Kilometer zurückzulegen. An einem regnerischen Novembertag ritt ich die Strecke von Schlobitten nach Prökelwitz im Galopp in einer Stunde und zwanzig Minuten – so hatte ich einen gewissen Erfahrungswert.

Alexander Fürst zu Dohna-Schlobitten

Auf Schloss Schlobitten gingen inzwischen die Vorbereitungen zur Flucht weiter. Einen großen Treck zu organisieren, erforderte sehr viel Weitsicht. So erwies es sich in Kriegszeiten als gar nicht so einfach, eisenbereifte Ackerwagen durch moderne gummibereifte Fuhrwerke zu ersetzen. Auch die sonst für die Wagen üblichen Seitenbretter wurden durch Leitern mit Sprossen ersetzt. Das machte sie wesentlich leichter. Während sich die Bevölkerung – von der Propaganda getäuscht – mehrheitlich in Sicherheit wähnte, verließ ein Mann bei Nacht und Nebel heimlich sein ostpreußisches Quartier. Kurz zuvor hatte er noch verkündet, er wolle in keinem Falle fortgehen, ganz egal, wie lange die Krise auch andauern würde: Es war der »Führer« selbst. Schon vor Beginn des Russlandfeldzugs hatte sich der Kriegsherr im Wald bei

»Im Osten passiert nichts« – Hitler mit Göring (links) und Generalstabschef Guderian (rechts) im Führerhauptquartier Adlerhorst

Rastenburg die so genannte Wolfsschanze errichten lassen. Diese Unterkunft wurde im Laufe der Jahre mit mächtigen Betonmauern und Bunkern immer wieder verstärkt. Nun aber rückten die sowjetischen Truppen bedenklich näher. Und daher drängten Hitlers Helfer Wilhelm Keitel und Alfred Jodl den Diktator, das Hauptquartier zu wechseln. Dies geschah dann auch am 20. November 1944.

Nun wurde von dem bei Bad Nauheim gelegenen »Adlerhorst« aus Krieg geführt. Am zweiten Weihnachtsfeiertag, dem 26. Dezember, fand sich der Chef des Generalstabs des Heeres dort ein, Generaloberst Heinz Guderian. Er warnte Hitler eindringlich vor der Überlegenheit der Sowjets und rechnete mit einer neuen Großoffensive gegen Ostpreußen im Januar. »Der größte Bluff seit Dschingis Khan«, kommentierte der deutsche Diktator die Zahlen, die Guderian von der Aufklärungsabteilung »Fremde Heere Ost« mitgebracht hatte: eine elffache Überlegenheit bei der Infanterie, eine siebenfache bei den Panzern, eine zwanzigfache bei den Geschützen. Auch Heinrich Himmler, dessen militärischer Einfluss nach dem 20. Juli erheblich gewachsen war, spielte die Zahlen herunter: »Ich glaube nicht, dass die Russen überhaupt angreifen. Ich bin fest davon überzeugt, dass im Osten nichts passiert.«

Guderian war ein sehr temperamentvoller Mann, der es verstand, die Lage in ihrer ganzen Gefährlichkeit darzustellen. Aber er machte trotz seiner eindringlichen Worte letztlich doch keinen Eindruck auf Hitler.

Bernd Freytag von Loringhoven, letzter Adjutant von Generaloberst Guderian

Schon Wochen zuvor hatten Hitlers Truppenverschiebungen im Oberkommando des Heeres heftige Diskussionen ausgelöst. Obwohl die Rote Armee schon an der Weichsel stand, hatte der Diktator kampfstarke Divisionen von der Ostfront abkommandiert und an die Westfront geschickt, in die Ardennen. Hitlers Plan sah vor, die Linien der Westalliierten auf der gesamten Breite zwischen Echternach und Monschau zu durchbrechen und mit einem raschen Durchstoß über die Maas die Briten und Amerikaner auseinander zu treiben, die Stadt Antwerpen zurückzuerobern und die englischen Verbände in Belgien zu vernichten. Was hieß das für Ostpreußen? Hitler hielt auch nach den beschwörenden Worten Guderians an seiner Entscheidung fest: »Keine Verstärkung der Truppen im Osten – dort kann ich noch Boden verlieren, im Westen nicht. Der Osten muss sich allein helfen!« Wenn die Bevölkerung dort auch nur geahnt hätte, welch kolossale Militärmacht jenseits der Grenze in Stellung ging, es hätte sicher einen Aufschrei gegeben. Stattdessen aber verbrachten viele Familien in der Provinz das Weihnachtsfest fast in gewohnter Idylle. Einige Flüchtlinge waren sogar wieder in die Heimat zurückgekehrt. Manche sahen im Stillstand an der Front schon die ersehnte Kriegswende.

Auf Gut Falkenau – nicht weit von Deutsch Eylau entfernt – war die Stimmung an den Feiertagen jedoch nicht ungetrübt. Aber nicht etwa, weil man Angst vor den Russen hatte. »Keiner hatte gedacht, dass der Zusammenbruch kommt, dass wir hier nun das letzte Weihnachten verbringen würden, und schon gar nicht, dass wir die Heimat verlieren werden«, erzählt heute die Tochter des Gutsherrn, Felicitas Lieberoth-

»Das letzte Weihnachtsfest in der Heimat« – Heiligabend in einer Unterkunft des ostpreußischen »Volkssturms«

Leden, geborene Ritgen. Sie hatte auf dem einstigen Rittergut ihre Kindheit und Jugend verbracht. Es gab einen anderen Grund: Zwei von drei Ritgen-Söhnen waren an der Ostfront gefallen.

In jenem Jahr, wie schon in all den Jahren zuvor, waren sämtliche Bediensteten zum Festessen geladen gewesen, vom Stubenmädchen bis zum Kutscher. Das war auf vielen Gütern so üblich, ganz gleich, ob in Schlobitten oder auf Groß-Falkenau: »Es war relativ dunkel im Esszimmer, nur die vielen Kerzen brannten. So etwas Stimmungsvolles habe ich später nie wieder erlebt«, erinnert sich Felicitas Lieberoth. Die Eltern wollten den anderen Kindern in jenen schweren Tagen das Gefühl von Geborgenheit vermitteln, ihnen zeigen, dass das Leben weitergeht. Es sollte das letzte Weihnachtsfest auf Gut Falkenau sein.

Wir wollten es einfach nicht wahrhaben, dass wir die Heimat aufgeben mussten. Wir dachten: Irgendwann werden die Russen wieder zurückgeschlagen werden.

Felicitas Lieberoth-Leden,
Tochter des Gutsherrn von Falkenau

An Flucht dachte dort zu diesem Zeitpunkt aber noch niemand. Im Herbst 1944, als es gefährlich zu werden schien, hatte Gutsherr Ritgen versucht, einige seiner Stuten, Hengste und besonderes Zuchtvieh zum großelterlichen Gut in Westfalen zu bringen: »Doch das war nicht möglich«, weiß Tochter Felicitas. »Mein Vater erhielt keine Erlaubnis. Es war nicht einmal gestattet, einen Koffer aufzugeben. Den Eisenbahnmitarbeitern war es verboten worden, derartiges Gepäck Richtung Westen anzunehmen. Auch unsere schon fertig gepackten Kisten mit dem Porzellan konnten wir nicht zu den Großeltern schicken. Die Parteileute hatten Angst, dass dadurch die allgemeine Stimmung niedergedrückt werden und dass eventuell sogar Panik ausbrechen könnte.«

Am Neujahrstag ging per Reichsrundfunk eine Ansprache über den Äther, in der nicht von Bedrohung, sondern von einem »Endsieg« die Rede war. Diese Stimme hatten die Menschen schon seit Monaten nicht mehr gehört: Sie gehörte Adolf Hitler. »Wir sind zu allem entschlossen. Mein Glaube an die Zukunft unseres Volkes ist unerschütterlich«, sagte der Diktator. Allzu viele Deutsche an der Front und in der Heimat ließen sich noch einmal täuschen. Dabei hatte sich die militärische Lage inzwischen weiterhin erheblich verschlechtert. Die Ardennenoffensive scheiterte im Bombenhagel der amerikanischen und britischen Kampfflugzeuge. Hitler hatte die Ostfront gegen den Rat seiner höchsten Militärs ausgedünnt und unternahm auch jetzt keine Anstalten, dies zu ändern.

Bei der Heeresgruppe habe ich die große Lagekarte gesehen und wusste, was da auf uns zukam: Unsere Verbände waren blau eingezeichnet und gegenüber war ein großes rotes Meer. Das waren die Sowjets, die gegen Ostpreußen anrannten.

Hans Joachim Paris,
Kriegsberichterstatter

Unterdessen baute Stalin an Weichsel, Narew und Memel eine gewaltige Angriffsarmee auf. Allein die Truppen von Marschall Schukow und Konjew, die die Hauptlast der Offensive tragen sollten, umfassten 2,2 Millionen Soldaten, 7000 Panzer und fast 5000 Flugzeuge. Die 2. und 3. Weißrussische Front weiter nördlich stellten die Hauptkontingente für die »Operation Ostpreußen«. Dies waren noch weitere anderthalb Millionen Soldaten, 3800 Panzer und 3000 Flugzeuge. Der sowjetische Generalissimus plante einen regelrechten Blitzkrieg gegen die östliche Provinz. Die Rote Armee sollte dieses Gebiet innerhalb von 18 Tagen durchqueren und bei Elbing bis an die Ostsee vorstoßen. Am 11. Januar 1945 wurde Generaloberst Guderian ein entschlüsselter Funkspruch der Sowjets vorgelegt: »Es bleibt bei alter Einladung. Festbeginn 13. früh. Musik komplett, Tänzer ausgeruht und unternehmungsfreudig.« Das bedeutete noch zwei Tage Galgenfrist, bis im ostpreußischen Grenzland die Erde beben sollte.

Guderian war äußerst besorgt. Alles deutete darauf hin, dass eine Winteroffensive der Sowjets absehbar war. In den Brückenköpfen an der Front waren Dutzende von Divisionen und Panzerverbänden mit Tausenden von Geschützen und Panzern versammelt.

Bernd Freytag von
Loringhoven,
letzter Adjutant von
Generaloberst Guderian

»Der Sturm beginnt« – Infanteristen der Roten Armee gehen in Ostpreußen vor

Schließlich kam der große Schicksalstag, der 13. Januar 1945. Aus bis zu zweihundert Geschützen und »Stalinorgeln« pro Kilometer brach ein Feuersturm über die deutschen Stellungen herein. Der russischen »Dampfwalze«, wie es im Jargon der Wehrmachtssoldaten hieß, konnten die geschwächten deutschen Divisionen kaum noch standhalten. Ehemalige Soldaten erinnern sich, wie manche ihrer Kameraden schon aufgrund der enormen Lautstärke der Detonationen im Schützengraben den Verstand verloren. Der ununterbrochene Beschuss hatte es ihnen nicht erlaubt, auch nur einen Moment aus der Deckung zu gehen. Die Januar-Offensive der Roten Armee erfolgte an insgesamt drei Abschnitten mit jeweils eigener Stoßrichtung: Auf der Höhe von Warschau und etwas weiter südlich stieß Marschall Georgij Schukow mit der 1. Weißrussischen Front über die Weichsel Richtung Oder vor – mit dem Ziel Berlin. Aus den Stellungen nördlich von Warschau (bis auf die Höhe von Augustow) sollte die 2. Weißrussische Front unter Marschall Rokossowskij bis nach Pommern marschieren, dabei Schukow im Norden Deckung geben und die Reichshauptstadt von der Ostsee-Seite her abschneiden. Im Norden griff Marschall Tschernjachowskij mit seiner 3. Weißrussischen Front an. Stoßrichtung war das Samland.

Der Angriff begann mit einem starken Artilleriefeuer. Wir dachten, dass nach so einer Artillerievorbereitung kein Widerstand mehr zu erwarten sei. Aber als unsere Armeen vorstürmten, stellte sich dann doch heraus, dass das Verteidigungssystem der Deutschen noch vollständig intakt war.

Pjotr Ilich Kirichenko,
Soldat

In Ostpreußen standen auf deutscher Seite die 3. Panzerarmee nordöstlich von Königsberg, die 4. Armee im Abschnitt bis zur Narew und weiter südlich die 2. Armee. Die Truppen der Wehrmacht und des Volkssturms sollten dem Angriff schon an den äußeren Linien Einhalt gebieten, was jedoch angesichts der sowjetischen Übermacht einem Himmelfahrtskommando gleichkam. 25 000 Geschütze und Granatwerfer, unterstützt von Schwärmen sowjetischer Kampfflugzeuge und schweren Panzern, ließen die grenznahe Verteidigung wie ein Kartenhaus zusammenfallen. Nur mit flexiblen Operationen und ausgeklügelten Rückzugsgefechten konnte die Eroberung Ostpreußens zumindest eine Zeit lang hinausgezögert werden. Als Tschernjachowskij im Norden auf immer härteren Widerstand stieß, musste Rokossowskij auf Befehl Moskaus seine Stoßrichtung ändern: Er sollte nun von Süden her den

Die Russen griffen mit drei Armeen an. Eine Armee auf der Linie nach Königsberg, eine Armee in Richtung Danzig und die dritte Armee drückte uns gegen das Haff. Da war der Kessel zu. Und es gab nur noch einen Ausweg: über das zugefrorene Haff.

Werner Möllenkamp,
Offizier bei der
21. Infanteriedivision

Druck auf die Provinz erhöhen. Rokossowskij griff die 2. Armee an und drängte sie in nördliche Richtung zur Ostsee. Von da an begann ein dramatischer Wettlauf mit der Zeit.

Das erkannte auch Fürst Dohna. Mitte Januar 1945 war auf Schlobitten schon der Kanonendonner zu hören, Flüchtlinge zogen an den fürstlichen Gütern vorbei. Plötzlich stellte sich offizieller Besuch ein – der so genannte Kunstoffizier für den nördlichen Teil der Ostfront rückte an, Ernstotto Graf zu Solms-Laubach. Er und seine Mitarbeiter hatten 1941 das legendäre Bernsteinzimmer aus Schloss Zarskoje Selo ausgebaut. Nun sollten auch wertvolle Kunstwerke aus Schlobitten in Sicherheit gebracht werden. Bezeichnenderweise stand dafür nur ein einziger Lastwagen zur Verfügung, der allerdings in so schlechtem Zustand war, dass er für Transporte nicht mehr zu gebrauchen war.

Aber Fürst Dohna hatte ganz andere Sorgen. Um den Treck auf den Weg zu bringen, musste zumindest ein Teil der Männer vom Dienst im Volkssturm freigestellt werden. So kam es zum Disput mit dem zuständigen Ortsgruppenleiter Gehrmann in dessen Büro. Gehrmann wollte den Fürsten nicht ziehen lassen: »Ich kann Sie unmöglich freistellen!

»Dramatischer Wettlauf« – Die Armeen von Marschall Rokossowskij (links) verstärkten Tschernjachowskijs Truppen in Ostpreußen

Es war gefährlich, den Zivilisten zu sagen: »Packt eure Sachen und verschwindet!« Denn das galt schon als Defätismus.

Werner Möllenkamp,
Offizier bei der
21. Infanteriedivision

Mit Ihrer militärischen Erfahrung sind Sie für den Volkssturm unverzichtbar. Wo kämen wir denn hin, wenn sich die besten Männer vor der Verantwortung drückten und sich weigerten, das Vaterland zu verteidigen!« Daraufhin entgegnete ihm der Fürst und ehemalige Stabsoffizier: »Ohne mich haben die Menschen wenig Chancen, heil nach Westen zu kommen!« Davon wollte der Ortsgruppenleiter allerdings nichts wissen: »Sie werden der Einberufung Folge leisten!« Der Fürst aber beschloss, sich nicht an seine Anweisung zu halten.

Am 19. Januar 1945, dem sechsten Tag der Offensive, war die Rote Armee auf einer Breite von 200 Kilometern mehr als 160 Kilometer tief in das ostpreußische Kernland vorgestoßen. Viel zu spät hatte Gauleiter Koch die Räumung der frontnahen Kreise angeordnet, so auch in Osterode, Allenstein, Gerdauen, Gumbinnen oder Insterburg.

Was befürchtet wurde, trat nun ein. Anderthalb Millionen Zivilisten begaben sich völlig überstürzt auf die Flucht. Inzwischen war das Thermometer auf minus 25 Grad gesunken. Die vereisten Straßen füllten sich binnen weniger Stunden. Bahnhöfe in Stadt und Land wurden regelrecht gestürmt. Es spielten sich dramatische Szenen ab, Menschen wurden dabei zu Tode getrampelt. Vielerorts wurden die Flüchtlingstrecks von sowjetischen Panzern regelrecht überrollt, aber auch Fahrzeuge der Wehrmacht drängten die Wagen rücksichtslos ab. Die Parteiprominenz war auch beim Flüchten an erster Stelle – mit Autos, Sonderzügen und Schiffen setzten sich die »Bonzen« der NSDAP in den kommenden Tagen und Wochen ab. Die allgemeine Angststimmung hätte sicher noch schneller um sich gegriffen, wenn die Menschen geahnt hätten, wie rasch die Zangenbewegung der Roten Armee Richtung Ostsee erfolgte. Ostpreußen drohte die Einkesselung.

Bei den Ritgens auf Gut Falkenau brach der Krieg in eine von Zerstörungen noch völlig verschonte Welt ein. Felicitas Lieberoth-Leden erinnert sich an den für ihre Familie schicksalhaften 20. Januar: »Gegen vier Uhr morgens klingelte es Sturm an unserer Haustür und ein Kaufmann, den wir sehr gut kannten, rief meinem Vater zu: ›Herr Ritgen, schnell, die Russen sind schon vor Deutsch Eylau.‹« Der Bürgermeister der kleinen Stadt hatte die Glocken läuten lassen und sämtliche Sirenen heulten. Die Bevölkerung machte sich sofort auf den Weg, zu Fuß, auf Rädern, auf Planwagen und mit noch funktionsfähigen Kraftfahrzeugen – viele nahmen den Weg Richtung Groß-Falkenau. »Es hieß

dann, wir sollten ungefähr 1500 Flüchtlinge aufnehmen«, so Felicitas Lieberoth. »Alle Güter wurden angerufen und jeder bekam eine entsprechende Zuteilung.« Es kamen in der Tat unzählige Menschen. Das alte Rittergut glich einem Durchgangslager. Felicitas Lieberoth-Leden weiter: »Das Haupthaus versank im Chaos. Kinder wurden auf dem Klavier gewickelt, unser edles Mobiliar diente allen erdenklichen Zwecken, die Toiletten quollen über, die Küche stand unter Wasser, die Menschen lagen auf den Fluren. Jeder nahm mit, was er gebrauchen konnte. In diesem unsäglichen Durcheinander erblickte auch ein Kind das Licht der Welt.« Noch immer dachten die meisten der Flüchtenden: Dieser Aufbruch kann kein endgültiger sein, es gibt ein Zurück. Auch Felicitas Lieberoth-Leden war davon überzeugt: »Ich habe noch kurz vor unserem Aufbruch angeordnet, dass sämtliche Bilder und Gemälde umgedreht werden, dass die Glasvitrinen mit der Vorderfront zur Wand hin gestellt und alle Teppiche aufgerollt werden – immer in der festen Annahme, wir kommen wieder zurück.«
Viele Menschen hier hatten die Dimension des »totalen Krieges« noch nicht begriffen – denn das Gebiet zwischen all den Wäldern

»Kampf gegen die russische Übermacht« – Deutsche Soldaten sammeln sich zu einem Gegenstoß, im Hintergrund ziehen Flüchtlinge nach Westen

In dem großen Durcheinander versuchte ich, für uns zu packen. Ich wollte nur das Wichtigste mitnehmen: Papiere, Schmuck, Geld und Unterlagen. Und das steckte ich alles in eine große Handtasche.

Felicitas Lieberoth,
Tochter des Gutsherrn
von Falkenau

»Das nackte Leben retten« – Hunderttausende versuchten, in Schnee und Eis nach Westen zu gelangen

und Seen war bisher verschont geblieben. Was hatten hingegen die Menschen aus den Städten in den zahlreichen Bombennächten schon alles erleiden müssen. Wie viel Zerstörung, Leid und Elend hatte es in den von den Deutschen eroberten Gebieten gegeben, wie viele Millionen Menschen waren den Verbrechen der Nazis schon zum Opfer gefallen. Und es schien, als drohe nun denen, die all das nicht wussten oder nicht wissen wollten, der umso tiefere Sturz in die Katastrophe.
Bei 25 Grad Frost verließ die Familie Ritgen das Gut Falkenau. Die Straßen waren völlig verstopft, die Pferde glitten aus und brachen sich die Beine. Felicitas Lieberoth-Leden erinnert sich: »Wir konnten uns nur wie in Zeitlupe fortbewegen. Am ersten Tag sind wir lediglich drei Kilometer weit gekommen, statt der geplanten dreißig. Unterwegs sahen wir völlig zerschundene deutsche Soldaten geschlagener Armeen. Wir fanden kein Nachtquartier, für die Säuglinge hatten wir kein warmes Wasser und keine trockenen Windeln. Zuerst starben die Kleinsten und die Schwächsten. In der Not legte man die toten Kinder im Straßengraben ab und deckte sie mit Schnee zu. Die alten Menschen, die auf der Flucht starben, begrub man genauso. Bald schon machte ich mir keine Gedanken mehr darüber. Es hieß nur noch vorwärts, weiter und immer weiter. Wir erfuhren, dass ein Treck aus unserer Nähe, aus Januschau, von den Russen überrollt worden war. Diese Nachricht löste große Angst bei uns aus.«

Als Letztes ordnete mein Vater an, die Kühe loszubinden und die Schweineställe zu öffnen, damit das Vieh herauskonnte. Das ganze Viehzeug lief durcheinander. Es war ein schrecklicher Abschied.

Felicitas Lieberoth-Leden, Tochter des Gutsherrn von Falkenau

Im Kreis Preußisch Holland, in dem sich Schloss Schlobitten befand, wurde erst am 21. Januar 1945 die offizielle Erlaubnis zum Aufbruch erteilt. Fürst Dohna hatte die Route bei seinen Planungen so angelegt, dass Hauptverkehrswege, die das Militär vielleicht beanspruchte, umgangen werden konnten. Der Treck sollte von zwei Orten aus starten, von Schloss Schlobitten und dem weiter westlich gelegenen Gut Prökelwitz. Der Plan sah vor, von Elbing aus in Richtung Danzig zu ziehen, um noch vor der Hafenstadt Richtung Westen einzuschwenken. Der erste vereinbarte Treffpunkt war Sobbowitz, eine Ortschaft, die hinter der Weichsel lag. Von da aus sollte der Weg weiter an Kolberg und Schwerin vorbei führen. Ziel war die norddeutsche Tiefebene.
Zunächst jedoch galt es, ein Schreiben zu organisieren, welches den Fürsten ermächtigte, die beiden Trecks nach Westen zu führen. Dohna versuchte es beim stellvertretenden Ortsgruppenleiter. Dieser war ein älterer zuvorkommender Großbauer, der aber erklärte: »Ich bin nicht

Am Tage, bevor es richtig losging, wurde ich als Defätist verwarnt. Ein Mann von der Gauleitung kam und sagte: ›Es werden härteste Maßnahmen gegen Sie ergriffen.‹ Meine defätistischen Maßnahmen waren lediglich, dass ich auf den Gütern für die Leiterwagen, die man damals hatte, Gerüste bauen ließ, die als Dach obendrauf gesetzt wurden.

Marion Gräfin Dönhoff

befugt, Ihnen derartige Dokumente auszustellen.« Mehr Verständnis fand Fürst Dohna bei der etwa zwanzigjährigen Tochter. Als ihr Vater für kurze Zeit den Hof verließ, um nach dem Rechten zu sehen, sagte sie zu Dohna: »Kommen Sie! Diktieren Sie mir den Text für Ihre Bescheinigungen in die Schreibmaschine. Wir müssen dann nur noch einen geeigneten Moment abwarten, um sie meinem Vater vorzulegen.« Als dieser von seinem Rundgang zurückkam, stellte der Fürst eine Flasche Schnaps auf den Tisch. »Ich möchte mich für Ihre Gastfreundschaft bedanken. Lassen Sie uns einen Schluck trinken!« Einige Stunden später, gegen sechs Uhr früh, setzte ein sichtlich betrunkener stellvertretender Ortsgruppenleiter tatsächlich seine Unterschrift auf die Papiere. Auf dem Tisch standen zwei leere Schnapsflaschen. Die Tochter fügte heimlich noch das Wichtigste hinzu: den Stempel mit dem Hakenkreuz.

Am 22. Januar 1945 befanden sich die beiden Trecks auf dem Weg. Mehr als 300 Menschen waren in ein ungewisses Schicksal aufgebrochen. Eine lange Odyssee stand ihnen bevor. Bei Marienburg war die Brücke über die Nogat bereits gesprengt worden. Doch hier half der Frost. Die Wagen konnten den zugefrorenen Fluss überqueren.

»Hals über Kopf geflüchtet« – Die Flucht der Zivilbevölkerung wurde meist erst in letzter Minute erlaubt; Flüchtlinge in einer ostpreußischen Stadt

Am Treffpunkt in Sobbowitz wurde »Kriegsrat« gehalten. Die Wagen wurden kontrolliert und alles überflüssige Gepäck abgeladen. Viele mussten sich schweren Herzens von lieb gewonnenen Gegenständen trennen. Oft wurde auch Protest laut. »Ich kann doch das Sofa nicht einfach zurücklassen. Das ist ein Erbstück von meiner Großmutter!«, echauffierte sich eine Frau. »Aber es ist zu schwer und nimmt darüber hinaus noch unnötig Platz weg«, entgegnete Fürst Dohna. Auf sämtliche Fuhrwerke wurden Satteldächer genagelt, um die Insassen vor Schnee und Regen zu schützen.

Das große Sterben ging unter den Tieren los. Dann folgte ein großes Sterben unter den Älteren. Wir Soldaten kamen zum Schluss. Wir wussten, wie man sich verteidigt und wie man sich wehrt.

Werner Möllenkamp,
Offizier bei der
21. Infanteriedivision

Auf dem Weg bot sich ein Bild des Jammers. Einzelne Flüchtende mit Handkarren, die sich auf den vereisten Straßen nur mühsam vorwärts bewegten, Mütter mit apathischem Gesichtsausdruck, die ihre weinenden Kinder auf dem Arm trugen. Am Wegesrand lagen immer wieder tote Menschen und Pferde. Im Hintergrund grollte ständig Kanonendonner. Je länger der Treck unterwegs war, desto mehr Flüchtlinge wurden krank. Neun Kinder – meist noch Babys – starben. Die Leichen wurden in ein Tuch gewickelt und in den Straßengraben gelegt. Der gefrorene Boden war zu hart, um sie zu beerdigen.

Aber das Schlimmste blieb dem Schlobitter Treck auf den rund 1500 Kilometern bis nach Niedersachsen erspart. Er wurde weder aus der Luft beschossen noch von sowjetischen Truppen überrollt. Es gab auch keine Vergewaltigungen und kein Morden wie andernorts. Selten war eine Route schon im Vorfeld so minutiös geplant und ausgekundschaftet worden. Dies lag sicherlich daran, dass dieser Treck von einem weitsichtigen Mann angeführt wurde, dem wiederum andere helfend zur Seite standen. Nach allem, was bis heute bekannt ist, handelte es sich bei diesem Treck um den größten, der geschlossen in den Westen gelangte. Zu ihm gehörten insgesamt 330 Personen, 140 Pferde und 38 Wagen.

Doch dies ist nur ein Teil der Geschichte von den Menschen aus der Umgebung von Schlobitten. Es ist der glücklichere Teil. Denn es gab

»Die Flucht nach Westen von langer Hand vorbereitet« – Alexander Fürst Dohna (Nachkriegsaufnahme)

andere Familien – aus den »Vorwerken« des Gutes und der weiteren Schlossumgebung –, die ebenfalls vorhatten, sich dem Treck anzuschließen, es aber nicht mehr rechtzeitig geschafft hatten, ihn zu erreichen. »Wir kamen bei dem Eis und dem Schnee nicht mehr über die Höhe hinweg«, schildert Hilde Fink den Beginn ihrer Tragödie. Die Treckwagen der Menschen waren für den verschneiten Weg hoffnungslos überladen. Der Verwalter schrie die Leute an: »Schmeißt den ganzen Mist runter, sonst kommt ihr hier nicht weg.« Was auf dem Spiel stand, war zu diesem Zeitpunkt offenbar nicht allen klar. Noch immer wurden wertvolle Teppiche oder andere schwere Gegenstände aufgeladen. »Die Nähmaschine ist doch mein Broterwerb«, rief eine Mutter in ihrer Verzweiflung. Der dadurch entstandene Zeitverlust war aber nicht mehr aufzuholen, zumal die Straßen ab einem bestimmten Punkt hoffnungslos mit Militärfahrzeugen verstopft waren.
Die sowjetische Artillerie rückte immer näher. »Plötzlich waren die Russen da«, erinnert sich Hilde Fink. Bei der ersten Begegnung mit der Besatzungsmacht hieß es vonseiten sowjetischer Offiziere: »Geht nach Hause, Leute!« Es kam zu keinen Übergriffen, allerdings mussten die Fluchtwagen stehen bleiben. Nach wenigen Tagen wurde die Lage kritischer. Rotarmisten ließen sich im Ort nieder, in dem Hilde Fink mit ihrer Mutter wohnte: »Plötzlich tauchten vier oder fünf Russen auf, einer kam sogar ins Haus geritten und schoss in die Decke. Meine Mutter sagte nur: ›Wehr dich nicht, Kind, sonst erschießen sie dich!‹ Dann war sie plötzlich verschwunden. Ich wusste nicht mehr ein und aus. Schließlich holten die Russen auch mich. Ein Soldat schlug mir mit der Pistole auf den Kopf. Es hat fürchterlich geblutet, aber eine Russin hat mich verarztet. Ich weiß nicht, wie oft sie mir dann noch Gewalt antaten, es waren unzählige Male, dabei war ich doch noch nicht einmal fünfzehn Jahre alt. Ein russischer Offizier hatte so eine Art Wörterbuch dabei. Da stand drin: ›Kein Laut, sonst werden Sie niedergemacht!‹ Schlimm war darüber hinaus, dass wir uns nicht waschen konnten. Bald waren wir alle verlaust und hatten Durchfall. Viele von uns erkrankten an Typhus. Wir haben Schnee geleckt vor Durst und Hunger.«

Natürlich hatten die Deutschen Angst vor uns, besonders diejenigen, die es nicht geschafft hatten, zu fliehen. Der Krieg ist etwas Schlimmes.

Maria Efimova Neveleva, Ärztin

Auch Gertraud Grudinski stammt aus dem Kreis Preußisch Holland. Sie wuchs in Adlig Blumenau auf und war damals acht Jahre alt. Später schrieb sie ihre Erinnerungen auf: »Es war um den 20. Januar herum gewesen. Uns fiel auf, dass Großvater immer häufiger vor dem Radio

»Plötzlich war die Straße voller Russen« – Viele deutsche Soldaten und Zivilisten wurden von den sowjetischen Truppen einfach überrollt

saß und die Nachrichten verfolgte. Einmal hörte ich, als er zu Großmutter sagte: ›Wir dürfen den Russen nicht in die Hände fallen, sie werden sich für Hitlers Schandtaten böse an uns rächen. Wir müssen fort, bevor sie hier einmarschieren.‹ Dann kam die Nacht, als Mutter uns mit tränenerstickter Stimme weckte: ›Kinder, steht schnell auf und zieht euch warm an. Wir müssen fort, der Russe kommt.‹ Vom Küchenfenster aus sahen wir unseren Planwagen, an dem Laternen befestigt waren. Großvater hatte alles für die Flucht organisiert.«

Das Gehöft der Grudinskis befand sich nicht im Ortskern von Adlig Blumenau, demzufolge waren die Wege nicht ausgebaut. »Und dann geschah genau das, wovor wir alle so Angst hatten. Die Pferde sanken mit dem bespannten Leiterwagen im Schnee ein. Es gab kein Vorwärtskommen mehr. Die ganze Aktion musste schließlich nach mehreren Anläufen abgebrochen werden. Wir mussten aufgeben!«

Nach wenigen Tagen war die Schlacht um Preußisch Holland vorüber, die ersten sowjetischen Soldaten erschienen auf dem Hof. »Wir hatten eine große Kaffeekanne mit Muckefuck auf dem Tisch und etwas zu essen, als einige Soldaten zur Tür hereinkamen. Meine Großmutter reagierte so freundlich wie nur irgend möglich. Sie sagte zu ihnen: ›Ihr seid sicher hungrig, ich mache euch schnell etwas zu essen.‹ Die Russen lächelten uns an und damit war das Eis fürs Erste gebrochen. Obwohl wir fünf Kinder in der Küche saßen, fragten sie nicht nach den Müttern. Darüber waren unsere Großeltern sehr erleichtert.«

Das Ansehen der Wehrmacht ist zur Zeit angeschlagen. Bei den Treckbewegungen erschütternde Bilder und fehlende Organisation.

Aus dem Kriegstagebuch des OKW,
16. Februar 1945

Am nächsten Tag sollte es aber schlimmer kommen. »Die Straße war voll von russischen Truppen. Plötzlich eröffneten einige der Rotarmisten das Feuer und gaben gezielte Schüsse auf eine Gruppe von Menschen im Dorf ab. Unter ihnen waren zwei Schwestern meiner Mutter mit ihren vier Kindern. Meine Tante Grete hatte ihre fünfjährige Tochter auf dem Arm. Als ihre Tochter von einer Kugel getroffen wurde, warf sie sich mit ihr in den Schnee, in der Hoffnung, dass Irmtraut vielleicht nur verletzt worden sei und noch leben würde. Meine beiden Vettern, sie waren damals erst neun und zwölf Jahre alt, waren auf der Stelle tot. Christel, eine meiner Cousinen, schrie noch minutenlang, bis es dann mit einem Male ganz still wurde. Tante Grete blieb noch lange schützend über ihrer kleinen Tochter liegen. Dass alle anderen um sie herum längst tot waren, wusste sie, aber sie wagte nicht, sich aufzurichten. Sie war die einzige Überlebende.«

»Natürlich hatten die Deutschen Angst vor uns« – Rotarmisten besetzen ein Dorf

Jüngere Frauen wurden immer wieder vergewaltigt. Und es kam auch zu Deportationen. Gertraud Grudinski berichtet: »Einige Frauen wurden nach Schlobitten gebracht und in der Ortskirche einige Tage lang eingesperrt. Es gab keine Toilette. Hinter dem Altar wurde die Notdurft verrichtet. Wer nichts zu essen dabei hatte, musste hungern. Von dort aus wurden sie dann bis in den Ural verschleppt.«

Wie viele Gefahren lauerten, zeigt auch eine andere Begebenheit. Gertraud und ihr Bruder wollten in diesem Durcheinander wieder in ihre alte Kinderwelt eintauchen: »Horst fiel ein, dass unser Opa bestimmtes Spielzeug auf dem Boden versteckt hatte. Uns war aber nicht klar, warum er das getan hatte.« Es handelte sich bei dem Spielzeug um einen etwa dreißig Zentimeter langen Panzer, der Erbsen über weite Strecken katapultieren konnte. »Ohne vorher den Großvater zu fragen, spielten wir mit dem Panzer und schossen auf die Zinnsoldaten«, erzählt Gertraud Grudinski. Dabei bemerkten die beiden Kinder nicht, dass sie von einigen Rotarmisten beobachtet wurden. »Die Soldaten packten Horst und mich und

Wir waren erstaunt darüber, dass sich die Wut des Gegners an der Zivilbevölkerung entlud, insbesondere an den Frauen. An ihnen rächten sich die russischen Soldaten für das, was geschehen war. Das verbitterte uns sehr.

Werner Möllenkamp,
Offizier bei der
21. Infanteriedivision

»An den deutschen Eroberern rächen« – Sowjetsoldaten in der ostpreußischen Stadt Mühlhausen

warfen uns in den Schnee, dann durchlöcherten sie den Spielzeugpanzer mit einer Maschinenpistole. Anschließend gingen sie wieder ins Haus zurück, trieben alle verbliebenen Personen nach draußen und befahlen ihnen, sich an der Hauswand aufzustellen.«

Zunächst wurden sämtliche Vorräte, alle Gläser mit Eingemachtem, vor ihren Augen zerschossen. Gertrauds Großvater redete auf die Kinder ein, um sie zu beruhigen. Sie hatten Todesangst: »Danach wurde einem der Soldaten der Befehl gegeben, uns alle zu erschießen. Er holte einen großen Holzklotz, stützte sein Maschinengewehr darauf und zielte auf uns. Wir Kinder waren wie erstarrt. Sogar meine kleine zweijährige Schwester weinte nicht. Plötzlich schoss der Russe ein paar Meter vor unseren Füßen in den Schnee, der Schnee spritzte uns ins Gesicht. Dann schleuderte er das Gewehr weg und ging fluchend mit den anderen Russen ins Haus.« Der Rotarmist hatte es nicht übers Herz gebracht, die wehrlosen Menschen umzubringen. Später sagte er zu Gertrauds Großvater: »So ruhig und andächtig wie die Kinder da standen, hätte ich niemals auf sie schießen können.«

Die Menschen aus Adlig Blumenau machten während der Zeit der sowjetischen Besatzung sehr unterschiedliche Erfahrungen. Manche Rotarmisten schreckten vor gewaltsamen Übergriffen nicht zurück, andere wiederum prügelten sich sogar mit ihren Kameraden, um zu verhindern, dass den Zivilisten Unheil geschah. Einmal hatte sich ein Kind schwere Verbrennungen an beiden Händen zugezogen. Das einzig verfügbare Medikament war Schweineschmalz. Doch ein sowjetischer Soldat riss den Schmalztopf an sich, weil er den Inhalt für sich behalten wollte. »Plötzlich geschah etwas, was keiner in diesem Moment für möglich gehalten hätte«, erinnert sich Gertraud Grudinski. »Es kam zu einer Schlägerei unter den Russen. Ein junger Soldat nahm den Topf an sich, beschimpfte seinen Kameraden mit den gemeinsten Schimpfwörtern und übergab das Gefäß schließlich meiner Großmutter. Sie war sehr ergriffen und dankte ihm überschwänglich.« Später kam dieser freundliche Soldat noch einmal mit einem Motorrad auf den Hof gefahren. Er fragte: »Wo ist das Kind mit den verbrannten Händen?« Die Großmutter rief Gisela zu sich. Der Russe kniete sich vor das kleine Mädchen. Gertraud Grudinski: »Als er sah, dass die Hände wieder gut verheilt waren, küsste er sie. Alle, die dabei waren, hatten vor Rührung Tränen in den Augen.«

Ich ging in ein Haus rein und sah, dass ein Soldat eine Frau vergewaltigte. Ihr Kind war im selben Zimmer. Ich riss ihn weg: »Raus mit dir!«, schrie ich und ging mit ihm zusammen raus. Ich habe ihm zwar eine Standpauke gehalten, aber das Kind hatte dennoch alles miterlebt.

Iwan Zelnik, Soldat

»Nichts vergessen! Nichts verzeihn!« – Sowjetische Offiziere beim Kampf um Ostpreußen

In vielen Schilderungen über die ersten Wochen der sowjetischer Besatzung überwiegen Berichte von Mord und Totschlag, Vergewaltigung und Demütigung. Auf Nemmersdorf folgten weitere Massaker an der Zivilbevölkerung. Es gibt verschiedene Antworten auf die Frage, warum sich die siegreichen Soldaten zu solchen Gräueltaten hinreißen ließen. Sicher waren manche Exzesse die Folge gezielter Hasspropaganda, ganz entscheidend aber dürften die Erfahrungen während der vorangegangenen vier Kriegsjahre auf sowjetischem Boden gewesen sein – mit all ihren Grausamkeiten. Die Politoffiziere der Roten Armee hatten das im Blick. Der abgründige Hass auf den Gegner erfüllte aus ihrer Sicht zunächst einen rein militärischen Zweck. Um die Soldaten zu motivieren, den Krieg auch außerhalb der eigenen Heimat mit aller Vehemenz zu führen, wurden daher Versammlungen einberufen, zu denen die Einheiten vor Beginn einer jeden Offensive erscheinen mussten. »Wie werde ich mich an den deutschen Eroberern rächen?«, lautete das Thema solcher Gesprächsabende, die von den Propagandaabteilungen veranstaltet wurden, und das Prinzip, das den russischen Soldaten dort eingeschärft wurde, lautete: Auge um Auge, Zahn um Zahn. »Hier ist es nun, das verfluchte Deutschland« schrieb ein russischer Soldat nach einer solchen Versammlung auf ein selbst angefertigtes Schild und stellte es neben einem niedergebrannten deutschen Haus auf. Vladimir Sanevich Schafir, der Militärstaatsanwalt war, erinnert sich: »Zuvor waren für unsere Soldaten Plakate mit einem kleinen hübschen Jungen aufgehängt worden. In großen Buchstaben stand auf diesen geschrieben: ›Papa, töte den Deutschen!‹«

Der sowjetische Schriftsteller Ilja Ehrenburg war einer der schlimmsten Hassprediger. Berüchtigt ist sein Aufruf »Töte! ... Wir erinnern uns an alles. Wir haben verstanden: Deutsche sind keine Menschen ... Wir werden nicht reden. Uns nicht empören. Wir werden töten. Wenn du nicht an einem Tag wenigstens einen Deutschen getötet hast, ist dein Tag verloren ... Es gibt für uns nichts Fröhlicheres als deutsche Leichen.« Diese Zeilen stammen aus dem Jahr 1942. Als die Rote Armee die Grenze zu Ostpreußen überschritten hatte, stachelte er die Soldaten in der Frontzeitschrift auf: »Jetzt ist die Gerechtigkeit in dieses Land eingezogen. Wir befinden uns in der Heimat Erich Kochs. Wir haben es oft genug wiederholt: Das Gericht kommt. Jetzt ist es da!« Gauleiter Koch hatte in der Ukraine furchtbar gewütet, nun traf die Rache der sowjetischen Soldaten allerdings nicht ihn, sondern die ostpreußischen Zivilisten. Für Ilja Ehrenburg war diese Unterscheidung bedeutungslos. Unter dem Titel »Deutschland – eine Hexe« heißt es in einem seiner Pamphlete: »Wir sind in Deutschland. Die deutschen Städte brennen und ich bin glücklich darüber. Die Deutschen haben keine Seele. Ein englischer Politiker hat einmal gesagt, die

Durch die Wand gedämpft ein Stöhnen:
Lebend finde ich noch die Mutter.
Waren's viel auf der Matratze?
Kompanie? Ein Zug? Was macht es!
Tochter, Kind noch, gleich getötet.
Alles schlicht nach der Parole:
Nichts vergessen! Nichts verzeihn!
Blut für Blut! Und Zahn für Zahn!
Wer noch Jungfrau, wird zum Weibe,
und die Weiber Leichen bald.

Alexander Solschenizyn, »Ostpreußische Nächte«

»Die Deutschen sind keine Menschen« – Der Schriftsteller Ilja Ehrenburg befeuerte mit seinen Artikeln den Deutschenhass

Deutschen seien unsere Brüder. Nein! Es ist eine Blasphemie, wenn man diese Kindermörder zu der großen Völkerfamilie rechnet.« Es stellt sich trotzdem die Frage, warum seine Worte Gehör fanden. Die sowjetischen Truppen waren durch den Westen Russlands, die Ukraine und das Baltikum gezogen. Und dort hatten sie die Dörfer und Ortschaften gesehen, die Hitlers Befehl der »verbrannten Erde« zum Opfer gefallen waren. Der Blutzoll, den die Menschen in der Sowjetunion während des Krieges zu entrichten hatten, ließ sich in Millionen von Toten bemessen. Es gab kaum einen Soldaten, der durch Hitlers »Vernichtungskrieg« keine Angehörigen oder Freunde verloren hatte. Pjotr Ilich Kirichenko gibt die Stimmung unter seinen Kameraden wieder: »All die Menschen, die im Krieg ihr Elternhaus verloren hatten oder deren Angehörige als Zwangsarbeiter nach Deutschland verschleppt worden waren, verhielten sich äußerst grausam gegenüber den Deutschen. Sie fühlten sich moralisch im Recht, genauso mit den Deutschen umzugehen, wie diese mit ihren Familien und Freunden umgegangen waren.«

Manche Historiker meinen, es habe solcher Aufrufe, wie sie Ehrenburg und andere Autoren verfasst haben, gar nicht bedurft, denn den Menschen sei im Vorfeld bereits genügend Schlimmes widerfahren. Auch habe es sowjetische Ausschreitungen nicht nur gegen Deutsche, sondern auch gegen Polen, Ungarn und Rumänen gegeben. Bei Kriegsende habe sich die lange aufgestaute Gewalt eben mitunter völlig willkürlich entladen.

Wir hatten viel Leid erlebt, jetzt sollten die Deutschen leiden. Die Psychologie der Sieger. Das ist unvermeidlich. Das alles ist natürlich traurig, aber es war so.

Vladimir Sanevich Schafir, Militärstaatsanwalt

Die Rotarmisten wurden gerade auf ostpreußischem Boden noch mit etwas ganz anderem konfrontiert, das ihren großen Zorn gegenüber den Deutschen möglicherweise zusätzlich angestachelt haben mag: Sie lernten hier ungeahnten Reichtum kennen. Ein Unterleutnant aus Irkutsk, Pavel Vasilevic, schreibt in einem Brief nach Hause von »herrschaftlichen Palästen« und berichtet von dem Gutshof eines reichen Deutschen: »Überall sind Diwane, mit Seide überzogene Sessel, der Fußboden glänzt wie ein Spiegel.« Auch die Ärztin Maria Efimova Neveleva traute ihren Augen nicht: »Immer wenn ich ein Haus betrat, war ich erschüttert: So ein Reichtum. Selbst die kleinen Häuser waren schön eingerichtet, mit verzierten Bodenplatten, hübschen Wandkacheln. Die Dächer der Häuser waren mit Ziegeln abgedeckt, die Zufahrtswege asphaltiert. Und ich dachte bei mir: Wieso sind die Deutschen überhaupt zu uns nach Russland gekommen, wenn es doch bei uns so arm und bei ihnen so reich war? Wozu brauchten sie Russland?« Vielleicht erklärt dieses Unverständnis die blinde Zerstörungswut vieler Soldaten. Auch Schloss Schlobitten wurde niedergebrannt.

Natürlich hatten wir Mitleid mit den Flüchtlingen und Verständnis für ihr Unglück, denn Menschen bleiben Menschen. Wir hatten ja selbst bereits vieles erlitten, was sie jetzt erleiden mussten. Wie in einem Spiegel sahen wir, was wir in Russland erlebt hatten, als die Deutschen kamen und sich unsere Bevölkerung verstecken und fliehen musste.

Gregorij Michailovitsch Ivanitzkij, Aufklärungschef in einem Artillerieregiment

Manche Dokumente zeichnen dagegen ein anderes Bild: Hier wird von sowjetischen Offizieren berichtet, die deutsche Frauen vor der Vergewaltigung bewahrten, von russischen Vätern, die einen Teil ihrer knappen Lebensmittel an hungernde deutsche Kinder abgaben, und von jungen Soldaten, die alten Frauen behilflich waren, sich einem Flüchtlingstreck anzuschließen. Eine Soldatin aus Moskau schrieb in einem Brief an ihre Familie: »Ich dachte, wenn ich nach Deutschland komme, werde ich niemandem gegenüber Mitleid empfinden. Warum muss ich das Kind eines Deut-

»Blinde Zerstörungswut« – Oftmals setzten Rotarmisten Häuser und Gehöfte aus Rache in Brand

schen verschonen, wenn dieser meines umgebracht hat? Warum muss ich eine Mutter verschonen, wenn ein Deutscher meine aufgehängt hat? Warum muss ich ein Haus unversehrt lassen, wenn ein deutscher Soldat das meine angezündet hat? Aber als ich dann in ein deutsches Dorf kam und die Augen der hungrigen Kinder sah, habe ich meine Soldaten um alles gebeten, was von unserer Mahlzeit zu erübrigen war, auch um ein paar Zuckerstücke, und habe alles den deutschen Kindern gegeben. Ich habe nicht vergessen, was die Deutschen meinem Land angetan haben, aber ich konnte nicht mit ruhigem Gewissen in die Augen dieser armen Kinder schauen.«

Es gibt Historiker, die die These vertreten, Stalin habe den Hass auf die Deutschen unter anderem deshalb so bewusst schüren lassen, um seinem großen politischen Ziel näher zu kommen: nämlich der Westverschiebung Polens und der Einverleibung eines Teils von Ostpreußen. Künftig sollten dort keine Deutschen mehr leben. Die Exzesse seien daher ein Instrument zur Entvölkerung der deutschen Ostgebiete gewesen. Anhand von Befehlen oder Anordnungen des Kremlchefs lassen sich diese Behauptungen allerdings nicht beweisen.

In einigen Dokumenten ist nachzulesen, dass die Verwüstung ganzer Ortschaften und die Misshandlung von deutschen Zivilisten auf erobertem Gebiet für die Sowjets mit der Zeit zum Problem wurden. Man fürchtete, bei den Westmächten in Misskredit zu geraten und dem gemeinsamen Ziel, dem Sieg über NS-Deutschland, zu schaden. Als sich die Lage schon bald nach Beginn der Januar-Offensive zuspitzte, bemühten sich die sowjetischen Verantwortlichen um eine rasche Zügelung der zuvor entfesselten Kräfte.

Bereits am 21. Januar 1945 erließ Marschall Rokossowskij den Befehl, »den Hass auf die Ausrottung des Feindes auf dem Schlachtfeld zu richten«. Marodieren, sinnlose Zerstörungen, Raub und Mord an Zivilisten wurden unter Strafe gestellt. Das hatte jedoch zunächst weniger humanitäre Gründe. Der Marschall machte sich vor allem Sorgen um die Disziplin in der Truppe. Ein geheimes Protokoll der Propagandaabteilung von Rokossowskijs 2. Belorussischer Front belegt, dass »Trinkgelage, Plünderungen, Vergewaltigungen, sinnlose Brandstiftung und so weiter« der Militärführung Sorge bereiteten: »Die Gefährlichkeit dieser Erscheinungen besteht darin, dass sie die militärische Ordnung

Diese Gräueltaten mussten aufhören, denn man erschoss Kinder und Frauen, eigentlich jeden, der im Weg stand. Im Krieg wurde aber kein Buch darüber geführt, wie viel kleine Jungen oder Mädchen von einem Infanteristen umgebracht wurden, wie viel Kinder oder Erwachsene. Krieg ist Krieg.

Jurij Michajlowitsch Chuchrikow, Jagdbomberpilot

und Organisiertheit untergraben.« Hinzu kam, dass durch den Vandalismus der Rotarmisten auch für die Sieger ein enormer materieller Schaden entstand. Ein abgebranntes Haus konnte schließlich nicht mehr genutzt, zerstörtes Inventar war wertlos und konnte nicht mehr in die Sowjetunion geschickt werden.

»Die Geister, die sie riefen« – Trotz gegenteiliger Befehle der Sowjetführung ging das Plündern und Brandschatzen weiter

Doch noch wochenlang wurden die neuen Befehle missachtet. Die Führung der Roten Armee wurde die Geister, die sie gerufen hatte, so schnell nicht wieder los. Viele Soldaten, aber auch einige Offiziere, verstanden nicht, warum sich der Umgang mit den Deutschen mitten im Siegeszug ändern sollte. So wurden brutale Exzesse oft nur halbherzig oder gar nicht geahndet. Zu Verurteilungen kam es noch seltener. Vladimir Sanevich Schafir etwa erlebte einen Prozess gegen den sowjetischen Kommandeur eines Zuges, der »vor aller Augen« eine junge Deutsche vergewaltigt hatte: »Der Fall kam bis vor das Tribunal. Der Vorsitzende erließ den Beschluss, die Sache einzustellen. Der Grund war, dass die gesamte Familie dieses Offiziers im Krieg von Deutschen umgebracht worden war. Das waren mildernde Umstände.« Der russische Schriftsteller Lew Kopelew hingegen, der mit seinen Appellen versucht hatte, deutsche Zivilisten vor Mord und Totschlag zu bewahren, wurde für viele Jahre in sowjetische Straflager geschickt.

»Die russische Dampfwalze« – Sowjetische Truppen erobern die Stadt Frauenburg

Die Lage war besonders dramatisch für uns, weil wir als ostpreußische Soldaten unsere Heimat verteidigen mussten. Doch die Skepsis, ob wir das schaffen würden, war groß.

Werner Möllenkamp,
Offizier bei der
21. Infanteriedivision

Die Situation im untergehenden Ostpreußen spitzte sich in der letzten Januarwoche dramatisch zu: Menschen auf der Flucht, Menschen, die unter sowjetische Besatzung gerieten, Menschen, die gerade noch dem Schlimmsten entrinnen konnten, und andere, die die Hölle auf Erden erlebten. Das deutsche Militär war hin- und hergerissen in seiner Rolle als Verteidiger an der Front und als Beschützer der Zivilbevölkerung. Die militärische Lage der Wehrmacht war fatal. Die Truppen der Roten Armee waren südlich von Tolkemit zum Frischen Haff vorgestoßen, die Einkesselung von Hunderttausenden von Zivilisten und Soldaten stand ummittelbar bevor. Um das zu verhindern, befahl General Friedrich Hoßbach, Oberbefehlshaber der 4. Armee, einen Ausbruchsversuch: Seine Divisionen sollten sich über Elbing zur 2. Armee durchschlagen. Hitler tobte, untersagte jeglichen Stellungswechsel. Gauleiter Erich Koch goss zusätzlich Öl ins Feuer und bezeichnete Hoßbachs taktisches Manöver als »feige Flucht ins Reich«. Vollmundig verkündete Koch, er werde Ostpreußen dann eben mithilfe des Volkssturms halten. Hitler ergriff noch weiter reichende Maßnahmen gegen seinen General und

»Ostpreußen ist abgeriegelt« – Rotarmisten am Frischen Haff. Die Soldaten feiern ihren Erfolg mit Salutschüssen

enthob Hoßbach seines Amtes. Sein Nachfolger an der Spitze der 4. Armee wurde Friedrich-Wilhelm Müller, die Heeresgruppe Nord übernahm Lothar Rendulic, ein hitlertreuer General aus Österreich. Nach diesen Neubesetzungen konnte der Diktator sicher sein, dass seine Weisungen blindlings ausgeführt wurden. Rendulic erließ wenig später den Befehl, alle Soldaten standrechtlich zu erschießen, die »ohne verwundet zu sein« angaben, »Versprengte zu sein« oder »ihre Einheit zu suchen«. Im Chaos der Flüchtlingstrecks und zurückweichender Einheiten machten deutsche Feldgendarme und »fliegende Standgerichte« regelrecht Jagd auf tatsächliche und vermeintliche Fahnenflüchtige. Ein damals 15-jähriger Landarbeiter erinnert sich, »wie am Geländer der Weichselbrücke Soldaten aufgehängt wurden – das war furchtbar«.

Hitler, der den Offizieren der Wehrmacht zunehmend kritisch gegenüberstand, ernannte nun Heinrich Himmler zum Kommandeur der »Heeresgruppe Weichsel« – ein weiterer Affront gegen die Generalität. Der SS-Chef war zwar ein militärischer Dilettant, doch der Diktator vertraute in dieser Phase des Krieges nur noch seinen engsten Paladinen und hoffte auf ein Wunder, wie es im Jahre 1762 Friedrich dem Großen widerfahren war. Damals hatte der Siebenjährige Krieg durch den Tod der Zarin Elisabeth eine entscheidende Wende genommen, und Friedrich konnte einen Separatfrieden mit Russland schließen. Seit Monaten schon hing über dem Schreibtisch Hitlers ein Porträt des preußischen Königs.

Hitler gab immer wieder Befehle, irgendwelche Orte zu einer Festung zu ernennen. Aber da war nichts. Es gab dort weder Befestigungswerke noch die nötigen Besatzungen, die solche Plätze hätten verteidigen können. Es war eigentlich immer nur eine Illusion.

Bernd Freytag von Loringhoven, letzter Adjutant von Generaloberst Guderian

Doch Wahn und der Glaube an Wunder ersetzen keine Armeen. Seit die sowjetischen Angriffsspitzen am 27. Januar 1945 Tolkemit am Frischen Haff eingenommen hatten, war Ostpreußen fast vollständig abgeriegelt – für die Soldaten und Flüchtlinge eine traumatische Situation. Der Weg über die Weichsel nach Westen war versperrt, so gab es noch die Möglichkeit, von der Frischen Nehrung aus über das gefrorene Haff in die Danziger Bucht zu gelangen. Wer sich zum Hafen Pillau durchschlagen konnte, vermochte sich von dort aus über den Seeweg in Sicherheit zu bringen, sofern er Platz auf einem Schiff fand. Im Rücken der Flüchtlinge kämpfte die 4. Armee verzweifelt, um Zeit zu gewinnen, damit über die Häfen die Evakuierung der Zivilbevölkerung stattfinden konnte. Um die Hauptstadt Königsberg entbrannte unterdessen ein unerbittlicher Festungskampf. Nachdem die

»Verzweifelte Lage« – Den deutschen Soldaten gelang es nur noch vereinzelt, die Front zu halten, um Zivilisten zu retten

Reichsstraße zwischen Königsberg und Pillau zunächst von den Rotarmisten besetzt worden war, konnten schließlich deutsche Einheiten die Verbindung zum Hafen am 19. Februar wieder freikämpfen.
Der ostpreußische Kessel stand von allen Seiten unter Druck. Die materielle Überlegenheit der Roten Armee ließ keinen Ausbruch zu. Hinzu kamen Nachschubprobleme, die den deutschen Soldaten sehr zu schaffen machten. Werner Möllenkamp, der aus dem ostpreußischen Osterode stammte, war damals Artillerist bei der 21. Infanteriedivision. Verzweifelt fügte er sich seinem Schicksal: »Was sollten wir machen? Wir waren dorthin bestellt worden, um die Ostpreußenstellung zu halten. Wie immer wartete man auf ein großes Wunder.«
Der Kessel schrumpfte binnen sechs Wochen von sechzig Kilometern auf einen Radius von etwa zwanzig Kilometern. Mitte März zog er sich wie ein schmaler, in der Mitte etwas breiter werdender Streifen auf einer Länge von fünfzig Kilometern entlang der Küste zum Frischen Haff – in seinem Zentrum lag die historische Kreisstadt Heiligenbeil. Später wurde das noch verbleibende Schlachtfeld als der »Kessel von Heiligenbeil« bezeichnet.

Wir hatten die Front im Rücken, den Kessel von Heiligenbeil. Von oben sind wir heftigst beschossen worden – die Flugzeuge haben einfach völlig wahllos zwischen die Menschen gefeuert. Es war in etwa so, wie wenn man sich bei Gewitter draußen aufhält. Es grollte und blitzte um uns, Tag und Nacht.

Hannelore Thiele,
damals Ostpreußen

»Auf völlig verlorenem Posten« – Im Kessel von Heiligenbeil hausten die Soldaten in primitiven Erdlöchern

Es erging ein Befehl von Hitler, dass wir alle am Haff sterben müssten. Auch sollten Soldaten am Ufer aufgestellt werden, um Flüchtlinge zu erschießen. So ein brutaler Befehl! Wir fühlten uns verraten und verkauft.

Werner Möllenkamp,
Offizier bei der
21. Infanteriedivision

Die deutschen Soldaten fühlten sich hier in ihren Schützengräben und den provisorischen Bunkern auf völlig verlorenem Posten. »Wir buddelten uns Löcher, immer im Abstand von zwei bis drei Metern«, erinnert sich Werner Möllenkamp. »Da lagen wir dann drin. Mit einer Maschinenpistole oder einem Karabiner schossen wir, sobald die Russen auftauchten. Und wenn man keine Munition mehr hatte, zog man sich wieder ein Stück zurück. Auf diese Weise wurden viele getroffen, andere schafften es, ans Ufer des Haffs zu gelangen, und hofften darauf, dass sie von dort aus wegkamen.«

»Bis zur letzten Patrone« – Die Kämpfe in Ostpreußen kosteten zahlreiche Opfer – auf beiden Seiten

Da die sowjetischen Kommandeure wussten, dass die Soldaten der Wehrmacht mit dem Rücken zur Wand standen, warnten sie die eigenen Truppen vor einer heftigen Gegenwehr: »Sie werden bis zum letzten Mann kämpfen, bis zur letzten Patrone.« Das bekamen auch viele der Rotarmisten bitter zu spüren. Einer der russischen Soldaten berichtete später: »Die Angst, die war da. Wer erzählt, an der Front habe jeder furchtlos seinen Mann gestanden, der lügt. Ein solcher Mensch war vielleicht nie im Krieg. Immer war diese große Angst da. Wir waren vor jedem Angriff so angespannt, dass wir nicht mehr als ein paar Krümel Brot und eine halbe Tasse Tee herunterbekamen. Erst wenn wir uns am Abend von dem Einsatz erholten, waren wir wieder halbwegs normal und konnten etwas essen.«

Und die Situation der deutschen Zivilisten? Die russische Krankenschwester Ljudmilla Wernikowskaja hatte am Kesselrand viele zerstörte Häuser gesehen: »In einem Unterstand saß ein alter Mann, der sich die Pulsadern aufgeschnitten hatte. Neben ihm an der Wand entdeckte ich zwei etwa fünfjährige Kinder. Der Mann hatte den beiden Kindern ebenfalls die Pulsadern aufgeschnitten. Das war fürchterlich.«

Auch der damals dreizehnjährige Lothar Woelke aus Heiligenbeil erinnert sich an ein furchtbares Erlebnis aus jenen Tagen: »An einem Straßenrand lagen deutsche Soldaten, die atmeten noch, die lebten noch, die waren nur verwundet. Aber kein Mensch hat sich um sie gekümmert. Ich wollte noch von dem einen Soldaten den Ausweis entgegennehmen, um ihn seiner Familie zu schicken. Aber meine Mutter sagte: ›Lass das, das hat doch alles keinen Zweck, die werden das nicht überleben.‹ Es war grauenhaft.«

Ich sehe heute noch die Trecks, die von russischen Schlachtfliegern zusammengeschossen wurden. Das war das Schlimmste, was ich je gesehen habe. Noch grauenvoller wird es den Trecks ergangen sein, die ihren Weg über die Nehrung in Richtung Danzig nehmen mussten.

Fritz Busse, Soldat

Auch für die Flüchtlinge wurde die Lage immer verzweifelter. Sie hofften, der Umklammerung von Heiligenbeil zu entgehen, indem sie sich zu einer Flucht über das Meer entschlossen. Am 18. Februar machte sich Eva Droese aus dem nahen Balga, das direkt am Haff lag, auf den Weg. Sie war damals zwanzig Jahre alt und hochschwanger. Ihr Vater war ein Seemann, sein Schiff lag in Pillau vor Anker, und er war von dort aus zu seiner Familie hinübergeeilt, um sie zur Flucht zu bewegen. Der Bürgermeister von Balga stellte der Familie einen Leiterwagen mit drei Pferden zur Verfügung. Als Gegenleistung nahm Familie Droese seine Tochter und eine weitere Verwandte mit. Für diese Menschen begann eine Reise mit Irrungen und Wirrungen.

»Eine endlose Schlange von Wagen« – Hunderttausende Zivilisten flüchteten über das Haff

Der Weg zu den scheinbar sicheren Häfen Pillau und Danzig führte über das Haff, eine bis zu zwanzig Kilometer breite und achtzig Kilometer lange Ostseebucht, die durch eine fünfzig Kilometer in die Länge gezogene Landzunge, die Nehrung, von der offenen See getrennt ist. Nach Einbruch der Dunkelheit setzten sich Eva Droese, die Eltern und die Verwandten des Bürgermeisters in Bewegung. Die kleine Gruppe musste sich in einen Treck einreihen und wurde anschließend ans Haff geleitet – dorthin, wo die Wehrmacht einen Weg auf dem Eis abgesteckt hatte. Damit das Eis nicht einbrach, hatten die Flüchtlinge von den Wagen abzusteigen. Bei Dunkelheit und eisiger Kälte überquerten die Menschen die – so hofften sie – rettende Bucht.

»Am nächsten Morgen erreichten wir schließlich völlig erschöpft die Nehrung«, erzählt Eva Droese. Sie und ihre Treckgefährten hatten großes Glück gehabt und waren in jener Nacht von den sowjetischen Luftangriffen verschont geblieben. Nicht jedoch andere Flüchtlinge aus diesem Treck. Erst bei Tageslicht bot sich Eva Droese das Bild der schrecklichen Verwüstung: Tote Pferde lagen herum, Planwagen waren verlassen, Hab und Gut war überall verstreut, Menschen, denen niemand helfen konnte, waren am Rande der Verzweiflung. Es ist ein Bild, das sich bis zum heutigen Tag tief in ihr Gedächtnis eingeprägt hat.

Da sich der Weg nach Pillau als zu gefährlich erwies – das Donnern der sowjetischen Artillerie war aus dieser Richtung immer lauter zu hören –, folgten die Flüchtlinge der Nehrung nach Südwesten, Richtung Danzig. Doch von dort preschten plötzlich Fahrzeuge der Wehrmacht heran. Es hieß: zurück aufs Eis. »Wir mussten uns wieder in eine endlose Schlange einreihen. Von der Luft aus muss unser Treck wie eine schwarze Ameisenstraße ausgesehen haben«, meint Eva Droese. Sowjetische Jagdbomber warfen nun ihre tödliche Fracht ab und feuerten aus ihren Bordwaffen. »Meine Mutter warf sich bei jedem Beschuss über mich, um mich zu schützen.«

Ich kann mich an eine junge Frau mit einem Baby auf dem Arm erinnern, das war gefroren – tot. Die war richtig durchgedreht, aber was sollten wir Jungs denn machen? Wir haben sie weiter geschickt. Wer weiß, wie weit sie gekommen ist.

Rudi Powilleit,
als Hitlerjunge im
Einsatz am Haff

Der Russe Jurij Chuchrikow war damals als Pilot an der Frischen Nehrung im Einsatz. Seine Erinnerung: »Wir flogen in Gruppen von sechs Flugzeugen. Und es war unübersehbar: Zehntausende von Deutschen zogen auf schmalen Wegen dahin. Da konnten wir das Ziel nicht verfehlen. Es ist heute unvorstellbar, wie viele Menschen wir mit unseren Bomben und Granaten in den Tod schickten. Es war ein einziges Abschlachten.« Hatte er kein Mitleid? »Nein. Ich dachte immer daran, was die Deutschen unserem Land angetan hatten.«

Nicht weit von der Nehrung entfernt ging jedoch auch das Morden auf deutscher Seite unvermindert weiter, in den Lagern und auf den Todesmärschen. Bei Königsberg wurden Tausende von Häftlingen aus einem Nebenlager des KZ Stutthof an schnee- und eisbedeckten Stränden der Ostsee erschossen oder ins Meer getrieben. Auch das gehörte zur schrecklichen Wirklichkeit in Ostpreußen im Jahr 1945.

Ich war an der vordersten Linie. In meiner Akte steht, ich habe 260 bis 280 Menschen getötet. Bis zum Ellbogen stecke ich in Blut.

Jurij Michajlowitsch
Chuchrikow,
Jagdbomberpilot

Der Treck, in dem sich Eva Droese befand, hatte nun die nächsten Herausforderungen zu meistern: Das Haffeis, das sie überschreiten mussten, begann brüchig zu werden. Völlig unvermittelt taten sich tödliche Spalten auf. »Wir wussten überhaupt nicht, wie uns geschah«, erinnert sich Eva Droese, »Wagen und Menschen versanken von einer Sekunde auf die andere in den Fluten. Es war einfach furchtbar. Ich sehe noch heute vor meinen Augen einen Pferdefuß aus einem Eisloch ragen, von dem Wagen war nichts mehr zu sehen.« Plötzlich schlug eine Granate in der Nähe der Flüchtlinge ein. Ein Splitter traf den Vater von Eva Droese am Auge. Nur notdürftig konnte die Tochter die Wunde verbinden. Immer

»Viele blieben auf der Strecke« – Russische Jagdflieger beschossen die Flüchtlingstrecks auf dem Eis

wieder wurde der Treck von Tieffliegern attackiert. Schließlich gelang es der kleinen Gruppe aber dennoch, Gotenhafen zu erreichen. Von dort aus gelangte sie mit einem Schiff nach Dänemark.

Hunderttausende von ostpreußischen Flüchtlingen versuchten in jenen Tagen über das Haff zu fliehen, um über die Frische Nehrung nach Danzig oder Pillau zu gelangen – zu Fuß, mit Schlitten oder mit Pferdewagen brachen sie auf, in der Hoffnung, ein rettendes Schiff zu erreichen. In den letzten Januarwochen war das Eis noch stark genug, um die schwere Last zu tragen. Dann wurde der Gang über das zugefrorene Haff jedoch ein Wettlauf mit dem Tod. Ohne ausreichend schützende Kleidung und geschwächt durch unzureichende Ernährung starben auch hier zuerst die Jüngsten und die Ältesten. Schon an Land war es wegen des gefrorenen Bodens unmöglich gewesen, die Opfer angemessen zu begraben. Auf dem Eis konnten die Toten erst

Die russischen Flieger hatten wunderbar freien Blick, um auf uns mit ihren Bordwaffen zu schießen. Flogen die Flugzeuge zu tief, scheuten unsere Pferde, die Wagen fuhren aufeinander, einige brachen ein und gingen unter.

Stephanie Lingk,
flüchtete über das Haff

recht nicht beerdigt werden. So schwer es den Angehörigen fiel, sie mussten ihre Verstorbenen zurücklassen, sie hatten keine andere Wahl. Sie mussten so schnell wie möglich weiter in Richtung Westen.
Vater und Tochter Ritgen aus Groß-Falkenau hatten Glück im Unglück. Der Gutsbesitzer musste den eigenen Treck verlassen, weil er an der Ruhr erkrankte. Felicitas überredete den 63-jährigen Mann zu diesem Entschluss, da er kaum noch Kraft besaß. Der Vater stimmte schließlich zu und verließ die lange Kolonne schweren Herzens in Preußisch Stargard. In der Annahme, dass von dort aus noch Züge fahren würden, begaben sich der Gutsherr und seine Tochter zum Bahnhof. Sie konnten zwar in einen Waggon einsteigen, doch es gab keine Lokomotive. Sie warteten eine Weile, dann verließen sie den Zug wieder und stellten sich zu den vielen anderen Flüchtlingen auf den Bahnsteig. Keiner wusste, wie es weitergehen sollte.
Und dann geschah etwas, was der Familie noch heute unfassbar erscheint: »Plötzlich sah ich von weitem einen Mann in Uniform auf uns zukommen. Ich schaute einmal, ich schaute zweimal, und schließlich schrie ich: ›Udo, wie kommst du denn hierher?‹« Udo war Felicitas' jüngster Bruder. »Wir hatten ihn ja gar nicht hier vermutet«, erzählt Felicitas Lieberoth-Leden weiter. »Wir dachten, er sei an der Ostfront. Und jetzt kam er wie ein Engel daher, der uns vom Himmel geschickt wurde.« Udo Ritgen gab seiner Schwester und dem Vater zu verstehen, dass es schon seit längerem keine Möglichkeit mehr gab, mit dem Zug in

»Wie ein Engel vom Himmel geschickt« – Wehrmachtoffizier Udo Ritgen gelang es, seine Familie auf ein Schiff nach Westen zu lotsen

»Flucht über die Ostsee«
– In Gotenhafen wird ein Flüchtlingsschiff beladen

den Westen zu kommen. Da er jedoch zu jener Zeit der Chef der Seeleitstelle auf der vor Danzig gelegenen Halbinsel Hela war und in dieser Funktion auch die Verantwortung für den Abtransport von Flüchtlingen hatte, wollte er nun alle Hebel in Bewegung setzen, um seine Angehörigen in Sicherheit zu bringen.
»Wir sind mit dem Auto meines Bruders in Richtung Norden gefahren und kamen nach Gotenhafen«, berichtet Felicitas Lieberoth-Leden. »Durch die Vermittlung von Udo erhielten wir einen Platz auf einem Schiff. Wir gingen an der Kaimauer entlang, und ein Matrose wollte gerade unsere Koffer auf die Wilhelm Gustloff bringen.«
Just in jenem Augenblick stoppte Udo Ritgen den Matrosen und meinte, sie seien für ein anderes Schiff vorgemerkt. Auf diese Weise entgingen die Schwester und der Vater einer der größten Katastrophen der Seegeschichte. Die Gustloff wurde am 30. Januar 1945 von einem sowjetischen U-Boot torpediert. Mehr als 9000 Menschen kamen bei diesem Angriff in den eisigen Fluten um. Auch für Udo Ritgen war die Versenkung des Passagierschiffs ein Schock:
»Bis zur Torpedierung der Gustloff waren wir davon ausgegangen, der Weg über die Ostsee bis Pillau sei sicher. Nach dieser Katastrophe wussten wir, dass wir von nun an stets mit dem Schlimmsten zu rechnen hatten.« Schiffe wie die Gustloff, die Goya oder die Steuben stehen für mehr als 20 000 Tote auf dem Fluchtweg über die Ostsee während der ersten Monate des Jahres 1945. Doch dieser Zahl steht eine größere gegenüber: Trotz der Schiffskatastrophen wurden zwischen dem 15. Januar und dem 8. Mai 1945 mindestens zwei Millionen Menschen über das Meer nach Westen gebracht, auch Felicitas Lieberoth-Leden und ihr Vater.

Es hat Fliehende gegeben, die beim Anblick des rettenden Hafens umkehrten und in die brennenden Städte liefen. Die Furcht vor der See war größer als die Furcht vor dem näher rückenden Krieg.

Arno Surminski, flüchtete aus Ostpreußen

Die Schlacht um Ostpreußen dauerte noch an. Doch bald gab es nur noch wenige Stellen, an denen gekämpft wurde. Die Reste der 4. Armee wurden im Kessel von Heiligenbeil zusammengedrückt. Hunger und Kälte, Angriffe aus der Luft und vom Boden aus waren die ständigen Begleiter der deutschen Soldaten und Zivilisten.
Auch für die Rotarmisten war der Kampf um Ostpreußen mit vielen Opfern verbunden. In Moskau zeigte man sich verwundert, dass die Wehrmacht hier um jeden Meter Boden focht, während amerikanische, britische und kanadische Truppen ohne größeren Widerstand durch westdeutsche Ortschaften ziehen konnten. Die oft eng nebeneinander agierende Masse von Soldaten und Zivilisten war im Osten

»Untergang einer Armee« – Deutsche Soldaten versuchen aus dem Kessel von Heiligenbeil zu entkommen

eine Schicksalsgemeinschaft angesichts einer tödlichen Bedrohung. Doch auch diese befand sich nun in Auflösung. Bald fehlte es der 4. Armee vielerorts an Munition. Tausende von Soldaten retteten sich mit Holzflößen, Brettern und Balken zur Frischen Nehrung hinüber.

Ein Flüchtlingswagen stand am andern. Das war ein riesiges Feld, man konnte es gar nicht überschauen, so viele Fahrzeuge standen da. Da hatte ich das Gefühl: Das ist Ostpreußens Reichtum. Das ist alles, was übrig geblieben ist. Das verdanken wir diesem verfluchten Hitler. Das war das erste Mal, dass ich diese Verbindung begriffen habe.

Irmela Ziegler,
damals Ostpreußen

Der Kriegsmarine gelang es, Tausende von Menschen aus dem Heiligenbeiler Kessel zu evakuieren, allein mehr als 60 000 Verwundete und fast 5000 Flüchtlinge. Das Ende des Kessels war am 29. März besiegelt. Sowjetische Panzer überrollten die letzten gefechtsfähigen Stellungen. Die Rote Armee machte 50 000 Gefangene. Wohl kaum einer der deutschen Soldaten hatte am Ende noch für Hitler gefochten – und auch nicht für den »Endsieg«, den das marode Regime immer noch verkündete. Zuletzt ging es nur noch darum, Zeit zu gewinnen. 10 000 leicht verwundete Soldaten, die man nach Königsberg abtransportiert hatte, sahen dort nur noch eine sterbende Stadt. Quälend zog sich der Todeskampf in der Metropole am Pregel hin – bis

in den Frühling hinein. Dann verlor selbst General Otto Lasch, der Festungskommandant, die Zuversicht. »Der Kampf schien sinnlos geworden zu sein«, erinnert er sich später an diese Tage. Das sich permanent wiederholende Trommelfeuer, die Tiefflieger, die jede Bewegung am Tag fast unmöglich machten, zermürbten die Menschen.
Am 9. April gegen fünf Uhr nachmittags erstarb schließlich das Feuer. Sowjetische Wochenschaubilder zeigten, wie Panzer der Roten Armee in die Stadt rollten. In der Hafenstadt Pillau hingegen wurde zwei Wochen später noch um jede Straße gerungen. Es tobte eine Schlacht um jedes Haus, Marine- und Infanteriesoldaten waren gleichermaßen in Nahkämpfe verwickelt gewesen. Sowjetische Panzer schossen mitten hinein – ohne Rücksicht auch auf eigene Verluste.
Am 25. April 1945 wurden mit Landungsbooten, kleinen Fischereifahrzeugen und Lastkähnen noch einmal fast 20 000 deutsche Soldaten und 7000 Verwundete evakuiert. An der Pier herrschte allerdings totale Panik. Nur noch unter Androhung von Waffengewalt gab es ein geordnetes Einsteigen, viele der Wartenden waren so verzweifelt, dass sie ins Wasser sprangen und dabei ertranken. Die letzten befestigten

»Das ist Ostpreußens Reichtum« – Die Überreste von Flüchtlingstrecks am Ufer des Frischen Haffs, März 1945

Stellungen brachen ein. Seekommandant Kapitän Strobel vermerkte in diesen Stunden: »Der Kampf um Pillau ist beendet. Pillau selbst ist nur noch ein rauchender Trümmerhaufen.«

Die letzte Bastion auf ostpreußischem Gebiet war jetzt jene Landzunge, über die schon so viele Menschen einen Ausweg gesucht hatten, die Frische Nehrung. Um Narmeln, das etwa in der Mitte des Landstreifens lag, bildeten die sowjetischen Soldaten einen Ring, aus dem es kein Entrinnen mehr gab. Mit einem wirkungsvollen Abwehrfeuer gelang es den Soldaten des deutschen VI. Armeekorps zwar noch, ein Landeunternehmen zu vereiteln, bei dem sogar russische Gefangene gemacht wurden. Aber es war der Abgesang der fast fünf Monate währenden Schlacht um die Provinz. Am 3. Mai 1945 ging der letzte Flecken ostpreußischen Bodens verloren. Seit Beginn der sowjetischen Winteroffensive waren nun insgesamt 111 Tage vergangen. Dabei hatte sich schon sehr schnell gezeigt, dass Ostpreußen nicht zu vergleichen war mit den anderen Schlachtfeldern des Krieges. Durch den Starrsinn des NS-Regimes waren Millionen von Zivilisten dazu verdammt, Teil des militärischen Geschehens zu werden: getrieben von der Front, zwischen den Linien hin- und hergeworfen und schließlich im besetzten Gebiet der Willkür der Siegerarmee ausgesetzt. Viele verloren in diesem Chaos das Leben. Die Überlebenden verloren ihre Heimat.

Wegen Hitler haben wir alles verloren. Wegen ihm haben wir den Krieg angefangen, wegen ihm sind meine Brüder gefallen, wegen ihm haben wir Haus und Hof verloren. Schuld sind Adolf Hitler und seine Kumpanen.

Felicitas Lieberoth-Leden, Tochter des Gutsverwalters von Falkenau

»Der Kampf ist zu Ende« – Deutsche Soldaten werden in die Kriegsgefangenschaft abgeführt

»Blinder Durchhaltewahn« – Ostpreußens Hauptstadt Königsberg wurde heftigst verteidigt – obwohl sie von der Roten Armee längst eingeschlossen war

Am 31. Januar 1945 wurde Königsberg von sowjetischen Truppen eingekesselt. In den Kellern der ausgebombten Stadt lebten zu jenem Zeitpunkt noch 130 000 Menschen, denen nicht mehr rechtzeitig die Flucht gelungen war. Sie waren nun zum Ausharren verdammt. Mit dem Sturm der Festung Königsberg Anfang April begann für die Zivilbevölkerung ein dramatischer Überlebenskampf, den lediglich jeder fünfte überleben sollte.

Die Eingeschlossenen

Heimlich schlich Michael Wieck ins Obergeschoss des Fabrikgebäudes und öffnete ein Fenster. Der Herbst zeigte sich von seiner schönsten Seite, gerade so, als sei gar kein Krieg. Der Junge wusste zwar, dass er etwas Verbotenes tat, doch seine Neugier war größer als die Angst, entdeckt zu werden. Zunächst vernahm er es nur sehr leise: ein fernes Donnergrollen, ein nicht enden wollendes Gewitter aus detonierenden Bomben und Granaten, Schlachtenlärm, der zwar noch sehr weit entfernt war, aber wie Musik in den Ohren des 16-Jährigen klang. Aufgeregt holte Michael Wieck seine jüdischen Leidensgenossen ans Fenster, um sie an seiner Freude teilhaben zu lassen. Von den Artilleriegeschossen der Roten Armee erhoffte sich der Königsberger die baldige Rettung vor dem Terror des Nazi-Regimes, der ihn und seine Familie bedrohte. Nach Jahren der Angst und der Zwangsarbeit gab es für ihn endlich einen Hoffnungsschimmer: »›Da kommen unsere Befreier!‹, hieß es. Wie das dann aussehen würde, wenn die Befreier wirklich kommen würden, das hat sich niemand von uns vorgestellt«, erinnert sich Michael Wieck.

»Nur noch ein rauchender Trümmerhaufen« – Die Innenstadt von Königsberg nach den britischen Luftangriffen im August 1944

Die meisten Königsberger erkannten die Gefahr, die ihnen von der vorrückenden Roten Armee drohte, nicht. Allzu viele vertrauten den Parolen der Parteiführung. Auch als sich die Rote Armee im Juli 1944 der Grenze Ostpreußens näherte und die ersten Evakuierungen im Memelland stattfanden, wähnte sich die Zivilbevölkerung in Sicherheit. Dabei waren die feindlichen Truppen nur noch 200 Kilometer von Königsberg entfernt. Erst die beiden britischen Angriffe in den Nächten zum 27. und 30. August 1944, bei denen auch die neu entwickelten Brandstrahl- und Phosphorbomben zum Einsatz kamen, zerstörten die Illusion von der friedlichen Idylle. Die historische Innenstadt brannte lichterloh, komplette Straßenzüge wurden zu Ruinen, Tausende verloren ihre Wohnung oder kamen ums Leben. Das Schloss, die einstige Ordensburg und Krönungsstätte, Wahrzeichen und Stolz der Stadt, war danach kaum wiederzuerkennen. Als Mitte Oktober 1944 die Rote Armee mit vielfach überlegenen Kräften Richtung Königsberg vorstieß, wollten die meisten die Gefahr noch immer nicht wahrhaben. Erst als sich Gräueltaten von Rotarmisten an der deutschen Zivilbevölkerung herumsprachen, griff Panik um sich. Der zuständige Gauleiter Erich Koch, der nun auch Reichsverteidigungskommissar für Ostpreußen war, stellte rigoros jegliche Form der Fluchtvorbereitung unter Strafe – obwohl die Rote Armee bereits Teile Ostpreußens erobert hatte. »Damals war alles noch auf Endsieg programmiert, jedenfalls waren das die offiziellen Parolen der Partei«, beschreibt der damalige Kriegsberichterstatter Hanns Joachim Paris die Atmosphäre vor dem eigentlichen Sturm. »Wenn man die Zivilbevölkerung evakuiert hätte, wäre das als Beweis gewertet worden, dass man an diesen Endsieg schon nicht mehr glaubte.« Lediglich die unmittelbar Betroffenen in den Kampfgebieten durften evakuiert werden. Den übrigen Menschen in Ostpreußen blieb zwar einstweilen eine Schonfrist, da der sowjetische Angriff ins Stocken geraten war, doch das erzwungene Verharren in ihrer Heimat sollte sich für die meisten bald als fatal herausstellen. Einer allerdings trat die Flucht aus Ostpreußen an – in aller Heimlichkeit: Ende November räumte Hitler sein militärisches Hauptquartier »Wolfsschanze« bei Rastenburg, keine hundert Kilometer von Königsberg entfernt.

In Ostpreußen und in Königsberg war alles noch ein bisschen radikaler und noch ein bisschen schlimmer als in den anderen Gauen. Das lag auch am Gauleiter Erich Koch, der alles übertrieb, auch den Antisemitismus und die Hetzreden.

Michael Wieck,
Verfolgter des NS-Regimes

Nach Bekanntgabe der ersten Exzesse gegen die deutsche Zivilbevölkerung hätte Gauleiter Koch wissen müssen, was die Ostpreußen nach einer Eroberung durch die Rote Armee zu erwarten hatten; zumal er als Reichskommissar in der von deutschen Truppen eroberten Ukraine den dort lebenden Menschen unendliches Elend und Leid gebracht hatte. Doch die Rettung seiner Schutzbefohlenen war für ihn weniger wichtig als die Sicherung seiner Kunstschätze, die er als Reichskommissar für die Ukraine aus Museen in Kiew und anderen sowjetischen

»Auf Endsieg programmiert« – Gauleiter Koch bei der Aufstellung des so genannten Volkssturms

Städten dreist zusammengeraubt hatte: teure Gemälde, Gobelins, Tafelsilber, Kerzenleuchter und andere wertvolle Gegenstände. Tatsächlich ließ er rechtzeitig mehrere Eisenbahnwaggons mit Wertgegenständen, die er in seinem Gut Groß-Friedrichsberg bei Metgethen, einem Villenvorort Königsbergs, verstaut hatte, beladen und in den Westen bringen. Wohin seine Sammlung geriet, ist bis heute ungeklärt. Mit großer Sorgfalt widmeten sich damals auch Berliner und Königsberger Kunstsachverständige der Bergung von Gemälden, Büchersammlungen, Archivalien und Beständen des Prussia-Schatzes. Die Kunstgüter wurden emsig verpackt, inventarisiert und verschickt, darunter auch Werke des Malers Lovis Corinth. Die schönste Trouvaille Königsbergs, das legendäre Bernsteinzimmer, das die Deutschen 1941 aus dem Katharinenpalast in St. Petersburg ausgebaut und in die ostpreußische Hauptstadt gebracht hatten, soll sich im Winter 1944/45 aber noch im alten Ordensschloss befunden haben. Alfred Rohde, der Königsberger Museumsdirektor und Bernsteinexperte, hatte die kostbaren Paneele im Frühjahr 1944 vorsorglich in Kisten verpacken und im Keller des Schlosses verstauen lassen. Seitdem hatte sie niemand mehr ausgepackt gesehen. Bis auf einige Sockelplatten überstand nach Aussage Rohdes der größte Teil des Bernsteinzimmers das Feuer in der Bombennacht im Spätsommer 1944 unbeschadet. Doch den meisten

»Ein einmaliges Meisterwerk« – Ab Frühjahr 1942 war das Bernsteinzimmer im Königsberger Schloss ausgestellt

Königsbergern war damals das Schicksal des Bernsteinzimmers ziemlich gleichgültig. »Das war es nicht, was die Bevölkerung damals umtrieb«, erzählt Heinz Stendtke, der zu dieser Zeit als Soldat auf Fronturlaub in seiner Heimatstadt war. »Die Bevölkerung bangte um ihr Leben. Sie schwankte zwischen Euphorie, Hoffen und Bangen, je nach der besonderen Situation. Es ging ihr in erster Linie um ihr eigenes Überleben.« Nur offen zugeben wollte dies niemand. Es lag eine angespannte Nervosität über der Stadt. Was würde das neue Jahr bringen?

Alle, die sich belastet fühlten, hatten Königsberg verlassen, denn sie fürchteten, dass sie da vielleicht von den Russen geschnappt werden würden. Die, die in Königsberg blieben, waren Menschen, die sich nicht schuldig fühlten. Es waren diejenigen, die den schlimmsten Hass und die schlimmsten Drangsalierungen (der Russen) dann am eigenen Leib ertragen mussten.

Michael Wieck, Verfolgter des NS-Regimes

Selbst der Vorstoß der für die Verteidigung Ostpreußens verantwortlichen Generäle im Januar 1945, die Bevölkerung aus Königsberg zu evakuieren, um im entscheidenden Moment die Straßen für Truppentransporte und Panzer frei zu haben, prallte an Kochs Durchhaltebeschluss ab. Er kalkulierte zynisch damit, dass die Soldaten noch verbissener kämpfen würden, solange es Frauen, Kinder und Alte zu verteidigen gab. Dabei hätte es in diesen Tagen durchaus noch funktionierende Verkehrsverbindungen gegeben. Tausende hätten gerettet werden können. Als am 12. Januar 1945 die lang geplante sowjetische Großoffensive auf Hitlers Reich begann, war es für viele schon zu spät. Mit einer Wucht, die jeden vorangegangenen Angriff in den Schatten stellte, schlug die Rote Armee mit einem Millionenaufgebot an Soldaten auf der gesamten Frontlänge los. Die deutschen Stellungen konnten sich der mitunter bis zu zwanzigfachen Überlegenheit nicht lange erwehren. Bereits am sechsten Tag der Offensive waren die sowjetischen Truppen bedenklich nahe an die Hauptstadt Ostpreußens herangekommen. Die Schlinge um Königsberg zog sich immer enger zu. Viele Mütter mit Kindern versuchten nun aus der Stadt zu fliehen, was aber in Anbetracht der Lage ständig schwieriger wurde. Der letzte Flüchtlingszug, der noch den Westen erreichte, verließ am 22. Januar 1945 den hoffnungslos überfüllten Bahnhof von Königsberg. Auf den Gleisen spielten sich dramatische Szenen ab. Verzweifelt drängten sich die Menschen auf den Bahnsteigen, um in einen der wenigen Eisenbahnwaggons zu gelangen. Mütter hielten ihre Kinder dicht an sich gepresst, um sie in der wogenden Menge nicht zu verlieren. Als sich schließlich der voll besetzte Zug in Bewegung setzte, brach Panik unter denen aus, die sich noch keinen Platz erkämpft hatten. Mit letzter

»Die Schlinge zieht sich zu« – Sowjetische Panzertruppen auf dem Weg nach Königsberg, Januar 1945

142

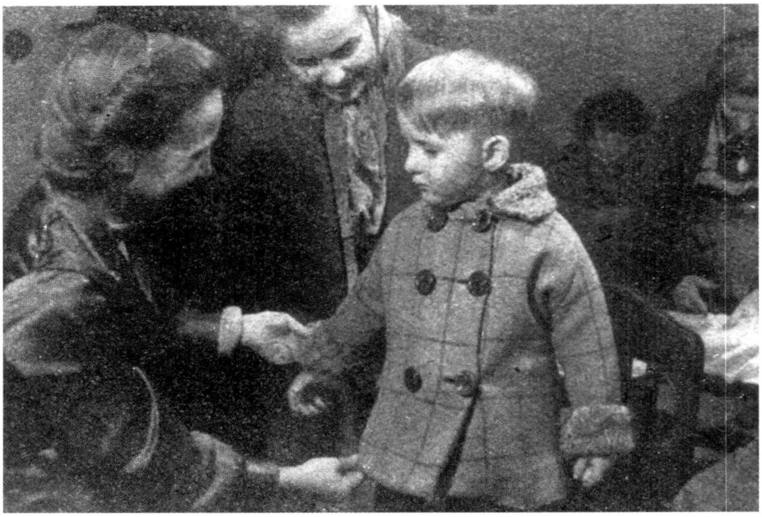

»Warme Kleidung für die Kleinsten« – Derart geordnete Verhältnisse gab es nur noch für Propagandafotos

Kraft schoben viele ihre Kinder durch ein Fenster ins Abteil und blieben selbst am Bahnsteig zurück. Für manche ein Abschied für immer. Während der letzte Zug nach Westen rollte, waren die ostpreußischen Städte Allenstein, Insterburg, Osterode, Mohrungen und Preußisch Eylau bereits verloren. Schon am 23. Januar 1945 hatte die Rote Armee einen Keil südlich von Königsberg bis Elbing an der Westgrenze Ostpreußens getrieben. Damit war Königsbergs Hauptverbindung in den Westen abgeschnitten. Vier Tage später erreichten Stalins Truppen die Küste zum Frischen Haff. Ein Durchkommen war von nun an nicht mehr möglich.

Am 27. Januar machten wir uns auf den Weg. Der Bahnhof war überfüllt. Immer wieder gab es Fliegeralarm. Um 22 Uhr war es dann so weit. Wir standen auf dem Bahnsteig, da heulten wieder die Sirenen. Alle rannten in die Schutzräume, wir blieben stehen und das war gut, denn der Zug lief ein. Jetzt stürmte die Masse den Zug, doch der setzte sich in Bewegung und die meisten blieben zurück. Wir konnten uns von Vater und meinem Mann nicht mehr verabschieden. Unter Dauerbeschuss fuhr der Zug ein Stück aus der Stadt, dann wieder ein Stück zurück, so ging das die ganze Nacht über. Morgens sahen wir, dass wir gerade bis zu dem Villenvorort Metgethen gekommen waren. Ein Schock!

Charlotte Gottschalk, Königsbergerin

In dieser Situation besiegelte Reichsverteidigungskommissar Erich Koch den bevorstehenden Untergang Königsbergs, indem er die Stadt am 24. Januar 1945 zur Festung erklärte. Der historische Stützpunkt der Ordensritter sollte bis zuletzt und mit allen erdenklichen Mitteln verteidigt werden. »Wir sind nun auf Gedeih und Verderb mit dem Schicksal der Stadt Königsberg verbunden«, drohte Kochs Adlatus, Kreisleiter Wagner, in einem Aufruf. »Entweder wir lassen uns in der Festung erschlagen, oder wir erschlagen die Bolschewisten vor den Toren unserer Stadt. Der bolsche-

»Alle wollten nur noch weg« – Nur mit viel Glück gelang es Frauen und Kindern, mit dem Zug aus Königsberg zu fliehen

wistische Soldat ist schlecht. Vor ihm zurückzugehen oder sich zu ergeben, ist sinnlos und ein Verbrechen. Gegen Deserteure, Feiglinge und Schädlinge wird schärfstens vorgegangen. Wer sich hinten herumdrückt und nicht kämpfen will, muss sterben.« Keine leere Drohung – die Alleen waren von Hunderten erhängten Soldaten gesäumt, die es gewagt hatten, ihre ohnehin verlorenen Stellungen aufzugeben.

Als General Otto Lasch am 28. Januar 1945 das militärische Kommando übernahm, musste er feststellen, dass die Stadt noch voll mit Zivilisten war. Mit vier aufgefüllten Divisionen und einem bunten Gemisch aus Volkssturm-, Marine- und Polizeieinheiten stand er vor der unlösbaren Aufgabe, die eingeschlossene Stadt gegen die Übermacht der Roten Armee zu verteidigen. Dem zu erwartenden Panzervorstoß hatte er nur eine einzige Sturmgeschütz-Kompanie entgegenzusetzen und auf die Unterstützung der Luftwaffe konnte er nicht hoffen. Zudem fing die Munition an, knapp zu werden. Erst viele Jahre später machte Lasch seinem Ärger über die Ignoranz der Parteibonzen Luft: »Vor allem aber versagte die Partei hinsichtlich einer ordnungsgemäßen Betreuung und Lenkung des Flüchtlingsstroms völlig, da ihre prominenten Führer mit wenigen Ausnahmen nur an das eigene Heil dachten.« Sorge bereitete ihm auch die Festungsanlage aus dem 19. Jahrhundert, die den modernen Geschützen auf Dauer nicht standhal-

»Königsberg wird das Grab der Bolschewisten« – Durchhalteparolen wie diese waren nur noch Augenwischerei

»Endlich waren wir richtige Soldaten« – Angehörige der Hitlerjugend marschieren zur Rekrutenvereidigung, 13. Februar 1945

ten würde. Mit ihren zwölf mächtigen Forts und Bastionen wirkte sie stärker, als sie tatsächlich war. Wie lange würde er sie halten können? Der für Januar erwartete sowjetische Angriff ließ auf sich warten. Entgegen allen Befürchtungen begnügte sich der Oberbefehlshaber der 3. Weißrussischen Armee, Alexandr Wassilewskij, mit der Belagerung der Stadt – für zehn lange Wochen. Ob der Grund dafür die Unkenntnis über die tatsächliche Unterlegenheit der Verteidiger war?
Zunächst konzentrierte sich das sowjetische Oberkommando auf die Besetzung des Samlands nordwestlich der Stadt. General Lasch konnte nur tatenlos zusehen und abwarten. Da es Hilfe von außen nicht gab, wurden in Königsberg alle verfügbaren Kräfte mobilisiert – auch Frauen und Kinder. Schüler wurden dienstverpflichtet und auf die Schnelle im Umgang mit Panzerfäusten unterwiesen. 14-jährige Mädchen mussten Panzergräben am Stadtrand ausheben. Jeder, der sich den Anordnungen der Partei widersetzte, lief Gefahr, im Tiergarten im Schnellverfahren hingerichtet zu werden. Jene, die sich gerade noch vor den sowjetischen Truppen hinter die dicken Festungsmauern hatten retten können, saßen nun in der Falle. Notunterkünfte für Flücht-

Aus dem entfernten Donner war ein ständiges Gewitter geworden, ein ständiges Dröhnen und Explodieren, das sich jetzt also in unmittelbarer Nähe abspielte. Daran hatte man sich dann auch schon gewöhnt.

Michael Wieck, Verfolgter des NS-Regimes

»Wilde Flucht zur Küste« – Frauen und Kinder mussten die Stadt überstürzt in Richtung Pillau verlassen

linge wurden immer rarer. Zurück blieben auch die, die aus unterschiedlichen Gründen die Strapazen einer Flucht nicht hatten auf sich nehmen wollen. Insgesamt lebten noch etwa 130 000 Zivilisten in den Kellern der zerbombten Stadt. Die Eltern von Margot Spitzeder, die damals die große Apotheke am Steindamm führten, fühlten sich trotz ihrer vier Kinder verpflichtet, so lange wie möglich zu bleiben, um die Versorgung der Eingeschlossenen zu gewährleisten. Die Krankenhäuser waren überbelegt mit schwer verwundeten Soldaten.

Erst als am 27. Januar 1945 die ersten sowjetischen Granaten in den Festungsmauern Königsbergs einschlugen, erhielten Mütter mit ihren Kindern die Genehmigung zur Flucht. Jetzt drängte die Gauleitung die Zivilisten sogar förmlich dazu, sich umgehend zum Ostseehafen Pillau durchzuschlagen. In wilder Flucht wälzte sich daraufhin eine Kolonne auf Pferdewagen und Militärlastwagen, mit Handkarren und Fahrrädern oder an Eisenbahnwaggons hängend in Richtung Küste. In der Hafenstadt Pillau, Königsbergs Tor zur Ostsee auf der vorgelagerten Halbinsel Frische Nehrung, drängten sich seit Tagen mehr als 50 000 Menschen, die auf Mitfahrt in einem der Flüchtlingsboote hofften. Doch für eine taugliche Seebrücke fehlte es an Schiffen, wie Karl Dönitz, Oberbefehlshaber der Kriegsmarine, eingestehen musste. In Pillau gerieten die Menschen deshalb vom Regen in die Traufe. Wer den Hafen noch unversehrt erreichte, aber keinen Zugang zu den ablegenden Booten erhalten hatte, war auf den überfüllten Sammelplätzen dem Versorgungsnotstand und den Luftangriffen schutzlos ausgeliefert. Die damals zehnjährige Hannelore Müller lebte mit ihrer Mutter in einem Barackenlager, als das Inferno über sie hereinbrach. »Niemand war vorgewarnt worden. Wir saßen ungeschützt in der Holzbaracke. Eine Granate schlug ein. Zwei Menschen wurden an Ort und Stelle buchstäblich zerfetzt. Es gab viele Tote und Verletzte«, erinnert sie sich. Dem Artilleriebeschuss auf Pillau folgten flächen-

Um unseren Durchhaltewillen zu schärfen, wurden wir geschlossen zu einer Filmvorführung kommandiert. Ein anderes Mal mussten wir uns zur Abschreckung eine Exekution von so genannten Deserteuren und Plünderern ansehen. Vor Tausenden Zuschauern wurden an zehn Galgen unbekannte Männer gehängt. Für uns junge Menschen war das damals ein Schock, im Nachhinein war es eine Einstimmung auf das, was danach folgte.

Herbert Doering,
Soldat in der
Festung Königsberg

Die größte Flüchtlingsansammlung habe ich in Pillau gesehen, da stand ein Wagen neben dem anderen – mit Ziege und Pferd und mit Hab und Gut. Die Leute waren froh, dass sie auf dem Wasser und weg waren. Und immer wieder kamen neue! Sie durften ja auf den Schiffen nur das, was sie tragen konnten, mitnehmen, alles andere mussten sie zurücklassen.

Walter Bremer,
1945 Soldat in
Ostpreußen

»Keiner konnte sich vorstellen, dass es ein Abschied für immer sein würde« – Soldaten und Flüchtlinge auf einem Schiff

deckende Abwürfe von Brand- und Sprengbomben, denen die Flüchtlingsbaracken zum Opfer fielen. Hinzu kamen die mangelhafte Versorgung mit Nahrungsmitteln und der drohende Ausbruch von Seuchen. Das Einzige, was noch funktionierte, war der staatliche Überwachungsapparat. So genannte »Kettenhunde« spürten rigoros Menschen auf, die es wagten, sich in ihrer Not mit Lebensmitteln oder Decken zu versorgen, die sie auf den im Hafen zurückgelassenen Treckwagen fanden. Als Plünderer wurden sie an Ort und Stelle hingerichtet. Ein Pappschild um den Hals mit der Aufschrift »Ich bin ein Dieb« sollte andere abschrecken. Als die Rote Armee die Versorgungsroute von Königsberg nach Pillau am 31. Januar 1945 kappte, waren all die Königsberger, die keine Schiffspassage erhalten konnten, über Wochen zum Ausharren an diesem lebensgefährlichen Ort verdammt. Für 19 lange Tage gab es weder einen Weg nach Königsberg noch einen hinaus. Die Lebensader der Festungsstadt war durchtrennt, ihre Bewohner von allen Seiten eingeschlossen.

Überall in der Stadt hingen erschossene Soldaten an den Bäumen, mit einem Schild auf der Brust: »Ich bin zu feige zu kämpfen.« Junge Leute, die gerade einmal 17 oder 19 Jahre alt waren, und auch Ältere.

Winfried Hinz, Jahrgang 1927, über die Situation in der Festung Königsberg

Nur der Gauleiter von Ostpreußen, Erich Koch, der die lautesten Durchhalteparolen gepredigt und Fluchtvorbereitungen aufs Strengste hatte ahnden lassen, setzte sich klammheimlich aus dem Kessel ab. Am 30. Januar, einen Tag bevor die Rote Armee den letzten Fluchtweg abschnitt, verließ er die Festung und verschanzte sich mit seinem Stab in seinem sicheren Bunker in Pillau-Neutief auf der Frischen Nehrung, unweit des Ostseehafens. In Telegrammen und Funksprüchen nach Berlin vermittelte er den Eindruck, sich noch immer in der umkämpften Stadt zu befinden. Der Kriegsberichterstatter Hanns Joachim Paris, der sich im letzten Moment auf einem Floß vor der Zerschlagung des Heiligenbeiler Kessels nach Pillau-Neutief retten konnte, wurde Zeuge von Kochs Charakterlosigkeit: »Ich habe selbst miterlebt, wie Koch bei einem Bombenangriff auf Neutief Frauen und Kinder, die in seinem Bunker Schutz suchten, durch die SS-Wache rauswerfen ließ. Ein ganz mieser Kerl war unser ›fürsorglicher‹ Gauleiter Koch.« Von seinem sicheren Unterstand aus dirigierte Hitlers Statthalter seine Stellvertreter Wagner und Großherr. Sogar für seine bevorstehende Flucht hatte Koch bereits gesorgt: Eine Motoryacht, ein Eisbrecher, zwei Autos und ein Flugzeug standen dem »Reichsverteidigungskommissar für Ostpreußen« zur ständigen Verfügung – Transportmittel, mit denen man noch unzählige Flüchtlinge hätte retten können. Doch von diesem Verbrecher in Parteiuniform war keine Hilfe zu erhoffen. In einem Punkt war Erich Kochs zynisches Kalkül aufgegangen: Die Soldaten ließen nichts unversucht, um das Leben der eingeschlossenen Frauen und Kinder zu retten. In erbitterten Gefechten kämpfte die Wehrmacht, unterstützt von Einheiten des Volkssturms, am 19. Februar 1944 die Reichsstraße 1 und die Bahnlinie Königsberg – Pillau in einem zehn Kilometer schmalen Streifen wieder frei. Damit war dieser lebenswichtige Weg zum Ostseehafen bis zur ersten Aprilwoche wieder passierbar. Heinz Stendtke, der damals als Panzergrenadier am Durchbruch teilnahm, erinnert sich an die Stimmung der Eingeschlossenen: »Die Bevölkerung hat diesen Sieg der deutschen Truppen sehr euphorisch gefeiert. Alle glaubten, dass dies der Anfang eines großen Befreiungsschlags von Königsberg sei. Wir haben damals nicht das Gefühl gehabt, dass wir den Krieg verlieren würden.« General Lasch gelangte in Kenntnis der Lage allerdings zu einer anderen

»In der Falle« – Ein notdürftig geschützter Bunker an der Straße von Königsberg nach Pillau

»Pillau war ein Hexenkessel« – Zehntausende Menschen versuchten, einen Platz auf einem der Schiffe zu ergattern

Einschätzung: »Es war dies die letzte und einzige Möglichkeit, Königsberg wieder mit der Außenwelt zu verbinden und damit noch einmal die Gelegenheit zu schaffen, größere Teile der in der Stadt zusammengeballten Zivilbevölkerung über Pillau ins Reich zu befördern.« Zehntausende Flüchtlinge strömten nun, nur mit dem Notwendigsten versehen, in Richtung Hafenstadt, von wo aus sie sich die Rettung versprachen. Niemand konnte damals absehen, wie viel Zeit noch blieb, bis die Falle wieder zuschnappen würde. Wer keinen Platz auf einem der großen Schiffe fand, konnte immerhin noch versuchen, sich unter Lebensgefahr zu Fuß über die Frische Nehrung bis in die Danziger Bucht durchzuschlagen. Doch viele Menschen scheuten

»Froh, auf der See zu sein« – Zivilisten aus Königsberg an Bord eines Flüchtlingsschiffs

diese Strapazen bei eisigen Temperaturen und zogen es vor, auf ein Schiff zu warten. Im Hafen wurden die Flüchtlinge mit jedem Tag nervöser. Helga Bischoff wurde Zeugin des verzweifelten Überlebenskampfes: »Wenn ein Schiff ankam, drängte alles nach vorne zum Schiff. Dabei sind Kinder und alte Leute ins Wasser gefallen. Die konnte keiner mehr retten, die sind zwischen Schiff und Pier zerquetscht worden.« Der Kriegsberichterstatter Hanns Joachim Paris beobachtete im Hafen erschütternde Szenen: »Pillau war ein Hexenkessel. Da traute einer dem anderen nicht. Jeder wollte noch einen der begehrten Plätze auf einem der Schiffe ergattern. Es hat sogar Mütter gegeben, die ihre Kinder an einem herabgelassenen Seil an Bord eines Schiffes holen ließen und selbst zurückblieben.« Paris ertappte auch seinen ehemaligen Chef, den Intendanten des Reichssenders Königsberg, wie er sich als Schiffsarzt verkleidet an Bord eines Rettungsschiffes schlich.
Andere, die in Pillau während mehrerer Wochen vergeblich ausgeharrt hatten, kehrten frustriert nach Königsberg zurück. Viele trauten sich nach dem Untergang der Wilhelm Gustloff am 30. Januar und der Steuben am 9. Februar 1945 nicht mehr auf ein Schiff. Hinzu kamen die klirrende Kälte, Hunger, Seuchen und andauernder Artilleriebeschuss. Viele ältere Menschen nahmen sich aus Verzweiflung das Leben. In jenen Tagen ging es vielfach gar nicht mehr so sehr um die Frage, ob man sich umbringen sollte, sondern darum, wie es sich am leichtesten stirbt. Der Königsberger Arzt Hans Graf von Lehndorff wurde Zeuge solcher Gespräche: »Wo man auch hinhört, überall wird heute von Zyankali gesprochen, das anscheinend in jeder Menge zu haben ist ... Nur über die notwendige Masse wird verhandelt, und das in einer leichten, nachlässigen Art, wie man sonst etwa über das Essen spricht.«
Bei der Rückeroberung des Königsberger Villenvororts Metgethen zeigte sich, mit welcher Brutalität die Rotarmisten gegen die Zivilbevölkerung wüteten. Auf einem Tennisplatz hatten sowjetische Soldaten 32 Zivilisten zusammengetrieben und in die Luft gesprengt. Frauen und Mädchen waren bestialisch missbraucht und anschließend ermordet worden. Überall lagen Leichenteile herum. Nähere Untersuchungen ergaben, dass es sich bei den gefolterten Toten hauptsächlich um Flüchtlinge – Frauen und Kinder – handelte, die von den Rotarmisten aus einem Zug herausgezerrt wor-

Wir lernten jetzt die Willkür der Russen kennen. Soldaten kamen und gingen, wenn sie alles durchwühlt und Frauen vergewaltigt hatten. Wir kamen nicht zur Ruhe. Beschwerden bei hin und wieder auftauchenden Offizieren halfen nichts. Ganz im Gegenteil: Viele Offiziere sprachen gut Deutsch und drohten uns mit Erschießungen.

Charlotte Gottschalk,
Königsbergerin

»Nicht in der Lage zu begreifen, dass es solche Dinge gibt« – Von sowjetischen Soldaten ermordete deutsche Zivilisten in Metgethen

den waren. Um den Tatbestand propagandistisch nutzen zu können, wurde extra eine Kommission aus Ärzten, Kriminalisten und ausländischen Journalisten an den Ort des Schreckens entsandt. Den Königsbergern schilderte die Propaganda das Gemetzel detailliert in Flugblättern. Von dieser Art von Agitation hielt der Arzt Hans Graf von Lehndorff nichts: »Das geschieht wahrscheinlich in der Absicht, uns zu verzweifeltem Widerstand anzustacheln. Von einer tieferen Wirkung solcher Nachrichten ist aber nicht viel zu merken. Noch sind die Menschen nicht in der Lage zu begreifen, dass es solche Dinge gibt und dass sie in ihrer unmittelbaren Nähe geschehen.«

Trotz der erschütternden Berichte kehrte für kurze Zeit wieder so etwas wie Normalität in Königsberg ein. Die vorübergehende Zurückhaltung der Sowjets versetzte die Stadt in einen merkwürdigen Zustand. Die Infrastruktur hatte keinen essenziellen Schaden genommen. Hunger musste zu dieser Zeit, von den Verfolgten des Regimes abgesehen, niemand leiden. Lebensmittel waren noch in ausreichendem Maß vorhanden, da die ostpreußischen Hausfrauen von jeher Vorratshaltung im großen Stil betrieben. Es gab Eingemachtes und das Fleisch der Pferde, die die Flüchtlinge zurückgelassen hatten. Geschäfte und Kaffeehäuser hatten geöffnet. Zeitweise funktionierte sogar das private Telefon ins »Reich«. Auch das Kino nahm seinen Betrieb wieder auf.

Doch am Propagandafilm »Kolberg«, der heldenhaftes Durchhalten in der Festung Kolberg zur Zeit der Napoleonischen Kriege schilderte, hatten die wenigsten Interesse. Dabei konnte man der Nazi-Propaganda kaum entgehen. »Das Radio ist unverwüstlich«, notierte von Lehndorff in sein Tagebuch. »Wir erfahren von den furchtbaren Bombenangriffen auf Dresden, hören auch die unverschämte Rede von Goebbels, in der er zugibt, man könne jetzt wie die Römer sagen: Hannibal ante portas! Es habe aber wohlgemerkt nicht nur einen, sondern drei Punische Kriege gegeben, und schließlich seien die Römer doch Sieger geblieben.« Ein grenzenloser Wahn, der Schlimmes befürchten ließ.

Als Ende Februar 1945 der sowjetische Artilleriebeschuss und die nächtlichen Bombenabwürfe zunahmen, zogen die Menschen in die Keller. Der damals 16-jährige Michael Wieck denkt mit Schaudern daran zurück: »Flugzeugbomben, Artilleriegranaten, Parteikontrollen. Alles konnte das Ende bringen.« Als so genannter »Geltungsjude« durfte er den gemeinschaftlichen Luftschutzkeller bei Bombenangriffen nicht betreten. Der Sohn einer jüdischen Mutter und eines nichtjüdischen Vaters, beide bekannte Königsberger Musiker, war als Jude erzogen worden. Damit zählte er gemäß NS-Terminologie zu den »Geltungsjuden«, denen das Konzentrationslager mitunter zwar erspart blieb, die dafür aber viele Schikanen erdulden mussten. Er erhielt keine Lebensmittelkarten für Fleisch und Zucker, musste schon als Kind Zwangsarbeit leisten und den Judenstern sichtbar auf seiner Jacke tragen. Bei Kriegsende litt er bereits an Unterernährung, Herz und Lunge waren angegriffen. Es waren nicht gerade günstige Voraussetzungen für das, was noch kommen sollte. Sein täglicher Weg in die Fabrik geriet zunehmend zur Nervenprobe. »Strahlend blauer Himmel bedeutete wieder, dass Schlachtflieger auf der Lauer sein würden«, berichtet Wieck. »Mutter und ich kannten schon das lebensgefährliche Spiel, das folgendermaßen aussah: Bevor man die Straße betrat, suchte man eine dreißig bis fünfzig Meter entfernte Deckungsmöglichkeit; das konnte ein Hauseingang, ein Torbogen oder eine steinerne Mauer sein. Dann horchte

»Ein Hauch von Normalität« – Viele Betriebe arbeiteten auch in der belagerten Stadt weiter

man, ob Flugzeuge zu hören sind … Da die Flugzeuge sehr niedrig flogen, hatten wir, wenn wir sie sahen oder hörten, nur noch wenige Sekunden Zeit, um die nächste Deckung zu erreichen.«

Doch nicht immer verlief die Jagd glimpflich: »Nach einem kurzen Moment krachte es auch schon fürchterlich … Ein Pferd lag völlig zerfetzt am Boden, bewegte aber noch seine Gliedmaßen nach allen Richtungen. Sehr betroffen schoss einer der Soldaten in die Stirn der armen Kreatur. Sofort streckte es die Beine von sich, und man hatte den Eindruck, dass es nun den völligen Frieden gefunden hatte. Mich beeindruckte dieser Vorgang tief, und ich stellte mir oft vor, wie es wohl wäre, wenn alles urplötzlich zu einem Ende kommen würde, ohne langes Leiden und quälenden Übergang.« Solche Überlegungen wichen jedoch sehr schnell einem gesunden Überlebenswillen. Je näher der Untergang Königsbergs rückte, umso offener begegneten Freunde und Nachbarn der ausgegrenzten Familie. Jetzt durften die Wiecks bei nächtlichen Bombardements Schutz im offiziellen Luftschutzkeller suchen. Der mörderische Befehl an die Gestapo, keine Juden lebend davonkommen zu lassen, erfüllte den 16-Jährigen dennoch mit großer Sorge. Um nicht noch in den letzten Tagen des Hitlerregimes in die Hände der Nazis zu fallen, suchte Michael Wieck nach einem sicheren Unterschlupf für sich und seine Mutter und fand ihn in einem Luftschutzkkeller in der nahezu völlig ausgebrannten Innenstadt. Dort wollte er bis zur Eroberung Königsbergs durch die Rote Armee ausharren. Dass der Wahnsinn immer noch nicht vorbei war, bewiesen die unzähligen Leichen der Deserteure, die am Straßenrand hingerichtet worden waren. »Am Nordbahnhof war es am schlimmsten«, erzählt Wieck. »Da sah ich aufgehängte junge Soldaten, die das einzig Vernünftige hatten tun wollen: diesen sinnlosen Krieg beenden. Sie hatten das gewollt, wozu die Heerführer – an der Spitze Adolf Hitler – zu feige waren. Ihnen aber hängte man Schilder um: ›Ich musste sterben, weil ich ein Feigling bin.‹«

Besonders gespenstisch muss auch die Beschallung der Stadt mit den Ansprachen der feindlichen Propagandisten gewesen sein. »Manchmal klang aus riesigen Lautsprechern

»Mensch zweiter Klasse« – Michael Wieck lebte als »Geltungsjude« in Königsberg (Foto von 1941)

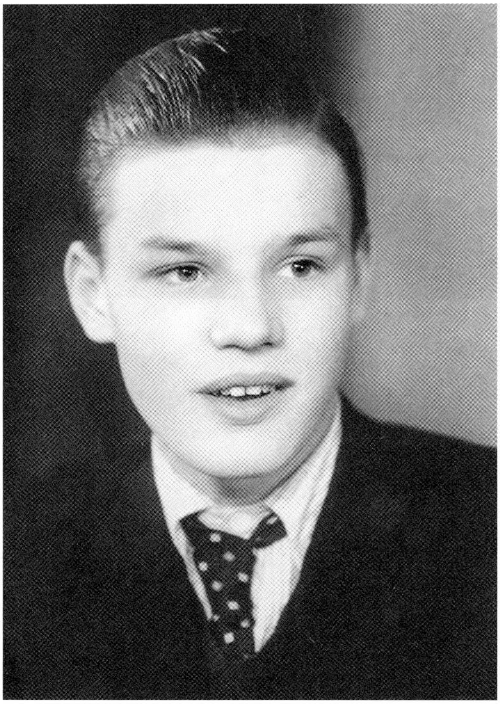

»Jetzt hören Sie die Stalinorgel« – Die sowjetischen Raketenwerfer waren eine Furcht einflößende Waffe

laute, flotte Musik zu uns herüber«, erinnert sich die Krankenschwester Helene Koslowski, »unterbrochen von lockenden Versprechungen an die Soldaten, was alles Schöne sie erwarten würde, wenn sie desertierten. Zum Abschluss der Kampagne war dann die folgende Ansage zu vernehmen: ›Und jetzt hören Sie die Stalinorgel!‹«

Hans Graf von Lehndorff, der als Chirurg im Krankenhaus Dienst tat, verzweifelte in Anbetracht der Verletzungen, die er zu behandeln hatte. »Was gehen einem hier alles für Menschen durch die Hände! Und was für furchtbare Verwundungen! Das ›Recht auf Gesundheit‹ ist vollständig zur Gnade geworden«, notierte er in sein Tagebuch.

Doch die Bewohner Königsbergs gaben die Hoffnung auf ein »Wunder« nicht auf. Der Adlatus von Gauleiter Koch, der NSDAP-Kreisleiter Wagner, besaß noch die volle Verfügungsgewalt. In eigener Regie, mitunter ohne Absprache mit der Wehrmacht, ließ er Verteidigungsanlagen und Straßensperren in Königsberg errichten, was das ohnehin schon angespannte Verhältnis zwischen Partei und Militär nur zusätzlich belastete. Noch konnten sich die verbliebenen Parteifunktionäre unantastbar wähnen, noch verdrängten sie die Vorstellung, sich eines Tages für ihre Verbrechen verantworten zu müssen.

Selbst jetzt herrschte Rassenwahn. SS-Schergen hatten Tausende Häftlinge aus dem Konzentrationslager Stutthof durch die Frontlinien

»Wir kapitulieren nie« – Die sichtbare Präsenz von deutschen Soldaten sollte der Bevölkerung das Gefühl von Sicherheit vermitteln

getrieben, um sie beim Aufbau der Gräben und Befestigungsanlagen einzusetzen. Als sich die Lage in der Blockadezeit verschärfte, entledigte man sich dieser »Elendsgestalten« kaltblütig. Über 800 Gefangene mussten aus der Stadt Richtung Ostsee ziehen, bewacht von SS und Volkssturm. In Palmnicken, dem berühmten Bernsteinort an der Ostsee, wurde der damals 16-jährige Hitlerjunge Martin Bergau Zeuge dieser unmenschlichen Aktion: »Ich nahm in der Dunkelheit nur eine endlose Reihe zerlumpter Gestalten wahr, die an unserem Haus vorbeizogen und immerzu von Schüssen vorwärts getrieben wurden.« Wer nicht weiterkonnte, lief Gefahr, auf der Stelle ermordet zu werden.

Auch für die anderen sollte es kein Entkommen mehr geben. In der Nacht zum 31. Januar 1945 sollen die Häftlinge, so heißt es in Augenzeugenberichten, in Gruppen zu fünfzig Personen geteilt und am Strand von Palmnicken mit Maschinengewehrsalven in die eisige Ostsee getrieben worden sein. Hitlerjungen wie Martin Bergau, der das Massaker später bekannt machte, mussten dabei Wache schieben. »Man hat uns zu Handlangern von Mördern gemacht«, resümiert er heute. Die Verteidiger der Festung hielten auch Verbrechern den Rücken frei.

Während sich die Truppen der 3. Weißrussischen Front unter Marschall Alexandr Wassilewskij im März auf die Zerschlagung der Reste der 4. Armee im Heiligenbeiler Kessel westlich von Königsberg konzentrierten, blieb es in der Festungsstadt – abgesehen von feindlichem Artilleriefeuer – noch verhältnismäßig ruhig. Erst als Ende März die Soldaten im Heiligenbeiler Kessel aufgerieben waren, rüstete Wassilewskij zum Sturm auf Königsberg. »Wenn wir es nicht geschafft hätten, die 4. Armee zu vernichten, hätte sie sich nach Königsberg durchgeschlagen. Erst als wir sie fertig gemacht hatten, konnten wir mit dem Sturm auf Königsberg beginnen«, berichtet Andrej Gez, damals sowjetischer Panzerfahrer. Als der Angriff auf Königsberg begann, war Koch dort schon wochenlang nicht mehr gesichtet worden. Statt sich der Verantwortung zu stellen, saß er in seinem Bunker in Pillau-Neutief.

Der 1. April 1945 war ein strahlend schöner, frühlingshafter Ostersonntag. Die Luft war ungewöhnlich mild, in den Parks roch es nach Veilchen. Kein Gefechtslärm störte die unwirkliche Stille. Die Men-

»Den Sack zumachen« – Ende März 1945 sammelte die Rote Armee ihre Kräfte zu einem erneuten Sturm auf die ostpreußische Hauptstadt

Von März an ging alles rückwärts. Da waren wir so gut wie aufgerieben. Der russische Ring wurde immer enger, und man hörte Tag und Nacht die Granateneinschläge, das Feuerwerk der Bomber.

Kurt Blech, Soldat in der Festung Königsberg

schen wagten sich wieder auf die Straße und gaben sich der trügerischen Hoffnung hin, die Sowjets würden nach ergebnisloser Belagerung wieder abziehen. Tatsächlich war dies nur das letzte Durchatmen vor dem großen Sturm. Während der Rundfunk noch über die bevorstehende Wende fabulierte, braute sich am Horizont das Unheil zusammen. Die sowjetischen Truppen brachten enorme Kontingente an schwerem Geschütz und Stalinorgeln in Stellung. Über 500 russische Panzer rollten auf – T 34 und auch amerikanische Sherman-Panzer, die von den Waffenbrüdern im Westen geliefert worden waren. Sowjetmarschall Wassilewskij rechnete mit starkem Widerstand. Die Festungsstadt mit ihren zwölf Forts hatte den russischen General offensichtlich beeindruckt – eine Fehleinschätzung, wie sich zeigen sollte.

Tatsächlich mangelte es der deutschen Seite an allem: Soldaten, Geschützen, Munition und Treibstoff. 250 000 Angreifern standen nur rund 35 000 Verteidiger gegenüber. Wer noch ein wenig Überblick besaß, dem musste klar sein, dass die Festung einem Angriff der weit überlegenen sowjetischen Armee höchstens zwei oder drei Tage standhalten konnte. Es gab nichts mehr zu gewinnen. Und noch immer wollten die Fanatiker die Wirklichkeit nicht wahrhaben. Wie zum

»Die letzten Reserven« – Inmitten der Trümmer wird neues »Kanonenfutter« für die Front aufgestellt

Hohn forderten Transparente an den Häuserwänden mit Sprüchen wie »Uns geht die Sonne nicht unter«, »Jedes Haus eine Festung« oder »Wir kapitulieren nie« zum Durchhalten auf.

Der Urheber dieser Parolen verließ am Nachmittag des 5. April seinen sicheren Unterstand an der Küste, um ein letztes Mal mit seinem Fieseler-Storch in die Festungsstadt zu fliegen. In Begleitung seines Stabes besichtigte Koch die Baumaßnahmen zur Errichtung unterirdischer Geheimgänge im Schlosskeller. Oberbaurat Gerlach, der Koch begleitete, berichtete später über die merkwürdige Exkursion: »Koch, dick und aufgeschwemmt, erklärte ... in unverschämtestem Ton sämtliche Maßnahmen für unzureichend.« Auf Gerlachs Frage, wann der Angriff der Russen erwartet werde, habe einer der Koch-Begleiter gelassen geantwortet, dass »jede Stunde damit zu rechnen« sei. Was hatte den wenig wagemutigen Gauleiter veranlasst, in dieser brenzligen Situation noch einmal nach Königsberg zu fliegen? Koch selbst gab vor, sich ein Bild machen zu wollen. Doch für das Schicksal der Eingeschlossenen interessierte er sich nicht im Geringsten. Hatte den scheidenden Provinzfürsten die Sorge um »seine Güter« – das legendäre Bernsteinzimmer, wie viele vermuten – zurückgeführt? Auch für diese letzten Wochen gibt es Zeugen, die die Kisten mit dem edlen Getäfel noch gesehen haben wollen. Kriegsberichterstatter Paris war gerade auf dem Weg zum schlosseigenen Weinkeller, um ein paar Flaschen für seinen Geburtstag zu organisieren, als seine Aufmerksamkeit auf mehrere große Holzkisten fiel. Zwei Arbeiter hatten die etwa zweieinhalb Meter langen und sehr flachen Kisten aus dem Keller geholt und aufeinander gestapelt. Neugierig erkundigte sich Paris nach ihrem Inhalt. Der Antwort, dass sich Teile des Bernsteinzimmers darin befänden, wollte er damals allerdings keinen rechten Glauben schenken.

Was auch immer in den Kisten sein mochte, Paris machte den Arbeitern klar, dass sie sich mit dem Transport beeilen müssten, da die Rote Armee in wenigen Stunden die Offensive auf Königsberg eröffnen würde. Auf dem Weg zurück zu seinem Stützpunkt in Pillau-Neutief geriet der Kriegesberichterstatter bei Metgethen bereits in sowjetisches Geschützfeuer, erreichte schließlich aber unbeschadet sein Ziel. Wenn er es damals schaffte, konnte dann nicht auch das sagenhafte Bernsteinzimmer auf diesem Weg an die Ostsee gelangt sein?

Das Wetter in Königsberg war auch noch eine Woche nach Ostern sehr frühlingshaft. Wie jeden Tag musste Michael Wieck auch am 5. April in der Fabrik Zwangsarbeit leisten. Den Weg nach Hause hätte er fast nicht mehr geschafft. »Die Artillerie schoss pausenlos ... Ich hatte den

»Mitnehmen, was nicht niet- und nagelfest ist« – Gelangte über den Hafen von Pillau auch das Bernsteinzimmer nach Westen?

Eindruck, mitten durch die Hauptkampflinie zu gehen«, erinnert er sich. »Alle paar Meter musste ich meine Arbeitsbescheinigung vorzeigen, dann wieder musste ich mich plötzlich hinwerfen, weil Granaten angeheult kamen. Unverkennbar leiteten jetzt die Russen ihren lang erwarteten Großangriff ein.« Sogar Wiecks Nachbarn im Luftschutzkeller wirkten verändert. Es war, als sei eine völlig neue Zeit angebrochen. »Natürlich redeten nun alle miteinander. Die Nazizeit war vorbei, und auf einmal waren alle besonders nett. Die stille Hoffnung, dass wir sie vor den Russen beschützen könnten, hegten sie gewiss auch«, erzählt Michael Wieck, der sich nach Jahren der Ausgrenzung plötzlich in der Schicksalsgemeinschaft der Deutschen wiederfand.

An jenem Abend forderten deutsche Stimmen aus Lautsprechern die Verteidiger zur Übergabe auf: »Heute Nacht habt ihr die letzte Chance, zu uns zu kommen. Morgen um acht Uhr beginnt die Offensive. Wer das Trommelfeuer überlebt, wird von den Panzern niedergewalzt. Denkt an Stalingrad! Werft die Gewehre weg und kommt rüber. Morgen früh beginnt das große Sterben.« In den Augen des Jagdpiloten Jurij Chuchrikow war dies ein überaus faires Angebot: »Wir kamen ja nicht als Touristen. Der Festungskommandant wusste, dass wir über tausend Flugzeuge zur Verfügung hatten. Wir gaben ihm ein paar Tage Bedenkzeit, doch dann mussten wir wohl oder übel loslegen.« In den frühen Morgenstunden des 6. April verließ der letzte Lazarettzug Königsberg in Richtung Pillau. Für die Schwerverletzten bedeutete dies die Rettung. Kurz darauf bebte die Erde in der Provinzhauptstadt. Das ohrenbetäubende Heulen der Stalinorgeln kündigte ein etwa dreißigstündiges Inferno an. Fast ununterbrochen wurde Königsberg von schwerer Artillerie beschossen. Sowjetische Bomber warfen ihre tödliche Fracht ab. Brandbomben entfachten binnen Minuten großflächige Feuersbrünste, Sprengbomben ließen die Erde erzittern. Dann fuhren die sowjetischen Panzer in die Gefechtsstände der deutschen Soldaten, in die sich auch Frauen und Kinder in ihrer Panik geflüchtet hatten. Ein Stützpunkt nach dem anderen fiel. Für die russische Soldatin Zoja Lukjanenko war dies ein

Königsberg war die erste große Stadt, die russische Soldaten nach Durchquerung ihres eigenen von den Deutschen zerstörten Landes eroberten. Als ich einen Soldaten auf die Grausamkeiten aufmerksam machte, erzählte er mit zitternder Stimme, wie viele seiner Angehörigen umgebracht worden waren. Ich konnte kein Russisch, aber es war alles zu verstehen.

Michael Wieck, Verfolgter des NS-Regimes

»Die Erde bebte« – Nach starkem Artilleriebeschuss dringen sowjetische Infanteristen in die Vororte ein

Freudentag: »Zuerst donnerten die Stalinorgeln. Wir feuerten, was das Zeug hielt. Die Erde bebte und es brannte überall. Wir freuten uns wie die Kinder.« Wie sie empfanden viele Rotarmisten große Genugtuung über die Eroberung Königsbergs. Nach Jahren des Kampfes und des Leides waren viele Soldaten wie Jurij Chuchrikow hasserfüllt. »Wir wussten, was die Deutschen in unserem Land angerichtet hatten. Jeder hatte in seinem tiefen Inneren nur dieses: Auge um Auge! Blut um Blut! Gnade konnten sie von uns nicht erwarten. Sie kamen zu uns mit dem Schwert und durch das Schwert sollten sie umkommen.«

Nachdem die Sowjettruppen das Feuer eingestellt hatten, stürmten sie die brennende Stadt, in der sich mehr als 130 000 Menschen befanden, darunter auch französische und russische Kriegsgefangene. Es gab keine Nachrichtenverbindung mehr, die Soldaten waren auf sich selbst gestellt. Überall herrschte heilloses Chaos. Wohin man sah, lagen Tote und Verletzte auf den Straßen. Das große Sterben, das die Rote Armee angekündigt hatte, war in vollem Gange. Am Ende des ersten Tages

»Die Stadt war eine große Ruine« – Russische Truppen in den Straßen von Königsberg

vermerkte Festungskommandant Otto Lasch im Tagesbericht: »Der russische Großangriff am 6. April begann mit einer Wucht, wie ich sie trotz reichlicher Erfahrungen im Osten und Westen bisher noch nicht erlebt hatte.« Am 7. April waren bereits weite Teile Königsbergs erobert. Doch selbst jetzt war die deutsche Führung nicht zur Kapitulation bereit. Sie folgte Hitlers Weisung, die Festung bis zum letzten Mann zu verteidigen. Eine selbstmörderische Aktion, wie Michael Wieck bitter bemerkt: »Deutsche Soldaten, die jetzt durch unsere Keller zogen, wurden von der Zivilbevölkerung beschworen, nicht weiterzukämpfen ... Sie wehrten bedauernd ab und bezogen sich auf ihre Befehle. Befehlsnotstand bei den Soldaten – Befehlsnotstand beim General. Wer zum Gehorchen verpflichtet wird, braucht sich anscheinend um die Verantwortlichkeit keine Sorgen mehr zu machen – gleich, wie viele noch sterben, was noch zerstört wird.« Ein pseudoheroischer Untergang war dem Diktator lieber als die freiwillige Aufgabe der Stadt. Durch den Kriegsberichterstatter Hanns Joachim Paris, der am 7. April seine letzte Meldung absetzte, waren die Verantwortlichen in Berlin über das, was in Königsberg geschah, bestens informiert. »Ich habe die Lage von Königsberg geschildert. Ich habe kein Blatt vor den Mund genommen und erwähnt, dass die Verbindung zu den verschiedenen Einheiten abgebrochen war und dass Kuriere, die losgeschickt wurden, meist nicht mehr ankamen. Ich konnte nicht anders, als die Wahrheit zu sagen. Der Bericht wurde in Berlin aber nicht freigegeben.« Am 8. April machte sich der Kriegsberichterstatter Hanns Joachim Paris pflichtbewusst auf den Weg von seinem Hauptquartier im Rundfunkhaus über den Königsberger Steindamm zum Bunker von General Lasch. Dort gab sich niemand mehr Mühe, die Aussichtslosigkeit der Lage zu kaschieren.

Unser erster Eindruck war, dass die ganze Stadt eine große Ruine war. Bei uns überwog die Genugtuung: »Nun habt ihr auch was abgekriegt!« Wir haben zwar keine Schadenfreude empfunden, aber doch das Gefühl, dass »sie« das verdient hatten. Sie sollten das Gleiche sehen und erleben wie wir.

Georgij Kudrjatschewskij,
russischer Soldat

Als die Niederlage unabwendbar war, beschloss Lasch, trotz Hitlers Verbot einen Ausbruchsversuch nach Westen zu wagen. Ursprünglich hatte er geplant, alle Zivilisten zu evakuieren. Da dies aber von der Armeeführung abgelehnt worden war, blieb ihm nur ein Ausbruchsversuch mit »schwachen Kräften in Form von Stoßtrupps«. Die Partei sollte die Zivilbevölkerung sammeln und anführen.

Nach allen Richtungen ein Ruinenmeer. Alle altehrwürdigen Kirchen sind abgebrannt, der Schlossturm zerfetzt, überall nur Schutt und Trümmer.

Hans Deichelmann,
Arzt in Königsberg,
15. Juli 1945

»Wir freuten uns wie die Kinder« – Voller Genugtuung marschieren die ersten Rotarmisten in die lange umkämpfte Stadt ein

Kreisleiter Wagner übernahm persönlich diese Aufgabe. Treffpunkt war kurz nach Mitternacht. Über Mundpropaganda wurde der Termin weitergegeben. Auf den Straßen, die bereits mit Bombentrichtern und Trümmern übersät waren, entstand Chaos, als mehr als tausend Menschen zur verabredeten Aufbruchstelle kamen. Der Lärm musste die Sowjets alarmieren. Kurt Blech vom ersten Infanterieregiment wurde als Ortskundiger zum Anführer der Flüchtenden auserkoren. Mit Schaudern denkt er an das Himmelfahrtskommando zurück: »Am Zaun des Friedhofs stand eine russische Patrouille, die uns in der Vollmondnacht längst gesehen hatte. Sie schoss sofort. Vor meinen Augen fiel der Kreisleiter Wagner tot um. Ich sprang von einem Grab zum anderen. Es war furchtbar. Nach zwei Stunden war ich der Letzte, der übrig war.« Mit allen verfügbaren Waffen feuerten die Soldaten in die Gruppe hinein.

Wie durch ein Wunder konnte sich die Apotheker-Familie Scharffenberg an jenem Tag auf eigene Faust aus der Stadt retten. »Die Zivilbevölkerung wurde per Lautsprecher aufgefordert, Königsberg zu verlassen. Es hieß, die Straße nach Pillau sei für einige Stunden freigekämpft«, erinnert sich die damals zwölfjährige Margot an den gespenstischen Morgen. Ihre Eltern ergriffen die letzte Chance zur Flucht. Dabei kam ihnen ein glücklicher Umstand zu Hilfe. Die Wehrmacht hatte ihnen das Auto, das der Vater den Truppen überlassen hatte, vor dem Abzug voll getankt vor die Tür gestellt. Schnell wurde das kleine Fahrzeug mit dem Nötigsten bepackt, die vier Kinder eingeladen. Mutter Scharffenberg steuerte den Wagen sicher über die zerbombte Straße bis zum Stadtrand. Die kleine Margot saß bei ihrem Vater und warnte vor Tieffliegern. Mehrmals musste die Familie das Auto verlassen, um in einem Keller Zuflucht zu suchen. Nur mit Mühe konnte die Mutter die Wehrmachtspolizei am Stadtrand überzeugen, die Familie ziehen zu lassen. »Auf der Fahrt nach Pillau sahen wir russische Panzer, es wurde aber nicht geschossen«, berichtet Margot Spitzeder mit Schaudern in der Stimme. Von Pillau aus gelangte Familie Scharffenberg auf abenteuerliche Weise bis nach Kopenhagen. Die meisten Flüchtlinge hatten allerdings nicht so viel Glück wie die Scharffenbergs. Sowjetische Tiefflieger nahmen den nicht enden wollenden Flüchtlingszug nach Pillau unter Beschuss, unzählige Menschen starben.

Ausschlaggebend für … meinen nunmehr gefassten Entschluss (war) die Erkenntnis, dass ich bei weiterer Kampfführung nur noch Tausende meiner Soldaten und Zivilisten sinnlos würde opfern müssen. Eine solche Verantwortung aber konnte ich vor Gott und meinem Gewissen nicht mehr tragen. So entschloss ich mich, den Kampf einzustellen und dem Grauen ein Ende zu machen.

Otto Lasch,
»So fiel Königsberg«

»Systematisch zerschossen« – Russische Panzer vor der Schlossruine von Königsberg

Am 9. April wurde noch heftig in der Königsberger Innenstadt gekämpft. Das alte Schloss, Wahrzeichen der ostpreußischen Hauptstadt, wurde systematisch zerschossen. Überall hingen weiße Fahnen aus den Fenstern. Angesichts der aussichtslosen Lage entschloss sich General Otto Lasch gegen Mittag schließlich zur Kapitulation – für viele Zivilisten jedoch zu spät. Während sich die meisten apathisch in ihr Schicksal fügten, suchte Hanns Joachim Paris verzweifelt nach einem Ausweg. Nachdem er von den Kapitulationsplänen im Lasch-Bunker am Paradeplatz erfahren hatte, eilte er durch die brennende Stadt zurück zum Rundfunkhaus. Dort verschanzte er sich mit seiner Pistole im Keller. »In der letzten Nacht habe ich aufgegeben«, gesteht der heute neunzigjährige Paris, »in meiner Pistole waren noch fünf

Bevor die Russen einen Straßenzug einnahmen, haben sie erst einmal alles mit ihren Stalinorgeln, Artilleriegranaten und Bomben platt gewalzt. Man konnte hören, wie sie näher kamen.

Michael Wieck, Verfolgter des NS-Regimes

Schuss. Da habe ich mir gesagt: Der erste Russe, der hereinkommt, wird erschossen.« Als stattdessen drei Deutsche, darunter ein Angestellter des Tiefbauamts, Zuflucht im Keller suchten, erwachten seine Lebensgeister. Gemeinsam schmiedeten sie den Plan, durch die Kanalisation aus der Stadt zu flüchten. Ausgerüstet mit Bauplänen des Tiefbauamts und Taschenlampen stiegen die vier Männer durch einen Gullydeckel in die Königsberger Kanalisation. Stundenlang tasteten sie sich in der Dunkelheit voran. »Wir mussten uns den Weg mit den Ratten teilen, die so groß waren wie kleine Schweine, auch so voll gefressen, doch das klappte ganz gut«, berichtet Paris mit einer Mischung aus Ekel und Stolz, es geschafft zu haben. Über sich hörten sie Rotarmisten und Panzerfahrzeuge – eine gespenstische Situation. Als ihnen plötzlich ein mächtiges Eisengitter den Weg versperrte, wollte Paris schon aufgeben. Doch einer der Männer schlug vor, das Tor mit Handgranaten aufzusprengen. Auf diese Weise gelangten sie in den Königsberger Vorort Kobbelhuder Forst, in dem einst das Sommerhaus von Immanuel Kant gestanden hatte. Dort krochen sie aus der Kanalisation heraus und liefen zum Glück geradewegs deutschen Soldaten in die Arme, die ihnen den Weg zur rettenden Küste wiesen.

Einzelne Männer stehen vor den noch heilen Häusern der Nachbarschaft. Aus zwei Fenstern hängen rote Fahnen. Über unserem Kellereingang die Rote-Kreuz-Fahne, daneben die weiße Fahne. Ein russischer Infanterist mit schussbereiter Maschinenpistole kommt auf uns zu. Wir heben die Hände mit weißen Tüchern. Er mustert uns flüchtig, interessiert sich kaum für unsere Übergabeerklärung. Sein erstes Wort: »Uri, Uri.« Wir verstehen nicht, was er meint. Er fasst seine Maschinenpistole fester und deutet auf die Armbanduhr des Arztes: »Uri, Uri, dawei!«

Hans Deichelmann,
Arzt in Königsberg,
9. April 1945

Königsberg wurde Straßenzug um Straßenzug erobert. An die Stelle von Kanonendonner und Maschinengewehrsalven traten jetzt knirschende Panzerketten und das Stampfen von Soldatenstiefeln. Als die ersten Rotarmisten die Kellertüren aufstießen, war der Krieg für die Bewohner zwar vorüber, doch was nun folgte, war schlimmer als alles bisher Erlebte. Für die damals sechsjährige Erika Morgenstern ein unvergesslicher Augenblick: »Vor mir stand eine Gestalt, wie ich sie nie zuvor gesehen hatte, mit einem auf mich gerichteten Maschinengewehr. Ein Ungeheuer, dachte ich, und fing in Todesangst zum ersten Mal laut zu schreien an. So etwas hatte ich einfach noch nicht gesehen: Diese ungewöhnliche Kopfbedeckung, die abgesteppte Jacke, alles ganz schmutzig, einschließlich des Gesichts, aus dem mich hasserfüllte Augen anblitzten. Ich schrie und zitterte. Da zeigte dieser russische Soldat, dass unter seiner Kriegsfassade ein Mensch mit Herz war, und er sagte beschwichtigende Worte: ›Nix Angst, nix Angst.‹« Die ersten

Rotarmisten, die in die Keller stürmten, hatten meist selbst Angst, denn auch sie wussten nicht, was sie hinter den verschlossenen Türen erwartete. Nachdem die Soldaten aber festgestellt hatten, dass ihnen keine Gefahr drohte, begannen sie nach Wertgegenständen zu suchen. Immer wieder war das unmissverständliche »Uri, Uri« von ihnen zu hören. Für den Judenstern Michael Wiecks interessierte sich niemand. In ihren Augen war jeder Deutsche ein besiegter Feind. So hatte sich der 16-Jährige die Befreiung nicht vorgestellt. »Uns war auch klar, dass Fronttruppen nicht sofort alles zum Besseren wenden können. Es galt, weiter zu warten und zu hoffen. Dass wir uns aber erst im zweiten Kreis der Hölle befanden und der dritte noch bevorstand, ahnten wir nicht«, sagt er heute. Ein Offizier der Roten Armee wollte Michael Wieck zunächst nicht abnehmen, dass er jüdischen Glaubens sei, da Hitler doch alle Juden umgebracht hätte. Und wenn er tatsächlich übrig geblieben sei, dann doch nur deshalb, weil er mit den Nazis kollaboriert hätte.

Ich sah, wie sich die Kinder dahinschleppten, sich an den Händen hielten. Ein Elend. Ich wollte ihnen irgendwie helfen, aber ich war doch der Sieger. Ich musste ihnen nicht helfen, damit mussten sich andere befassen.

Andrej Gez,
Panzerfahrer

Im Sieges- und Alkoholrausch kam es zu ersten gewalttätigen Ausschreitungen gegen die deutschen Zivilisten. Der russische Soldat Georgij Kudrjatschewskij erlebte einen besonders schweren Fall in seinem

»Uri, Uri« – Die Gefangennahme war für die allermeisten deutschen Soldaten gleichbedeutend mit Ausplünderung

»Im Rausch der Eroberung« – In den ersten Tagen nach der Kapitulation regierte das Chaos in der Stadt

eigenen Regiment. »Der Kamerad holte eine Taschenlampe und leuchtete in die Dunkelheit. Dort drängten sich in der Ecke des Raumes vier ängstliche Personen. Da griff er zu seiner Maschinenpistole und erschoss die Menschen. Unsere Jungs haben ihm die Waffen aus der Hand gerissen und geschrien: ›Bist du wahnsinnig geworden?‹ Darauf entgegnete er nur: ›Sie haben meine Familie in Kiew umgebracht.‹ Auf die Frage ›Wer? Die da?!‹, antwortete er: ›Egal, dann eben die anderen!‹ Damit war die Sache erledigt, denn hätte man den Fall vor Gericht gebracht, wäre die Ehre des Regiments befleckt gewesen.«

Auch die massenhaften Vergewaltigungen von Frauen und Mädchen blieb aus diesen Gründen ungeahndet. Es traf sie fast alle: Selbst zwölfjährige Mädchen, Greisinnen, katholische Ordensschwestern und Frauen kurz nach der Entbindung blieben nicht verschont. In einem Fall wurde eine junge Mutter nach einer lebensgefährlichen Zangengeburt vom Tisch gerissen und vergewaltigt. Sie verblutete kurz darauf. Der behandelnde Arzt, der nicht helfen konnte, nahm sich aus Verzweiflung das Leben.

Bald hatte keine von den Frauen mehr Kraft zum Widerstand. Innerhalb weniger Stunden ging eine Veränderung mit ihnen vor sich, ihre Seele starb, man hörte hysterisches Gelächter, das die Russen irgendwie nur noch wilder machte.

Hans Graf von Lehndorff,
Arzt in Königsberg

Der Schreckensruf »Frau komm« war in jenen Tagen überall in der Stadt zu hören. Frauen wurden vor den Augen ihrer Kinder, die sich entsetzt an ihre Mütter klammerten, mehrfach vergewaltigt, viele bis zur Bewusstlosigkeit. Wer sich widersetzte, wurde geschlagen, oftmals sogar getötet. Der russische Soldat Jurij Chuchrikow erlebte die Welle der Gewalt mit. »Sie haben nicht nur vergewaltigt, sondern auch getötet. In einem Keller sahen wir eine Frau, die eindeutig im Schockzustand war. Wie unsere ›glorreichen‹ Kämpfer sie so zurichten konnten, weiß ich nicht. Aber es ist zu vermuten, dass sie Opfer einer Massenvergewaltigung wurde. Sie war ganz weggetreten und wünschte sich vermutlich nur noch eines: die Kugel. Unsere Kämpfer waren grenzenlos brutal.«

Wir haben anderen Schreckliches zugefügt im Krieg, aber wir haben auch gebüßt: Meist haben Unschuldige gebüßt für das, was andere anderen zugefügt haben. Daher lasst uns nicht aufrechnen, lasst uns überwinden.

Erich Mende,
kämpfte als Offizier
in Ostpreußen

Doch es gab auch Rotarmisten, die den Verbrechen nicht tatenlos zusehen konnten – wie die Soldatin Zoja Lukjanenko. Auch sie war keine Freundin der Deutschen, wusste aber klar zwischen Recht und Unrecht zu unterscheiden und schritt mehrmals bei Vergewaltigungen ein: »Ich ging in ein Haus hinein und sah, dass ein Soldat eine Frau

»Entsetzliche Zustände« – Immer mehr sowjetische Soldaten strömten in die besetzte Stadt

vergewaltigte. Ihr Kind war im selben Zimmer. Ich ging hin, riss ihn weg und hielt ihm eine Standpauke. Das arme Kind. Ich habe eingegriffen, weil es eine Schande für uns war.« Michael Wieck erinnert sich mit Grauen: »Vor allem das Rausholen der Mädchen, ihre Schreie, die man nachts hörte, und denen man nicht helfen konnte – das zu beschreiben, ist ein Ding der Unmöglichkeit.«

Während sich in den eroberten Stadtvierteln Entsetzliches abspielte, bereitete Festungskommandant Lasch die Kapitulation vor. Was mag in ihm damals vorgegangen sein? Wie viele Menschen wären am Leben geblieben, wenn die Kapitulation nicht erst erfolgt wäre, als die sowjetischen Truppen schon in die unmittelbare Nähe seines Bunkers am Paradeplatz vorgedrungen waren? Alle Menschen, die zwischen dem 6. und 9. April den Kampfhandlungen zum Opfer gefallen waren, hätten möglicherweise überleben können. Jede Stunde früher hätte das Ausmaß der Zerstörung verringert.

Nur mit Mühe konnte Lasch Verbindung zum Oberkommando der Roten Armee aufnehmen. Eine sowjetische Delegation erschien am Paradeplatz, um die Bedingungen der Kapitulation auszuhandeln. Von den zigtausend Zivilisten, die ängstlich in ihren Kellern ausharr-

Am Nachmittag bleibt einer der vielen vorüberkommenden Russen stehen und unterhält sich einen Augenblick mit uns. Als es dunkel geworden ist, taucht er wieder auf mit einem Paar Filzstiefel, die mir passen. Bei Tage hätte er nicht kommen können, erklärt er kurz und ist schon wieder verschwunden. In die freudige Aussicht auf warme Füße mischt sich der zwiespältige Gedanke, wie viel einfacher alles wäre, wenn es gar keine menschlichen Berührungspunkte mit ihm und seinesgleichen gäbe.

Hans Graf von Lehndorff,
Arzt in Königsberg

»Ehrenvolle Kapitulation?« – Offiziere der deutschen Wehrmacht gehen in die Gefangenschaft

Die Moskauer Kommission soll auch die Lebensbedingungen der deutschen Bevölkerung untersucht haben und über das Ergebnis entsetzt gewesen sein. Vorwärts blickend stelle ich die trübselige Prognose, dass man uns erst mit Verbesserungen der Lebensbedingungen beglücken will, damit wir als Propagandisten des praktischen Bolschewismus bei unserer Rückkunft nach Deutschland wenigstens nicht nur Schlimmstes erzählen können. Aber drei Jahre Aal und Bratgans werden unsere Erlebnisse nicht auslöschen können, werden Hunderttausende verhungerter Ostpreußen nicht wieder aus den Massengräbern herausbringen.

Hans Deichelmann,
Arzt in Königsberg,
1. Juli 1947

ten, war keine Rede. Nachdem Lasch eine gute Behandlung aller Gefangenen zugesichert worden war, ergab er sich. Später schrieb er in seinen Memoiren: »Ich trug keine Bedenken, diese Bedingungen anzunehmen. Dass keine dieser Zusicherungen später von russischer Seite eingehalten würde, konnte ich damals freilich nicht ahnen.« Es dauerte einige Zeit, bis sich die Kapitulation herumgesprochen hatte. Erst am 10. April 1945 schwiegen die Waffen in Königsberg. Wie viele von den geschätzten 35 000 deutschen Soldaten während der Kämpfe gefallen waren, wurde nie ermittelt. Die Überlebenden traten gemeinsam mit den Offizieren den schmerzvollen Weg in die sowjetische Gefangenschaft an. Dabei wurden sie von wütenden Rotarmisten bespuckt, geschlagen und bestohlen – ein Vorgeschmack auf das, was noch kommen sollte.

Als Erich Koch im sicheren Domizil vom Fall der Gauhauptstadt erfuhr, schickte er einen perfiden Funkspruch nach Berlin: »Der Befehlshaber von Königsberg, Lasch, hat einen Augenblick meiner Abwesenheit aus der Festung benützt, um feige zu kapitulieren. Ich kämpfe im Samland und auf der Nehrung weiter.« Prompt ließ Hitler den Festungskommandanten »wegen feiger Übergabe an den Feind« zum Tode durch den Strang verurteilen. Doch dieser blindwütige Vergeltungsakt erreichte seinen Adressaten nicht mehr, dafür aber dessen Familie, die in Sippenhaft genommen wurde. Otto Lasch wurde erst nach zehn schweren Jahren im Spätherbst 1955 aus sowjetischer Gefangenschaft entlassen. Seine Familie kam unbeschadet davon.

Nach der Kapitulation Königsbergs wurden das Samland und die Hafenstadt Pillau noch bis zum 24. April 1945 von den deutschen Soldaten in einem unglaublichen Kraftakt gehalten. So lange wurden noch Zivilisten und Verwundete über die Ostsee evakuiert. Danach brach auch dort der Widerstand zusammen. Gauleiter Erich Koch, der die ganze Zeit untätig in seinem Bunker verbracht hatte, beorderte die beiden Boote »Ostpreußen« und »Pregel« an die Anlegestelle seines Bunkers. Udo Klement, der damals zur Besatzung der »Ostpreußen« zählte, hat für Koch nur Verachtung übrig: »Das war der Unterschied zwischen Partei und Wehrmacht. Da haben die höheren Offiziere noch

»Unglaublicher Kraftakt« – Noch einige Wochen nach dem Ende von Königsberg kämpften deutsche Truppen in Samland

gedacht, entweder gehst du mit in Gefangenschaft oder du verreckst hier. Aber das war Erich Koch viel zu profan. Das Hemd war ihm näher als der Rock.« Auch noch an Bord spielte er Hitler, der doch selbst nur noch ein Schatten seiner selbst war, die Schmierenkomödie vom heldenhaften Endkampf vor. Über Umwege gelangte Koch nach Flensburg, wo er am 7. Mai 1945 als »Major Rolf Berger« mit falschen Papieren unbehelligt an Land ging. In Hasenmoor bei Hamburg tauchte er vier Jahre lang unter und mimte den netten Onkel, der an Kinder Bonbons verteilte, bis er schließlich von britischen Nazi-Jägern aufgespürt wurde. 1950 wurde Koch an Polen ausgeliefert, wo ein Teil seines früheren »Reiches« lag. Neun Jahre später wurde er dort zum Tod verurteilt, das Urteil wurde jedoch nie vollstreckt. Bis zu seinem Tod 1986 saß er im polnischen Barczewo, dem ostpreußischen Wartenburg bei Allenstein, im Gefängnis.

Wir sind Kriegsgefangene, nur ist unser Stacheldraht etwas weiter gezogen.

Hans Deichelmann,
Arzt in Königsberg,
28. Januar 1946

Der »Frieden«, der für die Königsberger auf den Sturm folgte, war alles andere als ruhig. Die damals sechsjährige Erika Morgenstern denkt mit Grauen an die ersten Tage nach der Kapitulation zurück. »Überall lagen

Die wenigen Glücklichen, die Post erhalten haben, geben die Karten oder Briefe zum Lesen weiter. Alles ist von Interesse. Manchmal muss man doch lachen, wenn man sieht, welche Vorstellungen man drüben von Königsberg hat. Aber mitten im Lachen spürt man den heimlichen Schmerz der Enttäuschung. Wenn man da drüben so wenig ahnt, was bei uns wirklich los ist, wenn es tatsächlich gelungen ist, all dieses Entsetzliche, was seit 15 Monaten an uns geschah und geschieht, so restlos zu vertuschen, dann gibt es keine Hilfe für uns.

Hans Deichelmann,
Arzt in Königsberg,
2. Juli 1946

zerfetzte Leichen. Ich sah eine Frau, der das halbe Gesicht fehlte. Das Bein eines Mannes hing in einem zerschossenen Baum. Furchtbar. Darunter lag ein Mann mit aufgeschlitztem Bauch. Der ganze Darm war offen. Es war die Hölle.« Über der ganzen Stadt hing eine gespenstische Atmosphäre. Die sowjetische Armeeführung hatte das eroberte Terrain den siegreichen Soldaten drei Tage zum Brandschatzen und Plündern überlassen – sozusagen als Belohnung. Von diesem Moment an tobte der Mob in den rauchenden Trümmern der zerstörten Stadt. Wenn die Marodeure etwas nicht gebrauchen konnten, zertrampelten und verbrannten sie es vielfach – aus purer Lust an der Zerstörung und als Zeichen ihres Sieges. Übermäßiger Alkoholgenuss machte aus manchem Rotarmisten eine tickende Zeitbombe. Vergewaltigungen und Mord waren an der Tagesordnung.

Nach dem Waffenstillstand wurde die verängstigte Bevölkerung aufgefordert, sich an Sammelplätzen einzufinden. Dort nahm man ihnen

»Der zweite Kreis der Hölle« – Überall in der Stadt lagen Leichen und Tierkadaver

»Bespuckt, geschlagen und bestohlen« – Wehrmachtssoldaten auf dem Weg in die Gefangenschaft

alle Wertsachen, Pelze und teilweise sogar die Stiefel weg. Tage-, ja wochenlang trieb man Frauen, Kinder und Greise in so genannten Gewalt- und Propagandamärschen kilometerweit übers Land, ohne jedes erkennbare Ziel, um am Ende wieder in der Nähe Königsbergs anzukommen. Auch Michael Wieck und seine Mutter, die letzten Überlebenden der jüdischen Gemeinde, wurden in einer solchen Kolonne über das Land getrieben. Auf diesen Märschen wurden Menschen willkürlich »aussortiert«, zurück in die Stadt oder zum Verhör ins Lager geschickt. NSDAP-Parteigenossen, die den Siegern in die Hände fielen, kamen meist ins Lager Insterburg, von wo aus sie in Kriegsgefangenenlager der Sowjetunion verfrachtet wurden. Viele Frauen und Mädchen verschleppte man nach Sibirien zur Zwangsarbeit. Für jede Vierte gab es keine Wiederkehr, viele starben bereits auf dem strapaziösen Weg in die sibirische Steppe. Berüchtigt war die Kaserne Rothenstein am nördlichen Stadtrand von Königsberg, in der

Vor der beginnenden Kälte sind die Deutschen jetzt vielfach in die Keller zurückgewichen, in den einzigen Wohnraum, den sie einigermaßen für sich halten können. Dort hausen im Raume oft zwei, drei Familien, gewöhnlich Frauen und Kinder, denn Männer mittleren Alters gibt es kaum mehr. Ständig herrscht Streit um das Holz, um die Benutzung des Herdes, um das Licht, um den Verbrauch und die Erneuerung des Wasservorrates, um die Kinder, um alles.

Hans Deichelmann,
Arzt in Königsberg,
23. Dezember 1945

»Himmelfahrtskommando« – Unter russischer Aufsicht mussten Zivilisten und Gefangene Barrikaden beseitigen und Leichen bergen

das »Volkskommissariat für innere Angelegenheiten«, kurz NKWD, eine Außenstelle eingerichtet hatte. Michael Wieck, der dort Wochen in einem überfüllten Keller verbringen musste, überstand Terror und Hunger wie durch ein Wunder. Wer das Lager lebend verließ, war allerdings noch lange nicht gerettet.

Zur dauernden Angst kam die Mühsal, das eigene Überleben zu sichern. Da die gesamte Infrastruktur der Stadt lahm gelegt war, standen die Königsberger vor schier unlösbaren Problemen. Die meisten Wohnungen waren zerstört oder von Soldaten der Roten Armee besetzt, sodass viele Menschen gezwungen waren, in Kellerlöchern Unterschlupf zu finden. Medizinische Hilfe war knapp und stand zudem nicht jedem offen. Nahrungsmittel und fließendes Wasser wurden zur Mangelware. Um den Ausbruch von Seuchen zu verhindern, mussten so schnell wie möglich die Leichen der Gefallenen geborgen werden. Dazu

Ich bin in die Wohnungen der Russen eingebrochen und habe ihnen die Lebensmittel aus den Küchen herausgeklaut, ständig unter Lebensgefahr, denn wenn die Russen das entdeckten, haben sie scharf geschossen oder einen auch gleich zur Miliz gebracht oder so zusammengeschlagen, dass man das auch kaum hätte überleben können.

Michael Wieck, Verfolgter des NS-Regimes

wurden Zivilisten wie Michael Wieck rekrutiert. Mit Schaudern denkt er an diese Einsätze, die er, entkräftet wie er war, kaum bewältigen konnte: »Immerfort diese Menschen zu sehen, die schon acht Tage lang tot waren und lang-sam zu verwesen begannen, das war für einen 16-Jährigen wie mich doch eine recht starke Belastung. Erst haben wir sie rausgetragen. Doch das ging den Russen zu langsam. Also mussten wir sie nun mit Seilen an den Füßen hinter uns herziehen. Wir haben sie in Bombentrichter geschmissen, die in der Nähe waren, und haben einfach Erde darauf geschaufelt.« Diese Notmaßnahmen konnten jedoch nicht verhindern, dass sich bald Krankheiten verbreiteten. Die schlechte Ernährungslage, die körperlichen und seelischen Belastungen brachten schwere Darminfektionen mit sich, die nicht richtig behandelt werden konnten. Niemand wusste, wie lange dieser Zustand noch andauern würde. Ruhr und Typhus verursachten in jenen Tagen ein regelrechtes Massensterben. Die Lebensmittelrationen waren derart gering, dass gerade bei Älteren und Kranken die Widerstandskräfte schwanden. Allein zwischen April 1945 und dem Frühjahr 1947 gingen in Königsberg mindestens 2600 Menschen an Typhus, Ruhr oder Fleckfieber zugrunde – unter ihnen wohl auch der Hüter des Bernsteinzimmers, Alfred Rohde, der das Geheimnis um das »achte Weltwunder« mit ins Massengrab nahm. Von den über 130 000 Königsbergern, die bei Kriegsende in der Stadt eingeschlossen waren, überlebten nur 25 000 Menschen die entbehrungsreiche Zeit unter sowjetischer Verwaltung.

Ein merkwürdiges Sterben ist dieser Hungertod. Die Menschen machen den Eindruck, als hätten sie den eigentlichen Tod schon hinter sich. Sie gehen noch aufrecht, man kann sie auch noch ansprechen, aber dann sinken sie auf einmal in sich zusammen, wie ein Tisch, der unter einem Höchstmaß an Belastung so lange noch standhält, bis das zusätzliche Gewicht einer Fliege ihn zusammenbrechen lässt.

Hans Graf von Lehndorff,
Arzt in Königsberg

Auf den Straßen sah man Menschen, die die Kraft nicht mehr hatten, ihre wenige Habe zu tragen. Eine Alte schleppte so lange, bis sie keine Kraft mehr hatte. Dann ließ sie alles fallen und legte sich daneben.

Georgij Kudrjatschewskij,
russischer Soldat

Nur wer arbeitete, hatte eine Chance. Da man von dem zugeteilten Brot nicht satt wurde, mussten die Menschen nach anderen Möglichkeiten der Lebensmittelbeschaffung Ausschau halten. Nachdem die verwesenden Pferdekadaver aufgegessen waren, verschwanden auch die herumstreunenden Hunde aus Königsberg. In ihrem Hungerwahn aßen manche Königsberger sogar Mäuse und Ratten. Gerüchte über Fälle von Kannibalismus versetzten die deutsche Bevölkerung in Angst und Schrecken. Tatsächlich wurde Menschenfleisch in Form von Frikadellen und Sülze von russischen Banden und deutschen Leichenfledderern

Ich beschließe, allmählich Abschied von der Stadt zu nehmen. Eigentlich sind es zwei Städte, denen mein Abschied gilt: das altehrwürdige Königsberg und das blut- und tränengetränkte Kaliningrad.

Hans Deichelmann,
Arzt in Königsberg

auf dem Schwarzmarkt verkauft. Die meisten Deutschen konnten in dieser schweren Zeit nur durch Tauschen und Stehlen überleben. Wer nichts zu tauschen hatte, war verloren. Die damals zwölfjährige Hannelore Müller musste hilflos mit ansehen, wie ihre Mutter vor ihren Augen verhungerte. Schmerz und Trauer sind bis heute geblieben. »Bei meiner Mutter machten sich die ersten sichtbaren Zeichen des Verhungerns bemerkbar. Ihr Gesicht schwemmte auf. Unter den Augen bildeten sich wässrige Halbringe. Es war ein ungeheurer Gegensatz zur ausgemergelten Gestalt. Auch die Füße und Unterschenkel schwollen an … ›Das Wasser kommt‹, so nannte man das damals. Andere sprachen von Hungerödemen.« Im Mai 1947 gab Hannelores Mutter den Kampf auf. In einem letzten Brief nahm sie Abschied von der Welt: »Den Hungertod sterben zu müssen, das hätte ich nicht gedacht, ist furchtbar … Möge Gott mein Kind, meine liebe Hanneli nicht verlassen. Auf

»Weg ohne Wiederkehr« – Die deutschen Einwohner von Königsberg mussten nach Kriegsende das nun russische Kaliningrad verlassen

Wiedersehen droben im Himmel. Eure tieftraurige Lotte Schwokowski.« Ihre Tochter überlebte. Wie sie mussten sich Tausende elternlose Kinder allein durchschlagen. 1947 zählte man über 4500 Kinder in sowjetischen Auffangstellen und Waisenhäusern. Ihr Schicksal ließ viele Russen nicht unberührt. Unter Tränen berichtet der ehemalige Rotarmist Georgij Kudrjatschewskij von deutschen Waisen, die ihn um Brot anbettelten: »Da war auf einmal der Hass weg, wenn so ein hungriger Bub vor einem stand. Sie hatten ja fürchterlichen Hunger.«

Jahrelang dauerte das Martyrium der Deutschen in Königsberg. Nachrichten aus dem Westen drangen nur sporadisch durch. Dass die Siegermächte große Teile Ostpreußens in der Potsdamer Konferenz im August des Jahres 1945 der Sowjetunion zugeschlagen hatten und die Stadt Königsberg fortan nach dem ersten Staatsoberhaupt der Sowjetunion Kaliningrad heißen sollte, hatte sich allerdings schon herumgesprochen. Im April 1947 durften die ersten Deutschen schließlich in den Westen ausreisen. Michael Wieck und seine Eltern mussten dagegen noch ein weiteres Jahr warten. In den Zügen, die von nun an langsam Richtung Deutschland rollten, sollten noch Hunderte Menschen an Entkräftung sterben. Diejenigen, die es geschafft haben, werden das Erlebte niemals vergessen. Sie haben einen hohen Preis bezahlt für die Verbrechen, die von Hitlers Deutschland ausgegangen waren.

Alle Insassen müssen aus dem Wagen heraustreten. Ein paar Soldaten durchsuchen den leeren Wagen nun genauestens auf blinde Passagiere. Als sie nebenan sind, gibt es lautes Kindergejammer. Man reißt eine Familie auseinander. Die Mutter ist in Russland geboren. Mann und Kinder müssen allein fahren. Es ist kaum wahrscheinlich, dass sie sich jemals wiedersehen.

Hans Deichelmann,
Arzt in Königsberg,
März 1948

»Die Stunde der Rache hat geschlagen« – Unaufhörlich stürmten die Soldaten der Roten Armee weiter ins Innere des »Deutschen Reiches«

In rasender Geschwindigkeit stürmte die Rote Armee im Januar 1945 durch Ostbrandenburg, Schlesien und Pommern. »Die Russen kommen« war der Schreckensruf dieser Tage. Auch hier rächten sich die Sowjets auf grausame Weise für deutsche Verbrechen in der Sowjetunion. Doch nicht nur die blinde Wut der Rotarmisten kostete zahllose Opfer unter deutschen Zivilisten und Soldaten – auch der Durchhaltewahn der letzten überzeugten Nazis.

»Die Russen kommen!«

Bei Familie Rohleder im Dörfchen Sydowswiese am westlichen Ufer der Oder nordöstlich von Berlin brannte am Morgen des 31. Januar 1945 schon zeitig Licht; das Radio lief. Mit Sorge hatte Vater Wilhelm in den letzten Wochen die Lageberichte des Oberkommandos der Wehrmacht (OKW) verfolgt. Weit im Osten, an der Weichsel, waren die Fronten des Krieges in Bewegung geraten. Sie schienen sich jetzt unaufhaltsam Richtung Berlin und damit zwangsläufig auch Richtung Oder zu bewegen. »Abwehrkämpfe bei Schneidemühl«, tönte es an diesem Morgen aus dem Volksempfänger. Kein Grund zur Sorge, atmete Wilhelm Rohleder auf, bis dahin waren es ja noch gut zweihundert Kilometer. Also machte er sich auch an diesem Tag mit einigen anderen Männern aus dem Dorf auf den Weg. Auf der anderen Oderseite wollten sie Baumwurzeln ausgraben – als Feuerholz. Und das war bitter nötig. Das Thermometer zeigte fast zwanzig Grad unter null, Felder und Wiesen waren tief verschneit. Die Oder war in diesem kalten Winter vollständig zugefroren und zeigte sich als eine glitzernde Eisfläche. Ein Gutes hatte die klirrende Kälte: Statt mit der

Fähre ans andere Flussufer gelangen zu müssen, konnten die Männer ganz einfach übers Eis laufen. Zunächst schlugen sie jedoch den Weg nach Norden ein. Auf der Krone des Oderdamms, der das dahinter liegende Land vor den regelmäßig wiederkehrenden Frühjahrshochwassern schützen sollte, liefen sie in Richtung Kienitz.
Kurz vor dem Nachbardorf sahen sie Männer auf dem Weg – Uniformierte, wie sie bald erkannten. Wahrscheinlich deutsche Soldaten. Natürlich, dachte Wilhelm Rohleder für sich, wenn die Russen nun immer näher rückten, dann musste die Wehrmacht die Oder sichern. Klarer Fall. Gleich darauf kamen ihm jedoch Zweifel. Was für seltsame Gewehre hatten diese Soldaten eigentlich dabei? Und was trugen sie für merkwürdige Uniformen? Waren das vielleicht gar keine Deutschen, sondern etwa ...? Sekunden später war die Vermutung Gewissheit: »...Russen!« Wilhelm Rohleder war wie gelähmt. »Die Russen sind da!«, flüsterte er leise. Doch die zwei sowjetischen Soldaten schienen kaum weniger erschrocken als er. »Dawai, dawai – domoi!« – »Haut ab, geht nach Hause!«, riefen sie den Deutschen zu. Das ließen sich die Männer nicht zweimal sagen. Hals über Kopf machten sie kehrt und rannten nach Sydowswiese zurück. Wilhelm Rohleder kam völlig aufgelöst nach

»Zuversichtlich, bald in Berlin zu sein« – Sowjetische Soldaten feiern das Neujahrsfest 1945

»Gewaltige Streitmacht« – Die Rote Armee war der deutschen Wehrmacht auch bei der Anzahl der Panzer haushoch überlegen

Hause, erinnert sich seine Tochter Ursula. »Wir fragten ihn, was los sei, warum er denn so schnell schon wieder zurückgekommen wäre. Es brauchte eine Zeit, bis er antworten konnte: ›Die Russen … die Russen sind da!‹« Schnell war das ganze Dorf auf den Beinen. Alle sahen sich entsetzt an. In den Gesichtern stand die blanke Angst geschrieben.

Stalin ante portas! Dieser Schreckensruf verbreitet sich mit Windeseile durch die Hauptstadt, als heute die Meldung eintrifft, dass es den Russen gelungen ist, die Oder zu überqueren. Sie haben westlich der Oder bei Kienitz einen Brückenkopf gebildet und dringen mit etwa hundert Panzern auf Wriezen vor. Wriezen ist etwa sechzig bis siebzig Kilometer von der Stadtgrenze Berlins entfernt. Zwischen Wriezen und Berlin steht nichts. Keine Pak, keine Panzersperre, kein einziger Soldat.

Wilfred von Oven, Pressereferent von Goebbels, 31. Januar 1945

Es waren noch keine drei Wochen vergangen, seitdem die große sowjetische Offensive gegen Hitlers Reich begonnen hatte – fast 500 Kilometer weiter östlich, an der Weichsel. Nun standen die ersten Russen schon an der Oder, kaum achtzig Kilometer vom Stadtzentrum Berlins entfernt. Die Sowjets hatten damit – zumindest an einer Stelle – das letzte große natürliche Hindernis auf dem Weg zur Reichshauptstadt bereits überwunden. Weitere Brückenköpfe auf dem Westufer der Oder sollten in den nächsten Tagen folgen. Die deutsche Wehrmacht ging in diesen Januartagen 1945 im Osten sehenden Auges unter. Hitlers Generalstabsoffiziere hatten den Kriegsherrn immer wieder vor dem sowjetischen Großangriff gewarnt. Dennoch hatte der Diktator im November und Dezember 1944 die letzten noch verfügbaren Reserven, immerhin 250 000 Mann sowie 1700

»Die Ostfront ist ein Kartenhaus« – Generaloberst Guderian auf dem Weg zum »Führer« in die Berliner Reichskanzlei

Panzer und Sturmgeschütze, an die Westfront verlegen lassen. Dort allein, so die Ansicht des »Führers«, sei ein Umschwung möglich. Tatsächlich machte die Wehrmacht anfangs gegen überraschte US-Truppen Boden gut. Doch schon innerhalb von nur wenigen Tagen ging die Ardennenoffensive im Feuer der amerikanischen Divisionen und im Bombenhagel ihrer Kampfflugzeuge unter. Nun lag die Ostfront umso mehr entblößt. Eine Evakuierung der Truppen aus dem so genannten Kurlandkessel in Lettland, wo Zehntausende Landser einen militärisch sinnlosen Kampf in aussichtsloser Position ausfochten, wies der Diktator brüsk zurück. Selbst eine Rückverlegung der Verteidigungsstellungen, die den deutschen Truppen bei einem feindlichen Angriff taktische Vorteile verschafft hätte, kam für den Kriegsherrn nicht infrage – jedes Preisgeben von Boden war für ihn gleichbedeutend mit Verrat. Seinem Generalstabschef Guderian erklärte er: »Der Osten muss sich allein helfen und mit dem auskommen, was er hat.« Das war nicht mehr allzu viel: Im Bereich der 700 Kilometer langen Frontlinie der deutschen Heeresgruppe A entlang der Weichsel standen noch 580 000 Mann mit an die 700 einsatzbereiten Panzern sowie knapp 2600 Geschützen. Als Guderian dem Diktator zum Jahreswechsel die bedrohlichen Zahlen der Wehrmachtabteilung »Fremde Heere Ost« über die sowjetischen Truppenkonzentrationen vorlegte, herrschte dieser ihn wütend an: Das Dossier sei »der größte Bluff seit Dschingis Khan«, der »idiotische Bearbeiter« der düsteren Prognose gehöre »in ein Irrenhaus«. Die Sowjets seien »ausgeblutet«, wiederholte er immer wieder gebetsmühlenhaft. Seine Berater notierten resigniert: »Der Führer glaubt nicht an einen russischen Angriff«.

Die Ostfront ist wie ein Kartenhaus. Wird die Front an einer einzigen Stelle durchstoßen, so fällt sie zusammen, denn zwölf Divisionen sind für die gewaltige Ausdehnung der Front viel zu wenig!

Generaloberst Guderian
am 9. Januar 1945
zu Hitler

Tatsächlich aber hatte Stalin an der Weichsel eine der gewaltigsten Streitmächte der Weltgeschichte zusammengezogen. Allein die Armeen der beiden Marschälle Schukow und Konjew, die der deutschen Heeresgruppe A gegenüberstanden, waren mit über 2,2 Millionen Soldaten, 33 500 Geschützen, 7000 Panzern und fast 5000 Flugzeugen schlagkräftiger als die gesamte deutsche Wehrmacht. In wichtigen Abschnitten betrug das Verhältnis bei der Infanterie elf zu eins, bei den Panzern sieben zu eins und bei der Artillerie zwanzig zu eins zu Gunsten der Roten Armee. Mit mehr als 300 Geschützen pro Frontkilometer standen die Sowjets dort praktisch Rad an Rad.

In der Nacht vom 11. auf den 12. Januar 1945 begann das Inferno. Von den Brückenköpfen an der Weichsel setzte die Rote Armee zur entscheidenden Großoffensive auf das Innere des Deutschen Reiches an. Das Feuer färbte den Horizont rot, aus Zehntausenden Geschützen und Stalinorgeln brach eine Feuerhölle über die deutschen Verteidiger herein. Die unheimliche Wucht des ersten Angriffs traf die meisten völlig unvorbereitet. »Der Sturm bricht los! 6:30 Beginn des feindli-

»Der Osten muss mit dem auskommen, was er hat« – Die deutschen Verteidiger konnten nicht auf zusätzliche Reserven hoffen

chen Trommelfeuers im Pulawy-Brückenkopf, 6:35 im Magnuszew-Brückenkopf in unerhörter Stärke«, notierte der Artillerieoffizier Georg Migge vom Stab der deutschen 9. Armee in sein Tagebuch. »Das feindliche Feuer erfasst im Allgemeinen die vorderste Linie, die Verbindungen per Draht sind bereits unterbrochen.« Zwischen dem 12. und dem 14. Januar 1945 stürmten vier Heeresgruppen («Fronten«) der Roten Armee durch die dünn besetzten deutschen Linien.

Im Norden marschierten die 2. und die 3. Weißrussische Front unter den Marschällen Rokossowskij und Tschernjachowskij gegen Ostpreußen. 15 Tage nach Beginn dieser Offensive erreichten die sowjetischen Panzer von Süden her bei Elbing die Ostsee. Ostpreußen war damit vom übrigen Reich abgeschnitten – nur durch die schmale Landzunge der Frischen Nehrung strömten weitere Hunderttausende Flüchtlinge gen Westen. Das Ziel der im Süden aus dem Raum Sandomierz operierenden 1. Ukrainischen Front unter Marschall Iwan Konjew war die Oder in Schlesien nördlich der Metropole Breslau. Schon am 19. Januar überschritten die ersten Verbände die alte Reichs-

Mein Führer, ich habe soeben die Räumung des oberschlesischen Industriegebiets befohlen. Die Truppe hat sich seit 14 Tagen dort erbittert geschlagen, sie kann nicht mehr. Wenn wir nicht räumen, verlieren wir die ganze Armee, der Weg nach Mähren wird frei. Wir gehen auf die Oder zurück, dort wird gehalten.

Generaloberst Ferdinand Schörner an Hitler, Ende Januar 1945

grenze westlich der schlesischen Hauptstadt. Ende des Monats nahmen sie das für die deutsche Rüstungswirtschaft lebenswichtige Industrierevier in Oberschlesien nahezu unzerstört ein.

Den Hauptangriff auf die »Höhle des faschistischen Tiers« – so Stalins Diktion – führte jedoch die 1. Weißrussische Front unter Marschall Georgi Schukow. Sie überrollte die deutschen Verteidigungslinien aus dem Raum um Warschau und zielte über Posen in direktem Stoß auf die deutsche Hauptstadt Berlin. Der verzweifelte Plan, die Sowjets an der mit Bunkern befestigten alten Reichsgrenze aufzuhalten, scheiterte: Die zahlenmäßig beschränkten und meist unzureichend bewaffneten Alarmverbände und Volkssturmeinheiten waren den kampferprobten sowjetischen Truppen hoffnungslos unterlegen. Bewaffnung und technische Ausrüstung der in den dreißiger Jahren errichteten Grenzbefestigungsanlagen waren außerdem nach dem Überfall auf Polen abgebaut und an die Atlantikküste verfrachtet worden. Nach wenigen Tagen hatte sich die gesamte deutsche Heeresgruppe A praktisch aufgelöst, in der Mitte der deutschen Ostfront klaffte eine riesige Lücke. Nie zuvor in der Geschichte hatte eine Armee in so kurzer Zeit so große Geländegewinne erzielt. Versprengte Soldaten, die längst von Stalins Panzern auseinander getrieben worden waren, versuchten sich zu den deutschen Linien durchzuschlagen. Befestigte Plätze wurden von den

»Einfach überrannt« – Auch die Bunkerlinie an der deutschen Reichsgrenze war für die sowjetischen Truppen kein ernsthaftes Hindernis

Sowjets einfach umgangen und eingeschlossen. Schukows Spitzenverbände stürmten so am stark verteidigten Posen vorbei in rasender Schnelligkeit weiter in Richtung Oder.

Inmitten der erbitterten Kämpfe spielte sich die Tragödie der deutschen Zivilbevölkerung ab. Im Bereich von Schukows Vormarsch traf es zunächst die Deutschen, die in den vor 1939 polnischen Gebieten des so genannten Generalgouvernements lebten. Sie wurden auf der Flucht von den russischen Truppen oftmals einfach überrollt. Nicht viel besser erging es den Menschen im Osten der Region Brandenburg, in der Neumark. Auch sie kamen im wahrsten Sinne des Wortes unter die Räder der gewaltigen sowjetischen Militärmacht. Es spielte sich überall das gleiche Drama ab: Bis zuletzt verboten NSDAP-Dienststellen den Menschen zu fliehen, dann konnte die Evakuierung – meist in letzter Minute – nicht schnell genug gehen. Doch da war es oft schon zu spät.

Als wir die Grenze überquerten, waren wir verwundert: Etwa fünfzig bis sechzig Kilometer sahen wir keinen einzigen deutschen Bewohner. Die Bevölkerung hatte bis zum letzten Mann die Häuser verlassen und alles Hab und Gut liegen lassen.

Gregorij Ivanitzkij,
Offizier der Roten Armee

Ursula Krüger aus dem gut zwanzig Kilometer östlich der Oder gelegenen Bad Schönfließ sah im Januar 1945 die Welle der Flüchtlinge aus

»Seht zu, dass ihr wegkommt« – Flüchtlingstrecks im Städtchen Königsberg in der Neumark, Januar 1945

dem Osten heranrollen: »Die Leute riefen uns immer wieder zu: ›Seht zu, dass ihr hier wegkommt!‹ Wir machten uns zwar auch unsere Gedanken, waren jedoch noch immer voll Zuversicht und vertrauten auf unsere Soldaten. Sie werden uns doch nicht im Stich lassen, das geht doch einfach nicht! Am 30. Januar trat dann eine merkwürdige Ruhe ein, und es kamen kaum noch Trecks. Am nächsten Tag hörten wir plötzlich aus Richtung Osten den Kanonendonner der Front. Da bekamen wir es richtig mit der Angst zu tun.« Weil der Räumungsbefehl ausblieb, harrte die junge Frau mit ihrer Mutter in ihrem Heimatort aus, während der Vater zum Volkssturm eingezogen wurde und mit diesem die Stadt verließ. »Am nächsten Morgen lag eine eisige Stille über der Stadt, und als wir aus dem Fenster schauten, schlichen die ersten Russen durch die Straßen. Das war ein furchtbarer Schock«, berichtet Ursula Krüger. Was sie in den nächsten Tagen erlebte, ließ ihre Welt aus den Fugen geraten: »Eine Schulkameradin von mir wurde ermordet – mit dem Kopf nach unten an den Gartenzaun gehängt und erschossen. Einige deutsche Soldaten, die es nicht mehr geschafft hatten, über die Oder zu entkommen, wurden ebenfalls erschossen. Die Panzer walzten sie platt, und wir durften sie nicht beerdigen. Ich hatte vorher noch nie einen Toten gesehen ...« Es waren Erfahrungen, wie sie in diesen Tagen viele Deutsche östlich von Oder und Neiße machen mussten.

Als der Januar 1945 seinem Ende zuging, spürten auch wir die schweren Folgen des grausamen Krieges, vor allem die immer näher rückenden Sowjets. Unaufhörlich zogen die Flüchtlingstrecks nach Westen. Sie kamen nur langsam vorwärts, da die Straßen vom Schnee verweht waren. An den Wagenschildern erkannte man Namen aus dem Warthegau, Westpreußen und Bessarabien.

Bericht von Hans Rünger
aus dem Kreis Soldin
in Ostbrandenburg

Den sowjetischen Marschall Schukow kümmerte das Leid der deutschen Zivilbevölkerung wenig. Er träumte davon, auf direktem Weg in die deutsche Hauptstadt zu marschieren, um den Ruhm des »Siegers von Berlin« zu ernten. Doch Stalin ließ die Rote Armee an der Oder zunächst anhalten. Zum einen waren die Nachschubwege an die Front längst viel zu lang geworden, zum anderen war dem Kremlherrn Schukows ungedeckte nördliche Flanke, die preußische Provinz Pommern, ein Dorn im Auge. Eigentlich sollten dort längst die Divisionen der 2. Weißrussischen Front unter Marschall Rokossowskij kämpfen. Doch die waren noch in Ostpreußen gebunden. Also zog Schukow seine offensiven Kräfte von der Oder ab und bereitete sich darauf vor, zunächst Pommern in die Zange zu nehmen. Die Ostseeprovinz sollte, wie in Ostpreußen vorexerziert, mit einem schnellen Stoß nach Norden vom übrigen Reich abgeschnitten werden.

»Vorwärts nach Berlin!« – Russische Pioniere bauen eine behelfsmäßige Brücke über die Oder

Noch befand sich südlich der Küste zwischen Weichsel und Oder ein etwa hundert Kilometer breiter Landstreifen in deutscher Hand. Über die Frische Nehrung strömten noch immer Hunderttausende Flüchtlinge aus Ost- und Westpreußen in das Gebiet. Viele durchzogen in endlosen Trecks Pommern in Richtung Westen. Anderen gelang es, mit der Eisenbahn in das Reichsgebiet westlich der Oder zu gelangen oder in Danzig beziehungsweise Gotenhafen ein Schiff zu besteigen, das sie in Sicherheit brachte. Der größte Teil der Flüchtlinge jedoch blieb im Danziger Raum oder in Pommern hängen, da die Transportkapazitäten Richtung Westen einfach nicht ausreichten. Für diese Menschen hatte das Schicksal die Galgenfrist noch einmal verlängert.

In Pommern, dem Land der weiten Felder und stillen Seen, der weißen Strände und dunklen Wälder, hatte sich das Leben auch im Krieg wie seit jeher im Rhythmus von Aussaat und Ernte vollzogen. Erst im Verlauf des Jahres 1944 war die Illusion von der relativen Sicherheit zerstoben. Noch bevor im Herbst und Winter die Flüchtlinge aus dem Memelland und aus Ostpreußen eintrafen, geschah etwas, das den Pommern mit einem Schlag den Ernst der Lage vor Augen führte. Alle »Parteigenossinnen und Parteigenossen, alle arbeitsfähigen Männer und Frauen im Alter ab 14 Jahren« mussten Panzergräben ausheben, die drei Meter tief sein und den russischen Vorstoß zum Erliegen bringen sollten. Außerdem bekamen sie die Anweisung, die so genannte Pommernstellung instand zu setzen. Dabei handelte es sich um ein Bunkersystem, das ab 1934 zur Verteidigung der Ostgrenze aufgebaut worden war und seit dem Polenfeldzug 1939 langsam verfiel. »Schaufeln für den Sieg« hieß die Losung. Obwohl zu diesem Zeitpunkt deutsche Soldaten noch in Weißrussland und der Ukraine standen, war der Krieg nun in Pommern angelangt. Es wurde nur allerdings noch nicht geschossen.

Als die ost- und westpreußischen Flüchtlinge kamen, sah man entsetzliche Bilder. Auf dem Bahnhof schreiende Mütter, die ihre erfrorenen Säuglinge vorzeigten. Ein Kind ist mir besonders in Erinnerung geblieben. Die Mutter zeigte immer seinen Rücken, der nur noch eine blutige rote Masse war. Nur mit Mühe konnte man das Köpfchen erkennen. Auch dieses Kind war erfroren.

Elisabeth Kath, lebte damals in Pommern

Er habe oft ein Gefühl der Scham empfunden, wenn er auf seinen Erkundungs- und Informationswegen durch die Scharen der schwer arbeitenden Frauen und Mädchen gegangen sei, gestand der einstige Befehlshaber der Pommernstellung, General Werner Kienitz, später. Richtig zynisch war dagegen der Tonfall der Nazis. So äußerte etwa der Kreisleiter der NSDAP für Stargard-Saatzig, Siegfried Schlug, in seinem Bericht über den Einsatz: »Manches von der Zimmerluft blasse Büro-

»Schaufeln für den Sieg« – Frauen, Jugendliche und alte Männer mussten in ganz Pommern Panzergräben ausheben

mädchen hat hier wieder Farbe und Gesundheit bekommen.« Der große Arbeitseinsatz der »Schipper« erwies sich im Nachhinein als völlig sinnlos, denn rein militärisch spielte die Pommernstellung im weiteren Verlauf dieses Krieges nur eine sehr untergeordnete Rolle.

Am Dienstag, dem 14. November, und Mittwoch, dem 15. November, findet ein Großeinsatz der gesamten Schneidemühler Bevölkerung im Panzergraben statt. Alle Männer und Frauen und Jugendliche ab 14 Jahren, die vom Ernst der Zeit getragen sind, werden gebeten, sich unter Zurückhaltung ihrer persönlichen Verhältnisse an diesen beiden Tagen zur Verfügung zu stellen. Wir Schneidemühler sind stolz darauf, unsere Festung selber zu bauen ... Schanzzeug, wie Spaten und Schaufel usw., muss selbstverständlich jeder mitbringen.

Aus einem Aufruf des Schneidemühler NSDAP-Kreisleiters Hintze

Das Elend, das die Ostpreußen, die vor dem Krieg auf polnisches Gebiet umgesiedelten Deutschen und die Menschen in Ostbrandenburg erlitten, sollte sich nun wenige Tage später in Pommern wiederholen. Und es sollte sich zeigen, dass Hitlers Statthalter, vom Gauleiter Franz Schwede-Coburg bis hinunter auf die Kreisleiterebene, nichts aus den dort begangenen Fehlern gelernt hatten. In der Adventszeit 1944 hatten die pommerschen Kreisleiter und Landräte in aller Heimlichkeit die Evakuierung gefährdeter Landstriche auf dem Papier durchgespielt. Aus den Erfahrungen, die Parteidienststellen und Verwaltungsbehörden an den Fronten gemacht hatten, berechneten sie die Vormarschgeschwindigkeit des Feindes. Die Funktionäre beschlossen, dass die sofortige Räumung immer dann erfolgen sollte, wenn der Feind auf etwa 15 Kilometer herangekommen sei. Die drei Alarmstufen lauteten

»Regen«, »Hagel« und »Schnee«, mit der die Dringlichkeit des Aufbruchs bezeichnet wurde. Als der Sturm dann tatsächlich losbrach und die sowjetischen Truppen schneller marschierten als irgendeine Armee jemals zuvor, nutzten auch die ausgeklügeltsten Pläne nichts. Auch in Pommern ließen die zuständigen Stellen wertvolle Zeit tatenlos verstreichen. Eine rechtzeitige Evakuierung erfolgte nirgends. Viel zu spät erlaubten die NS-Behörden den Menschen zu gehen. Wer sich schon vorher und ohne Genehmigung aufmachte, ging das Risiko ein, wegen Defätismus gehängt zu werden. Nach dem Krieg kursierte die so häufig wiederholte wie falsche Behauptung, der fanatische Widerstand des deutschen Landsers habe die Wut der Rotarmisten gegen Frauen und Kinder entzündet. Das stimmt nicht: Für das Ausmaß der Übergriffe war einzig und allein entscheidend, ob die Bewohner rechtzeitig hatten fliehen dürfen oder nicht.

Ende Februar 1945 spitzte sich auch die Lage für die Menschen im östlichen Teil Pommerns dramatisch zu. Die in Ostpreußen frei gewordenen Truppen der 2. Weißrussischen Front stießen aus dem Raum um die Kreisstadt Neustettin nach Norden vor. Schon nach wenigen Tagen hatten sie ihr Ziel erreicht – am 1. März standen die ersten sowjetischen Soldaten östlich von Köslin am Strand der Ostsee. Zu dieser Stunde wiegten sich die NS-Behörden in der mit 30 000 Einwohnern größten Stadt der Region noch in Sicherheit. So hatte tags zuvor noch der Ortsgruppenleiter eines wenige Kilometer südlich Köslins gelegenen Dorfes von der NSDAP-Kreisleitung die Auskunft erhalten, »es bestehe zur Beunruhigung keine Veranlassung, er solle beruhigend auf die Bevölkerung einwirken«. Als kurze Zeit später die ersten Panzergranaten krachten, hieß es von derselben Stelle dann höchst undiplomatisch: »Seht zu, wie ihr fortkommt!« Diese Aufforderung nahmen die Parteibonzen dann auch selbst wortwörtlich – bereits am Abend des 1. März waren die meisten aus der Stadt verschwunden. Immerhin erteilten sie ihren Untergebenen kurz vor dem eigenen Abgang noch die offizielle Genehmigung zur Flucht. Doch dafür war es längst zu spät – die Flüchtlingszüge waren hoffnungslos überfüllt, und größere Häfen zum Abtransport der Flüchtlingsmassen über See gab es in dieser Gegend nicht. So blieb den meisten Menschen nichts

Im Februar 1945 wurden Frauen mit Kindern per Lautsprecher aufgefordert, in den großen Kinopalast zu kommen. Ich bin auch hingegangen. Wir wurden beruhigt und es hieß, wir brauchten keine Angst zu haben. Wir würden alle durch die deutsche Armee beschützt. Wenn man allerdings den englischen Sender hörte, wusste man, dass das alles Phantasie war.

Elisabeth Kath, lebte damals in Pommern

anderes übrig, als zu Fuß, mit Leiter- oder Handwagen auf der Straße Richtung Westen aufzubrechen. Es war ein Aufbruch ins Ungewisse. Arnulf Ottos Vater war damals Besitzer der alteingesessenen Apotheke am Kösliner Marktplatz. Aus seiner Meinung über das verlogene Verhalten der NS-Funktionäre machte Vater Otto in diesen letzten Tagen in Köslin kein Hehl mehr: »Wir sitzen hier fest, und die Goldfasane von der Partei sind schon längst über alle Berge«, erklärte er einem seiner Kunden. Damit war er jedoch an den Falschen geraten: »Hier wird bis zum letzten Mann gekämpft, und unsere Parteiführung hält aus an der vordersten Front!«, polterte der offensichtlich »150-Prozentige« los. »Auf Volksverhetzung steht die Todesstrafe. Solche Äußerungen werden Sie noch ins KZ bringen. Das verspreche ich Ihnen!« Der Spitzelstaat triumphierte mancherorts noch immer über den gesunden Menschenverstand. Doch eine Behörde, bei der der Durchhaltefanatiker das »Vergehen« des Apothekers hätte melden können, existierte nicht mehr.

»Aushalten gegen die Übermacht« – Ein Kompanieführer erteilt Kämpfern des »Volkssturms« in Pommern Anweisungen

Am 3. März 1945 heulten in Köslin erneut die Sirenen – Panzeralarm! Jetzt, da das Geschützfeuer immer näher kam, machte sich auch die Familie Otto – Vater, Mutter, zwei Söhne und das Hausmädchen – auf die Flucht. Die wichtigste Habe auf einem Wägelchen verstaut, zogen sie Richtung Westen. Natürlich war es schon viel zu spät – bereits kurz

»Die Eltern auf der Flucht verloren« – Arnulf Otto (rechts) und sein Bruder Erik im Jahr 1944

hinter der Stadt peitschten mit einem Mal mehrere Schüsse durch die Luft und Panzerketten rasselten. Da tauchten auch bereits die ersten sowjetischen Soldaten auf. Die Familie erstarrte vor Schreck. In dieser Notsituation kam Vater Otto auf die Idee, mit einem weißen Taschentuch zu winken, und das Wunder geschah – die Familie kam ungeschoren davon: So plötzlich, wie die sowjetischen Soldaten aufgetaucht waren, verschwanden sie wieder, und die Familie zog weiter. Auf einer Landstraße, die ein Bild des Entsetzens bot, wie sich der damals 14 Jahre alte Arnulf erinnert: Pflaster und Straßengräben waren übersät mit überfahrenen Pferdeleichen und zerquetschten Menschenleibern – ein Schock für den wohlbehütet aufgewachsenen Jungen.
Und das Grauen ging weiter. Nach wenigen Kilometern jagten Rotarmisten die Familie von der Straße. Mit etwas Glück fanden die Ottos bei einem Bauern Unterschlupf. »Dort tauchten dann jeden Tag neue Russen auf, die in unseren Sachen nach irgendetwas Brauchbarem suchten«, berichtet Arnulf Otto. »Es ging in einem fort rein-raus, rein-raus. Am 11. März kamen dann welche, die bei meinem Vater einen Kompass und ein Fernglas fanden. Da war für sie die Sache klar: ›Germanskij Offizer!‹ – ein deutscher Offizier!« Sie nahmen den Vater mit. Währenddessen vergewaltigte ein anderer Soldat die Mutter. Arnulf Otto erinnert sich mit Entsetzen an die Schreie, die aus der Dachkammer drangen. Da tauchte plötzlich der Vater wieder auf und schaffte es, den Russen fortzujagen. Als Arnulf ins Zimmer der Mutter gehen wollte, wies ihn sein Vater zurück. Und der folgsame Junge gehorchte.

Erst nach einer ganzen Weile schlich er nach oben. Da stieg ihm der Geruch von Bittermandeln in die Nase. Arnulf Otto stieß die Tür auf und sah seine Eltern – die Mutter blutüberströmt auf dem Bett liegend, den Vater mit wächsernem Gesicht daneben, in der Hand ein Fläschchen Zyankali. Als Apotheker hatte er für den schlimmsten Fall vorgesorgt. »In dieser Stunde habe ich Gott verflucht«, sagt Arnulf Otto. Es war nur eines von Millionen Dramen im Osten.

Hätte ich doch wenigstens weinen können! Aber nur eine sinnlose, grenzenlose Wut beherrschte mich. Ich hasste Gott, hasste mein Schicksal, hasste mich und zitterte dabei wie ein Baum unter den Axtschlägen, die ihn fällen sollen.

Arnulf Otto

Auch die Familie von Dorothea Keilich hatte sich Anfang März mit einem Pferd und einem Wagen auf den Weg gemacht. Ziel war wie bei so vielen Köslinern der rettende Hafen Kolberg. Im Gegensatz zu Familie Otto waren die Keilichs aber bereits am 1. März aufgebrochen und hatten es schon fast geschafft. »Viele von meinen Verwandten sind über Kolberg rausgekommen; wir jedoch kamen eine Minute zu spät, nur eine Minute! Direkt vor uns war die Stadt dicht, und keiner kam mehr durch. Wir hatten die Rettung schon vor Augen«, berichtet Dorothea Keilich. Ihre Familie wurde von einer russischen Panzerkolonne überrollt und im Schneesturm nach Köslin zurückgeschickt. Wieder in der Heimat, musste Dorothea Keilich, wie sie sagt, die »Hölle auf Erden« durchleben. Der Vater des Mädchens war von Beruf Tischler. In jenen Tagen stellte er vor allem Särge her – grob

»Die Rettung schon vor Augen« – Viele Flüchtlinge – oft Frauen und ihre Kinder – mussten auf halbem Wege umkehren

»Drang nach Vergeltung« – Soldaten der Roten Armee ziehen in Köslin ein

zusammengezimmerte Kisten für die zahllosen Toten in der Stadt. So starben binnen kurzem alle Kinder unter drei Jahren – es gab keine Milch. Viele Erwachsene wählten den Freitod, weil sie das unendliche Leid nicht mehr ertragen konnten.

Der Drang nach Vergeltung tobte sich vor allem an den Frauen aus. Fast jede Frau vom kleinen Mädchen bis zur Greisin wurde mitunter dutzende Male vergewaltigt. »Zuerst wusste ich überhaupt nicht, was da vorging«, berichtet die damals 14-Jährige. »Keiner hatte uns aufgeklärt, zu Hause war alles immer sehr prüde zugegangen. Auch jetzt nannte niemand die Sache beim Namen. ›Die Russen gebrauchen die Frauen‹, so umschrieb es mein Großvater.« Erst von einer Freundin erfuhr das Mädchen, was der Begriff »gebrauchen« in Wahrheit bedeutete. Da waren die Russen aber schon hinter ihr her. »Ich rannte um mein Leben. Die Soldaten schossen auf mich – der Dreck spritzte mir um die Ohren. Meine Mutter rief in höchster Angst, ich solle doch stehen bleiben, und kreischte dann ›Lieber vergewaltigt als tot!‹, doch ich rannte weiter und hatte Glück.«

Die Frauen wurden immer wieder geholt. Da gab es kein Pardon. Die russischen Soldaten waren hemmungslos, fast wie Tiere. Man kann gar nicht beschreiben, wie schrecklich das war. Wir Kinder verstanden ja nicht, was da vor sich ging, aber die Schreie ergriffen uns tief. Die konnten wir nie vergessen. Ich habe zwanzig Jahre lang nicht über diese Geschehnisse gesprochen, aber die Schreie habe ich heute noch in den Ohren.

Isis von Puttkammer,
lebte damals in Pommern

Nach diesem Erlebnis verbarg sie sich mehrere Monate auf dem Heuboden einer Scheune. »Wenn ich mich nicht versteckt hätte, wäre ich heute nicht mehr am Leben«, so ihr Fazit. Viele andere Frauen und Mädchen hatten dieses Glück nicht.

»Vergesst Majdanek nicht und rächt euch an der Bestie« – Parolen wie diese begleiteten die sowjetischen Soldaten

Woher kam der blinde Hass der Rotarmisten gegen die deutsche Zivilbevölkerung? Warum plünderten, vergewaltigten und mordeten sie so hemmungslos, sobald sie die deutsche Grenze überschritten hatten? Warum gebot ihre Führung diesem Treiben keinen Einhalt? Eine einfache Erklärung dafür gibt es nicht. Zum einen waren es natürlich uralte Männlichkeitsrituale, die da ausgelebt wurden – die Frauen der Besiegten galten schon seit der Antike als Beute der Sieger. Zum anderen kannten die Soldaten der Roten Armee – anders als die der Wehrmacht – keinen Heimaturlaub. Nach Jahren an der Front waren viele von ihnen sexuell einfach ausgehungert. Doch derartige Erklärungsmuster greifen zu kurz.

Es gab natürlich gegenüber den Deutschen auch Gefühle der Rache, weil viele von uns nahe Verwandte verloren hatten. Auch Häuser und Höfe waren zerstört worden. Als wir nach Deutschland kamen, dachten viele, dass sie nun mit den Deutschen abrechnen könnten.

Gregorij Ivanitzkij,
Offizier der Roten Armee

Die Rotarmisten waren auf ihrem Weg durch die von den Deutschen verwüstete Sowjetunion gezogen und hatten die unzähligen Städte und Dörfer gesehen, die Hitlers Befehlen von der »Verbrannten Erde« zum Opfer gefallen waren. Der Vormarsch der Roten Armee hatte zudem die unmenschlichsten deutschen Verbrechen ans Tageslicht gebracht. Schon Ende Juli 1944 war die Rote Armee auf die Überreste des von der SS vor ihrem Abzug zerstörten Konzentrationslagers Majdanek bei Lublin gestoßen. Konjews Einheiten hatten am 27. Januar 1945 die letzten 7500 Überlebenden des Vernichtungslagers Auschwitz befreit. Meldungen wie diese gelangten an die Weltöffentlichkeit und feuerten die sowjetische Propaganda an. »Merke dir, Soldat! Dort in Deutschland versteckt sich der Deutsche, der dein Kind gemordet, deine Frau, Braut, Schwester vergewaltigt, deine Mutter, deinen Vater erschossen, deinen Herd niedergebrannt hat«, hatten die Rotarmisten schon im Oktober 1944 in der Soldatenzeitung *Krasnaja Swesda* lesen können. »Geh mit unauslöschlichem Hass gegen den Feind vor! Deine heilige Pflicht ist es, um der Gerechtigkeit willen und im Namen des Andenkens der von den faschistischen Henkern Hingemordeten, in die Höhle der Bestie zu gehen und die faschistischen Verbrecher zu bestrafen. Das Blut unserer im Kampf gefallenen Kameraden, die Qualen der Gemordeten, das Stöhnen der lebendig Begrabenen, die unstillbaren Tränen der Mütter rufen euch zu schonungsloser Rache auf.«

Glühenden Hass predigte insbesonders Ilja Ehrenburg, der bekannteste Vertreter der antideutschen Sowjetpropaganda. Ehrenburg hatte in den zwanziger Jahren in Berlin und Paris gelebt und war Mitte der dreißiger Jahre mit seinen Berichten vom Spanischen Bürgerkrieg bekannt geworden. Mit Beginn des »Unternehmens Barbarossa« avancierte er zur propagandistischen Allzweckwaffe im Kampf gegen die deutschen Aggressoren. Zahlreiche Frontzeitungen druckten seine Artikel ab, seine »Katjuschas« – »Stalinorgeln« – genannten Aufsätze waren bei den Rotarmisten in aller Munde. »Sein Einfluss war immens groß«, berichtet der ehemalige Offizier Grigroij Iwanowitsch Michejenko, der Ehrenburg einige Male an der Front traf. »Alle seine Presseartikel hat man als Flugblätter vervielfältigt und unter den Soldaten verbreitet. Das hatte natürlich eine enorme Wirkung.« Während die Sowjetführung zunächst noch zwischen den Nazis und einfachen Deutschen unterschied, reduzierte Ehrenburg die Deutschen auf ein Volk von Barbaren und Verbrechern. Moskau ließ ihn gewähren – Ehrenburgs Parolen waren für die tägliche Stimmungsmache an der Front zeitweise von nicht zu unterschätzendem Vorteil. »Ehrenburg schrieb: ›Töte den Deutschen!‹«, erinnert sich der damalige Frontkameramann Aleksej Georgiewitsch Semin, »und als Stalin anlässlich eines Tages der Oktoberrevolution eine Rede hielt, zitierte er eine Direktive von Hitler, aus der klar hervorging, was die

»Wir zahlen dem Feind mit gleicher Münze zurück« – Sowjetische Politoffiziere verbreiteten Ehrenburgs Thesen unter den Soldaten

Deutschen in Russland vorhatten. Da stand wortwörtlich: ›Jeder Russe, unabhängig davon, ob Mann, Frau oder Kind, muss als Vertreter seiner Nation vernichtet werden‹. Im Anschluss an das Zitat fuhr Stalin fort: ›Wir zahlen dem Feind mit gleicher Münze zurück.‹«

Als die Rotarmisten im Herbst 1944 erstmals deutschen Boden betraten, da schlug Ehrenburgs große Stunde. »Wir sind in Deutschland«, schrieb er in einem Artikel. »Die deutschen Städte brennen, und ich bin glücklich darüber.« Je weiter die Sowjettruppen vorstießen, desto wütender wurden die Aufrufe Ehrenburgs. »Manche sagen, die Deutschen vom Rhein seien anders als die Deutschen von der Oder. Ich weiß nicht, warum wir eine so feine Unterscheidung machen sollten. Ein Deutscher ist überall ein Deutscher. Die Deutschen werden bestraft, aber nicht genug. Immer noch sind sie in Berlin. Der Führer steht noch, anstatt dass er hängt. Wer kann uns jetzt aufhalten? General Model? Die Oder? Der Volkssturm? Nein, Deutschland, es ist zu spät, du kannst dich drehen und wenden in diesem Todeskampf: Die Stunde der Rache hat geschlagen!«

Die Deutschen haben keine Seele. Ein englischer Politiker hat gesagt, die Deutschen seien unsere Brüder. Nein! Es ist eine Blasphemie, wenn man diese Kindermörder zu der großen Völkerfamilie rechnet.

Ilja Ehrenburg, »Deutschland – Eine Hexe«

Was das bedeutete, sollten die Ostpreußen, Schlesier und Pommern am eigenen Leib erfahren. Am 1. März 1945 griffen die Truppen von Marschall Schukow auf breiter Front in den Kampf um Pommern ein. Aus dem Raum um Deutsch Krone stießen sie über Dramburg, Schivelbein und Belgard Richtung Kolberg vor. Wieder verharrten die deutschen Behörden angesichts des schnellen Vormarschs der sowjetischen Truppen in Tatenlosigkeit. In der Kreisstadt Belgard ließen die NSDAP-Ortsgruppenleiter noch am Vormittag des 3. März Plakate mit folgendem Text kleben: »Für Belgard besteht kein Räumungsbefehl; alle dem widersprechenden Gerüchte werden mit den härtesten Strafen geahndet. Die Ortsgruppenleiter«. Am Abend desselben Tages jedoch brachen sämtliche Dämme. Die Sirenen heulten ununterbrochen – Panzeralarm! Auf der Landstraße nach Westen, Richtung »Reich«, ging überhaupt nichts mehr. Glück im Unglück schien zu haben, wer einen der wenigen Züge

Wir näherten uns Kolberg und sahen vor der Stadt die Züge voller Flüchtlinge stehen. Ich stieg in den letzten Wagen des letzten Zuges ein, weil ich hoffte, vielleicht meine Mutter zu finden. Ich lief durch die Abteile und rief immer: »Sind hier Leute aus Schivelbein dabei?«, aber es waren vor allem Leute aus Belgard und Körlin. Als ich aus dem vordersten Waggon des ersten Zuges ausstieg, waren die Russen schon am letzten Wagen. Dann konnten wir die schreienden und wimmernden Frauen hören.

Ernst-August Dumtzlaff, damals Soldat in Kolberg

»Kein Entrinnen« – Als die Flucht endlich erlaubt wurde, waren die Züge oft vollkommen überfüllt

erreichte, die noch in Richtung Kolberg fuhren. Doch auch diese kamen oft nicht mehr durch – sie stauten sich, weil die Abfahrt nach Westen längst versperrt war. 22 Züge standen vor Kolberg, alle voller Flüchtlinge. »Am dritten Tage morgens um 6 Uhr war dann der Russe an den Zügen«, schrieb Kurt Kath aus Belgard nach dem Krieg über seine Erlebnisse. »Die Uhren wurden abgenommen, und das unsägliche Leid für viele Frauen begann ... Von Zeit zu Zeit kamen Russen und suchten sich einzelne Frauen raus und vergewaltigten sie.« Glücklich konnte sich da derjenige schätzen, der es noch geschafft hatte, nach Kolberg durchzukommen.

Der Name der Stadt Kolberg hatte damals für viele Flüchtlinge einen ganz besonderen Klang. Kolberg – das verhieß ein Obdach im Wirrwarr der Flucht, Aussicht auf die Passage nach Westen. Die Stadt selbst war mehrmals im Verlauf der Jahrhunderte belagert worden und hatte stets den Eroberern getrotzt. Waren es im 17. Jahrhundert die Schweden und im 18. Jahrhundert die Russen, so machte der Kampf gegen die französischen Besatzer im Jahr 1807 die Stadt erst zur preußischen und dann zur gesamtdeutschen Legende. Warum, fragten sich viele, sollte nicht auch jetzt wieder ein Wunder geschehen?

Ein Blick zurück: Nach der vernichtenden Niederlage der preußisch-sächsischen Armee in der Doppelschlacht bei Jena und Auerstedt im Oktober 1806 war Preußen militärisch und moralisch zusammengebrochen. Die Niederlage schien total: Waffenstarrende Festungsstädte wie Magdeburg und Stettin ergaben sich Napoleon ohne einen einzigen Schuss und der Kaiser der Franzosen zog kampflos in Berlin ein. Nur einige wenige deutsche Städte hielten noch das Banner des Widerstands gegen die französische Fremdherrschaft hoch. Neben Danzig in Westpreußen und Graudenz an der Weichsel war das kleine Kolberg darunter, zu dieser Zeit ein Ackerbürgerstädtchen mit kaum viertausend Einwohnern. Napoleon war erbost, dass sich das »elende Nest« seinem Willen widersetzte, und befahl im Mai 1807, Kolberg zu erobern. Doch unter Führung von Neidhardt von Gneisenau konnten die Verteidiger den überlegenen französischen Truppen mehrere Monate trotzen. Zum preußischen Mythos machten Kolberg aber vor allem seine angeblich besonders opferwilligen Bürger unter dem Stadtältesten Joachim Nettelbeck. Die Kolberger hätten, so heißt es, bereitwillig ihre letzten Taler für neue Waffen und Munition gegeben, freudig dabei geholfen,

Es bleibt mir also nichts anderes übrig, als zu fechten und zu sterben ... Aber wenn wir auch die Hoffnung sinken lassen, so doch nicht den Mut.

Brief von Neidhardt von Gneisenau, Juni 1807

»Fechten und sterben« – Neidhardt von Gneisenau (Mitte) und Joachim Nettelbeck (links neben ihm) auf den Wällen von Kolberg

das Vorfeld der Stadt – dort, wo sich ihre Äcker befanden – unter Wasser zu setzen oder die Verteidigung störende Gebäude abzureißen. Außerdem hätten sie im so genannten Bürgerbataillon bis zum letzten Atemzug um ihre Stadt gekämpft. Heute weiß man, dass dies vorwiegend Legende ist, doch im damals von Napoleon gedemütigten Deutschen Reich fielen die Geschichten von den tapferen Bürgern Kolbergs auf fruchtbaren Boden. Und bis heute legen die zahlreichen Gneisenau- und Nettelbeckstraßen oder -plätze in deutschen Städten Zeugnis von diesem Mythos ab.

Vermeintlich sinnvoller Opferwille und Kampf in aussichtsloser Lage passten auch jetzt wieder gut in die Zeit. Kein Wunder, dass Propagandaminister Joseph Goebbels bereits nach der Kriegswende bei Stalingrad die alten Mythen zu reaktivieren versucht hatte. Schon in seiner berühmten Sportpalast-Rede vom Februar 1943, bei der eine fanatisierte Masse seiner Parole vom »totalen Krieg« zujubelte, hatte er Theodor Körners Verse aus den Befreiungskriegen zitiert: »Nun Volk steh auf, und Sturm brich los!« Tatsächlich plante Goebbels, eine Art Volksbewegung zur Abwehr des »bolschewistischen Todfeindes« zu initiieren. Einen der propagandistischen Eckpfeiler sollte dabei die Verfilmung der Kolberger Geschehnisse von 1807 bilden. Im Juni 1943 erhielt Starregisseur Veit Harlan den Auftrag zu einem filmischen Monumentalepos. Geld spielte bei dem Prestigeprojekt »Kolberg« keine Rolle. So drehte Harlan in Bestbesetzung: Mit Heinrich George und Kristina Söderbaum standen zwei Topstars des NS-Films vor der Kamera; die Zahl der Statisten – meist an die Filmfront abkommandierte Soldaten und Jugendliche – soll in die Hunderttausende gegangen sein. Das historische Kolberg wurde für die Dreharbeiten auf freiem Feld nachgebaut, um dann umso effektvoller niedergebrannt zu werden. Güterzüge voller Salz wurden herangeschafft, um im Sommer 1944 eine Schneelandschaft vortäuschen zu können. Ganz klar, dass Harlan mit dem damals sündhaft teuren Farbmaterial drehte.

Dass er Niederlagen erlitt – das ist nicht entscheidend. Entscheidend ist vielmehr, dass der große König in allen Schicksalsschlägen ungebrochen blieb, dass er unerschütterlich das schwankende Kriegsglück auf sich nahm und sein ehernes Herz jede Gefahr überwand!

Goebbels in seiner Rede im Sportpalast, 18. Februar 1943

Die Aussage des Streifens war offenkundig: »Lieber unter Trümmern begraben, als kapitulieren!« – diese gleichnishaften Worte Nettelbecks, gespielt von Heinrich George, gaben den Grundton vor: Der Film benutzte die historische Situation von 1807, um eine einzige Ode an den Durchhaltewillen in scheinbar hoffnungsloser Situation anzustim-

»Lieber unter Trümmern begraben als kapitulieren« – Horst Caspar (Gneisenau) und Heinrich George (Nettelbeck) im Film »Kolberg«

men. Die Kernsätze, den Protagonisten von 1807 in den Mund gelegt, waren dabei direkt an das Publikum von 1945 gerichtet. Dass es eine »Pflicht zur Verteidigung und zum Sterben« gäbe, dass Furcht vor dem Tod schändlich sei und dass das »Größte immer unter Schmerzen geboren werde«, wenn es darum gehe, »ein neues Volk, ein neues Reich« zu schaffen.

Ich verspreche mir von diesem Harlan-Film außerordentlich viel. Er passt genau in die militärisch-politische Landschaft, die wir wahrscheinlich zu der Zeit zu verzeichnen haben werden, wenn dieser Film erscheint.

Tagebuch von Joseph Goebbels, 25. Mai 1943

Der gewaltige Druck von oben, der auf der Produktion lastete, war immer spürbar, erinnert sich Jaspar von Oertzen, der letzte noch lebende Schauspieler von »Kolberg«: »Ich habe mit eigenen Augen gesehen, wie Menschen bei den Dreharbeiten zu Tode gekommen sind. Das hat keinen groß gestört. Wir hatten Krieg – und das war kein Film, sondern ebenfalls Krieg.« Für die vielen Hitlerjungen, die in den zahlreichen Massenszenen als Statisten eingesetzt wurden, waren die Dreharbeiten freilich vor allem ein großes Abenteuer. Sie waren stolz darauf, dass ihre Heimatstadt wieder einmal im Rampenlicht stand. Über den Inhalt und die Aussage des Filmes machte sich kaum einer von ihnen

Gedanken. Niemand, so erinnert sich der Kolberger Hans-Jürgen Brand, der im Film als Statist mitwirkte, habe auch nur im Entferntesten daran gedacht, dass es im realen Kolberg und im richtigen Leben bald zu ähnlichen Szenen wie im Film kommen würde. Keiner konnte sich vorstellen, dass kaum ein Jahr nach den Dreharbeiten nicht nur Kulissen brennen würden.

Weil sich die Arbeiten an dem Mammutwerk endlos hinzogen, musste Goebbels Sorge haben, dass »Kolberg« nicht mehr zur Aufführung gelangen würde – so schnell schrumpfte das Reich, in dem der Film noch hätte gezeigt werden können. Erst Ende 1944 war der Streifen fertig, doch dann forderte der Propagandaminister immer wieder Umschnitte. Manch blutige Szene schien ihm zu diesem Zeitpunkt, als die Alliierten nicht nur im Westen an Boden gewannen, sondern nun auch im Osten bereits vernehmlich an die Pforten des Reiches klopften, nicht mehr opportun. Zu leicht hätten sich angesichts des vorgeführten menschlichen Leides unerwünschte Nebenwirkungen an der Heimatfront einstellen können. Endgültig fertig gestellt wurde der Film schließlich Anfang 1945. Die Uraufführung legte der Propagandaminister symbolträchtig auf den zwölften Jahrestag der NS-Machtergreifung: Am 30. Januar wurde der Durchhaltefilm in Berlin gezeigt. Gleichzeitig ließ Goebbels die Filmrollen in die belagerte Festung La Rochelle am Atlantik fliegen, wo fast 1500 Kilometer von der Reichshauptstadt entfernt noch deutsche Soldaten kämpften. Auf ähnliche Weise gelangten Kopien von »Kolberg« in deutsche Städte, die von der Roten Armee belagert wurden. Neben Königsberg und Danzig war das vor allem die schlesische Metropole Breslau.

Am Abend wird mir die endgültige Harlansche Fassung des neuen »Kolberg«-Films vorgeführt, wozu ich Professor Liebeneiner und Heinrich George hinzugeladen habe. Anstatt den Film zu verbessern, hat Harlan ihn eher verschlechtert. Er vergröbert allzu stark die Zerstörungs- und Verzweiflungsszenen in der Stadt, so dass ich befürchte, dass große Teile des Publikums sich weigern werden, in der gegenwärtigen Situation sich den Film überhaupt anzuschauen.

Tagebuch von
Joseph Goebbels,
23. Dezember 1944

Breslau wurde von der Propaganda als Bollwerk gegen die »bolschewistischen Horden« gerühmt. Die Großstadt an der südlichen Oder hatte ihr Antlitz bis ins letzte Kriegsjahr hinein fast unzerstört erhalten können. »Die Breslauer glaubten, dass ihre Stadt den Krieg überstehen werde. Sie war ja den gesamten Krieg über nicht bombardiert worden. Deswegen hofften wir, dass nichts passieren würde«, berichtet Horst Gleiss, der damals in Breslau lebte. Doch Hoffnungen wie diese sollten bald von der Realität zerstört werden – unaufhaltsam näherte sich die

Front. Schon im August 1944 hatte Hitler Breslau zur »Festung« erklären lassen. Zur Bindung feindlicher Truppen sollte die Stadt um jeden Preis gehalten werden. Diese verhängnisvolle Entscheidung war der erste Schritt zur weitgehenden Zerstörung ganzer Stadtteile: Weniger der Feindbeschuss als vielmehr fanatischer Verteidigungswahn sollte die Perle Schlesiens im kommenden Vierteljahr in ein Trümmerfeld verwandeln.

Als Mitte Januar die ersten Flüchtlingstrecks kamen, haben die Breslauer gedacht: »Im Osten wird so etwas vielleicht notwendig sein. Aber Breslau? Nein, das wird der Führer nicht zulassen.«

Horst Gleiss,
damals in Breslau

Die Schnelligkeit des russischen Vormarsches warf auch hier rasch alle Planungen über den Haufen. Kein Sowjetsoldat werde Schlesiens Grenze überschreiten, hatte Gauleiter Hanke einst getönt. Doch schon am 20. Januar gingen gut achtzig Kilometer östlich von Breslau Kreuzburg und Rosenberg verloren. Wie in Ostpreußen und in Pommern trieb die Rote Armee Massen von Flüchtlingen vor sich her. Erst als die sowjetischen Panzer schon zum Sturm ansetzten, rang sich Gauleiter Hanke dazu durch, zumindest die Landkreise rechts der Oder evakuieren lassen. Doch wegen des allzu langen Zauderns und fehlender Organisation kam es zu ähnlich erschütternden Szenen wie im gesamten deutschen Osten.

»Überstürzte Flucht statt geordneter Rückzug« – Versprengte deutsche Truppenteile fluten im Januar 1945 Richtung Breslau zurück

»Wir halten die Stadt bis zum Endsieg« – Der schlesische Gauleiter Karl Hanke

Ebenso in Breslau selbst: Lange hatte sich Hanke gegen eine Evakuierung der mit Flüchtlingen überfüllten Stadt gesperrt. Eine Stadt voller Frauen und Kinder würden die deutschen Soldaten verbissener verteidigen als eine menschenleere Steinwüste, so auch hier das zynische Kalkül. Erst als es längst zu spät war, wurde der Gauleiter aktiv. Jetzt ließ er die Zivilbevölkerung gleichsam hinauswerfen, wie sich die damals 18-jährige Vera Eckle erinnert: »Lautsprecher tönten in den Straßen: ›Aufruf an das Volk von Gauleiter Hanke! Alle Frauen mit Kindern und alle alten Leute verlassen sofort die Stadt in Richtung

»Frauen und Kinder verlassen die Stadt zu Fuß« – Für viele Zivilisten bedeutete dies das Todesurteil

Süden und Westen!‹« Was offiziell »Evakuierung« genannt wurde, ist als »Todesmarsch der Frauen und Kinder« ins Gedächtnis der Überlebenden eingebrannt. Bei zwanzig Grad unter null, eisigem Wind und meterhohem Schnee machten sich Tausende Mütter mit Kindern und Säuglingen, mit der letzten Habe, mit Kinderwagen, Handwägelchen, Rodelschlitten, Rucksäcken und ohne Versorgung auf den Weg in die kalte Winternacht. »Was man an Kleidung erwischen konnte, hat man übereinander angezogen«, berichtet Vera Eckle. »Viele hatten große Tücher über die Köpfe gezogen. Die Kinder, wahrscheinlich mit drei oder vier Kleiderschichten belastet, stolperten neben ihren Müttern her. Da sah man eine Greisin am Arm einer Angehörigen hängen, dort humpelte ein alter Kriegsveteran mit zwei Stöcken heran. Alles war eisig und glatt, man rutschte weg. Aber es ging immer weiter, immer weiter.« Überlebende berichten von apokalyptischen Szenen: Säuglinge erfroren zu Hunderten in den Armen ihrer Mütter, die die toten Kinder oft noch kilometerlang mitschleppten. Wer

An den Straßenrändern lagen überall in Decken eingepackte Tote, hauptsächlich Kinder und alte Leute. Sie konnten nicht begraben werden – es war alles gefroren. Sie wurden nur seitwärts an der Straße abgelegt. Besonders schlimm war es in den Dörfern. Da lagen vor und auf den Friedhöfen dicht an dicht die Toten.

Hubertus Kindler,
damals in Breslau

würde schon sein totes Baby einfach in den Straßengraben legen? Der Todesmarsch der Breslauer Mütter und ihrer Kinder kostete Tausende Menschen das Leben. Suchkommandos wurden abkommandiert, um die Leichen einzusammeln. An den Wegrändern und in den Straßengräben wurden Tote aufgelesen und auf nahe gelegenen Friedhöfen in Massengräbern verscharrt.

Von alldem bekamen die Verteidiger der »Festung Breslau« kaum etwas mit. Die Verteidiger – das war ein zusammengewürfelter Haufen von Soldaten, deren Ersatztruppenteile in Breslau stationiert waren, von Fronturlaubern auf der Durchreise, von Versprengten oder sonstwie verfügbaren Männern. Sie alle wurden vom Festungskommando in

»Gläubig und opferbereit« – In Breslau wurden zahlreiche Hitlerjungen im Kampf eingesetzt

Kampfgruppen zusammengefasst und durch den »Volkssturm«, das letzte Aufgebot der Sechzehn- bis Sechzigjährigen, verstärkt. Schließlich stand eine improvisierte Streitmacht von 50 000 Mann bereit – gegen eine vielfache Übermacht. Weil kampferprobte Einheiten fehlten, war der Hitlerjugend eine besondere Rolle bei der Verteidigung von Breslau zugedacht. Ihre Führer stilisierten den bevorstehenden Kampf zur entscheidenden Bewährungsprobe. Die Begeisterungsfähigkeit der Jugend war dabei ein idealer Nährboden für die eingängigen Botschaften des Regimes. Ihre Idole waren die Helden der Kriege, ihre Ideale aus nationalem Holz geschnitzt. »Du bist nichts, dein Volk ist alles« – so sah die Welt in den Köpfen vieler Hitlerjungen aus. Eine gläubige und aufopferungsbereite Reserve sollten sie sein, leicht lenkbar für diejenigen, die an den Fäden zogen. »Lieber unter Trümmern begraben, als kapitulieren!« – diese Worte aus »Kolberg« fielen deshalb bei vielen Hitlerjungen auf fruchtbaren Boden. Kein Wunder, dass vor allem sie es waren, die sich den Streifen voller Begeisterung ansahen – solange für Kinogänge noch Zeit war. Theo Bruckner, der damals als Flakhelfer eingesetzt war, erinnert sich: »Niemand hat uns gezwungen, ›Kolberg‹ anzusehen. Wir sind ganz aus freien Stücken ins Kino gegangen. Was der Film uns sagen wollte, merkten wir nur allzu deutlich: Wenn wir nur richtig durchhalten, dann wird alles gut. Tief in uns drin fühlten wir jedoch: Obwohl die Front noch weit weg von Breslau war, würde die Stadt bald fallen. Egal wie groß unser Wille zum Durchhalten war.«

Wir jungen Burschen waren überzeugt, noch unser Möglichstes zu tun, um zu retten, was zu retten war. Wie eine Feuerwehr, die zu einem brennenden Haus gerufen wird und löscht, obwohl nicht mehr viel zu retten ist.

Ernst Brückner, damals Soldat in Breslau

»Tod in Schanden?« – Der Zweite Bürgermeister von Breslau, Dr. Wolfgang Spielhagen, wurde auf Hankes Befehl erschossen

Wer derartige Zweifel öffentlich äußerte, wurde von Gauleiter Hanke mit unerbittlicher Härte verfolgt. Als einen der Ersten traf es den Zweiten Bürgermeister der Stadt, Dr. Wolfgang Spielhagen. Er hatte am 20. Januar seine Frau und die beiden Kinder nach Berlin in Sicherheit gebracht, war dann jedoch in die Stadt zurückgekehrt. Spielhagen war ein preußischer Beamter der alten Schule und schon

»Mit einer Anzahl Schüssen niedergestreckt« – Vor dem Breslauer Rathaus wurde das Urteil gegen Spielhagen vollstreckt

öfter mit Gauleiter Hanke aneinander geraten. »Natürlich haben meine Eltern vor uns Kindern – ich war gerade neun Jahre alt – nicht über derartige Dinge gesprochen«, erinnert sich seine Tochter Gisela, »aber ich weiß aus späteren Erzählungen, dass er absolut dagegen war, Breslau zur Festung zu erklären.« Spielhagen, so weiß man aus Berichten von Augenzeugen, hatte Hanke vorgehalten, dass der Kampf um die Festung sinnlos sei, und ihm geraten, Breslau zur »offenen Stadt« zu erklären. Diese Worte bedeuteten sein Todesurteil. Aus dem Rathaus heraus wurde Spielhagen am Nachmittag des 27. Januar 1945 verhaftet und auf den Rathausvorplatz gebracht. »Spielhagen waren mit einem Strick die Hände gebunden«, notierte ein Augenzeuge des makabren Schauspiels. »Sein Mantel stand offen. Der Hut saß verkehrtherum schief aufgestoßen auf dem Kopf. So ging er mit etwa zehn bis fünfzehn Mann Volkssturm … zum Ring bis an das Denkmal Friedrich Wilhelms III. Dr. Spielhagen versuchte noch einige Worte zu sprechen, wurde aber bald mit einer Anzahl Schüssen von Volkssturmmännern niedergestreckt.« Zur öffentlichen Abschreckung

Bekanntmachung!

Der Zweite Bürgermeister der Stadt Breslau, Ministerialrat Dr. Spielhagen, hat sich bei dem Oberbürgermeister der Gauhauptstadt, Gauamtsleiter Leichtenstern, nach Berlin abgemeldet, um sich nach einem neuen Posten umzusehen. Seine maßlose Feigheit ließ ihn dabei die Erklärung abgeben, nicht auf einem Platz kämpfen zu wollen, an dem ihm persönlich nichts liege.

Auf meinen Befehl wurde Ministerialrat Dr. Spielhagen von einem Peleton des Volkssturms vor dem Rathaus der Stadt Breslau erschossen.

Wer den Tod in Ehren fürchtet, stirbt ihn in Schande!

Erklärung Hankes in der *Schlesischen Tageszeitung*, 29. Januar 1945

brachte man Spielhagens Leiche in einem offenen Wagen zur Oder und warf sie von einer Brücke ins Wasser. Je aussichtsloser die Lage wurde, desto mehr verschärfte sich der Terror der Gauleitung. Wer widersprach, musste mit standrechtlicher Erschießung rechnen. Mindestens achtzig Todesurteile wurden damals in der Festung Breslau vollstreckt.
Am 15. Februar war Breslau schließlich von den sowjetischen Truppen eingeschlossen. Auch im übrigen Schlesien tobte der Krieg weiter. Die Rote Armee eroberte Stadt um Stadt. Das ebenfalls zur Festung erklärte Glogau konnte sich noch bis März halten. Breslau aber sollte nach Hankes Willen bis zuletzt der »Wellenbrecher« sein. Es gehe darum, den Ansturm feindlicher Truppen auf das Reich abzufangen. Wer wollte ihm widersprechen – zumal die Festung Breslau in den ersten Wochen tatsächlich Rückendeckung für die Flüchtlinge bieten konnte.
In der Tat plante das Oberkommando des Heeres (OKH), den Ring um die eingeschlossene Stadt zu sprengen. Für den operativen Aufmarsch war die Eisenbahnverbindung, die von Mitteldeutschland am Fuß der Sudeten entlang Richtung Oberschlesien führte, unabdingbar. Ihr Knotenpunkt war die niederschlesische Stadt Lauban. Doch hatten nach erbitterten Kämpfen Teile der 3. Sowjetischen Garde-Panzerarmee den Nord- und den Ostteil der Stadt eingenommen. Die entscheidende Verbindung war damit getrennt. Generaloberst Schörner wurde

»Breslau als Wellenbrecher« – Russische Granatwerfer vor den Toren der eingeschlossenen Stadt

»Den Belagerungsring sprengen« – Deutsche Soldaten während der Kämpfe um Lauban

beauftragt, aus seiner Heeresgruppe heraus den Gegenangriff zu führen. Der Vorstoß der Panzergruppe Nehring begann am 3. März. Die Rückeroberung Laubans gelang. Ein »Fest« für die NS-»Wochenschau«, die den »Sieg« vollmundig zur Wende im Osten stilisierte. Propagandaminister Goebbels erschien persönlich vor Ort und ließ sich in Feldherrenpose ablichten. Zur Steigerung der Kampfmoral brauchte er »Helden«. Er fand sie in den Hitlerjungen, die bei den Kämpfen um Lauban zum Einsatz gekommen waren. Das zynische Kalkül: Wenn selbst die Kleinsten für die nationale Sache stritten, konnten Erwachsene die Hoffnung doch nicht aufgeben! Dafür setzte Joseph Goebbels

»Inszenierung für die Wochenschau« – Propagandaminister Goebbels und der Hitlerjunge Wilhelm Hübner

vor den Kameras der »Wochenschau« eine »Ehrung« in Szene, die suggerieren sollte, dass die gesamte deutsche Nation geschlossen bis zum »Endsieg« weiterkämpfen werde. Am 9. März 1945 schüttelte der »Generalbevollmächtigte für den totalen Kriegseinsatz« einer kleinen Schar von Hitlerjungen in Lauban die Hand. Unter ihnen war der junge Wilhelm Hübner, dessen Bild damals durch die »Wochenschau« ging. Glaubte der »Ausgezeichnete«, dass sein Einsatz noch einen Sinn hatte? »Damals habe ich schon daran geglaubt. Zumindest, dass die Kämpfe noch einen Zeitaufschub bringen würden, um die Frauen und Kinder, die auf der Flucht waren, retten zu können, wie mir die Soldaten sagten. Außerdem hatte ich im Stillen immer noch die Hoffnung, dass eine Wunderwaffe oder sonst etwas Gewaltiges kommt, das den Umschwung bringt.«

Den Umschwung in Breslau selbst sollten Methoden bringen, die an »ägyptische Fronarbeit« erinnerten, wie Joachim Konrad, damals evangelischer Stadtdekan von Breslau, nach dem Krieg festhielt. Nach dem Verlust des

Ich berichtete dem Führer ausführlich über die von mir gesammelten Eindrücke bei meinem Besuch in Lauban. Ich schilderte ihm ausführlich die Greuel, die wir dort zu Gesicht bekommen haben. Der Führer ist meiner Meinung, dass wir nun eine Propaganda der Rache gegen die Sowjets entfalten müssen. Nach dem Osten müssen wir jetzt unsere Offensivkräfte wenden. Im Osten fällt die Entscheidung. Die Sowjets müssen Blut über Blut lassen.

Tagebuch von Joseph Goebbels, 12. März 1945

Flugplatzes Gandau im Westen Breslaus ließ Gauleiter Hanke ganze Stadtviertel dem Erdboden gleichmachen, um eine neue Start- und Landebahn mitten in der Stadt zu bauen. »Eine besondere Wahnsinnstat des Hitlertums war dieses Rollfeld zwischen der Kaiser- und der Fürstenbrücke«, notierte der evangelische Pfarrer Paul Peikert: »Man ging daran, tausend Grundstücke zu beiden Seiten der Kaiserstraße und der anliegenden Straßen zu sprengen und anzuzünden, darunter zwei Kirchen ... Einer der schönsten und repräsentativsten Stadtteile Breslaus wurde der Verwüstung preisgegeben ... Von nun an arbeiteten auf diesem Trümmerfeld Zehntausende der zurückgebliebenen Breslauer Bevölkerung. Ich nenne dieses Feld den Schindanger und das Todesfeld der Breslauer Bevölkerung.«

Nicht nur die Ausradierung ganzer Stadtviertel hatte der aberwitzige Plan zur Folge, sondern auch Leiden und Tod von Tausenden Menschen. Laut offizieller Anordnung Hankes herrschte »Arbeitspflicht für jeden Einwohner«. Weiter hieß es: »So wie der Soldat, der seinen Posten verlässt, als Fahnenflüchtiger mit dem Tode bestraft wird, muss die gleiche Strafe auch den treffen, der sich seiner Arbeitspflicht in der Festung entzieht ... Wer ab 11. März nicht im Besitz der Arbeitskarte mit dem täglichen Stempelaufdruck ist, wird dem Standgericht zur Aburteilung übergeben. Wer vorsätzlich dieser Anordnung nicht nachkommt, wird mit dem Tode bestraft.« Zwar blieb in dem Aufruf das Rollfeld unerwähnt, doch war der Einsatz in erster Linie für dieses Unternehmen gedacht. Nur durch Einbeziehung aller verfügbaren Kräfte konnte das absurde Vorhaben in absehbarer Zeit durchgeführt werden. Ehemalige Breslauer sind noch heute empört: »Wer war das, die dort räumten? Das waren Kinder. Man hat sie – Jungs ab zehn Jahre, Mädchen ab zwölf Jahre – zum Arbeitseinsatz geholt. Und die Alten, die noch kriechen konnten, und die Verwundeten. Auch schwangere Frauen waren dort«, berichtet Hans-Joachim Terp. »Und heute sagt man, nachdem man das alles überschaut, dass auf jedem Meter zehn Tote liegen; es sind 1300 Meter. Also liegen dort 13 000 Tote – allein auf dem Rollfeld.« Vor allem durch Bombenangriffe und Artilleriebeschuss starben viele Menschen. Auf der fertigen Rollbahn landete eine Hand voll Flugzeuge, vor allem aber mit Munition beladene Lastensegler. Einige wenige Flugzeuge starteten auch von dort. Dieser arg beschränkte Nutzen wog keinesfalls die immensen Opfer

Unheimliches mussten die dort Arbeitenden erleiden. Viele fanden dort den Tod, viele wurden zu Krüppeln geschossen mit dem Erfolg, dass ein- oder zweimal von diesem Platz ein Flugzeug abgehoben ist.

Bericht von
Pfarrer Paul Peikert

»Zerstörungswerk der eigenen Truppen« – Ganze Straßenzüge wurden in Schutt und Asche gelegt

und das tausendfache menschliche Leid auf. Und eines empört die ehemaligen Breslauer bis heute am meisten: Es war der Durchhaltefanatiker Hanke, der am Tag der Kapitulation Breslaus, am 6. Mai 1945, mit einem Fieseler Storch aus der Festung floh.
Doch von Kapitulation sprach im März noch niemand. Gauleiter Karl Hanke propagierte einen Durchhaltewahn, der endgültig keine Tabus mehr kannte: Kirchen wurden zu Festungen erklärt, Friedhöfe zur Schaffung eines besseren Schussfeldes eingeebnet, Grabsteine niedergerissen und als Barrikadenmaterial genutzt. »Die Breslauer Methode sah vor, dass man die Eckhäuser bis zum ersten Stock mit Balken stützte und alles Brennbare rausschmiss. Dann wurde alles darüber gesprengt und als Bunkerdecke benutzt. Schließlich wurden auch …

»Tornado an Artillerie und Bombardement« – Sowjetische Geschütze schossen pausenlos in die belagerte Stadt

Häuser weggesprengt fürs Schussfeld – so ein Wahnsinn! Und wenn jemand von den Bewohnern kam und versuchte, von seinen eigenen Sachen was zu holen, dann wurde er als Plünderer erschossen, das muss man sich mal vorstellen!«, entrüstet sich Hans-Joachim Terp. Pfarrer Peikert notierte 1945: »Um der Verwüstung Einhalt zu gebieten, wäre es zu wünschen, dass die Russen Breslau eroberten. Denn je länger die Belagerung, desto größer das Zerstörungswerk der eigenen Truppen.« Dies war der entscheidende Unterschied zu zahlreichen anderen Kampfschauplätzen in diesen Tagen, an denen nicht weniger hart gekämpft wurde: die systematische Verwüstung einer deutschen Großstadt durch die eigenen Leute um einer angeblichen Notwendigkeit willen. »Mordskerl« Hanke (O-Ton Hitler) exekutierte das, was der Diktator in seinem berüchtigten »Nerobefehl« formuliert hatte: »Wenn der Krieg verloren geht, wird auch das Volk verloren sein. Es ist nicht notwendig, auf die Grundlagen, die das deutsche Volk zu seinem primitivsten Weiterleben braucht, Rücksicht zu nehmen. Im Gegenteil ist es besser, selbst diese Dinge zu zerstören. Denn das Volk hat sich als das schwächere erwiesen, und dem stärkeren Ostvolk gehört ausschließlich die Zukunft. Was nach diesem Kampf übrig bleibt, sind ohnehin nur die Minderwertigen, denn die Guten sind gefallen.«

Gegründet auf die verbissene Abwehrkraft und den bewährten Kampfesmut der Festung, kraftvoll unterstützt durch das große Vaterland, in der tiefsten Überzeugung, dass wir am Ende doch siegen werden, halten wir die Festung bis zur Wende.

Hermann Niehoff,
Festungskommandant von
Breslau, 8. März 1945

Anfang April begann der letzte Akt im Drama um die Oderstadt. An den Osterfeiertagen erlebte Breslau die volle Härte des »totalen Krieges«: Was von der Stadt noch übrig war, zerbombte die Rote Armee. Breslau verwandelte sich in ein flammendes Inferno. »Es war ein Tornado an Artillerie und Bombardement, der während dieser Ostertage über Breslau herunterging«, erinnert sich Ernst Brückner, der damals als Wehrmachtssoldat in Breslau kämpfte. »Man hat die Umgebung plötzlich nicht mehr wiedererkannt. Die Bäume, die zuvor noch dastanden, waren verschwunden. Tiefe Bombenkrater gähnten stattdessen. Blindgänger lagen herum. Über der Stadt schwebten Rauchwolken.« Spätestens jetzt wäre es an der Zeit gewesen, den ohnehin längst sinnlosen Kampf abzubrechen. Doch

In der Festung wurde man dauernd mit dem Tod konfrontiert. Man fuhr an Soldaten vorbei, die auf einer Bank saßen ohne Kopf, weil ihnen der Luftdruck einer Granate den Schädel abgerissen hatte. Fuhr man mit dem Fahrrad über den Benderplatz, sah man überall Kinderhände, Kinderfinger, Erwachsenenarme herumliegen, die im Dunkel der letzten Nacht nicht eingegraben wurden, weil man sie nicht gefunden hatte.

Horst Gleiss,
damals in Breslau

»Häuserkämpfe wie in Stalingrad« – Infanteristen der Roten Armee greifen eine deutsche Stellung an

Festungskommandant Niehoff wollte nicht aufgeben, er hoffte – allerdings vergeblich – auf Hilfe von außen. »Unsere auf Hitler gegründete Zuversicht wird umso größer, je länger wir uns behaupten«, lobhudelte er an »Führers Geburtstag«, dem 20. April. Mit einer mehrtägigen Feuerpause gaben die Sowjets der Stadt die letzte Chance zur freiwilligen Aufgabe. Doch die deutschen Verteidiger stellten sich stur und ließen die Möglichkeit verstreichen, wenigstens noch einige Menschenleben zu retten. Führende Männer beider Kirchen, unter ihnen Pfarrer Peikert, wollten am 4. Mai 1945 General Niehoff zur Aufgabe bewegen. Die Stadt versinke sonst in Tod und Elend. Gauleiter Karl Hanke tobte, als er davon erfuhr. Er vertrat trotz der verhängnisvollen Lage noch immer die bekannte Parole: »Wir kapitulieren nie.« Es konnte sich zu dieser Zeit nur noch um Stunden handeln, bis die ersten Rotarmisten in die Stadt eindringen würden. Und sie kamen tatsächlich. Doch die Allerersten waren Deutsche – in sowjetischer Uniform. In den Reihen der Roten Armee kämpften Wehrmachtsdeserteure, die in Frontschulen des »Nationalkomitees Freies Deutschland« (NKFD) für einen Einsatz gegen die deutschen Linien vorbereitet worden waren. Auch vor Breslau versuchten NKFD-Leute, ihre ehemaligen Kameraden per Lautsprecher von der Sinnlosigkeit des Kampfes zu überzeugen. Die sowjetische Führung diktierte ihnen oftmals zwar unhalt-

Dass Breslau sich so lange gehalten hat, lag nicht an Breslau und dessen Verteidigern. Die Stadt war militärisch relativ schwach besetzt. Es gab vermutlich auf russischer Seite die Angst, dass viel mehr Wehrmacht in Breslau sein könnte und sie bei einem Angriff zu große Verluste verzeichnen würden.

Eberhard Borsutzki, Wehrmachtsoffizier

bare Versprechungen über die Behandlung von Überläufern in den Block, doch ihr Einsatz war ein Versuch, den Krieg – und wenn auch nur um einige Stunden – zu verkürzen. Am 5. Mai 1945 drang ein Trupp von Kämpfern des Nationalkomitees unter Führung von Leutnant Horst Vieth in die Festung ein. Edwin Maseberg, der damals dabei war, erklärt: »Wir wollten den Gegner nicht vernichten, wir wollten versuchen, die deutschen Soldaten zu überzeugen, mit dem Krieg endlich Schluss zu machen.« Doch dazu kam es nicht. Schon nach wenigen Metern gerieten die Kämpfer des Nationalkomitees in einen Hinterhalt. Vieth und ein weiterer Soldat wurden erschossen, der Rest zog sich kampflos zurück.

»Schostakowitsch in der Kampfpause« – Rotarmisten in einem zerstörten Haus in Breslau

In diesen letzten Tagen löste sich auf deutscher Seite der durch den Gauleiter persönlich propagierte Heroismus plötzlich in Luft auf. Auf Niehoffs Rat, in Anbetracht der Niederlage den Freitod zu wählen, entgegnete Hanke, der Tausende Menschen in den Tod geschickt hatte, er sei noch zu jung, um zu sterben. Hanke fand eine andere »Lösung«. General Niehoff stand ein Flugzeug zur Verfügung. Während der Kommandant das Schicksal seiner Soldaten teilen und in Breslau bleiben wollte, machte sich der Gauleiter aus dem Staub. Der Mann, der sich bisher als besonders scharfmacherischer »Verteidiger« hervorgetan hatte, offenbarte nun seine Vorstellung von »Todesmut«. Er ließ eine Stadt in Trümmern zurück. Karl Hanke blieb nach dem Krieg verschollen. Es gibt Zeugen, die ihn später in Südamerika gesehen haben wollen. Andere glauben, er sei unerkannt gefangen genommen und im Juni 1945 in der Tschechoslowakei erschossen worden.

Die alte Prophezeiung traf ein: Wenn die Oder wird blutig nach Norden fließen und die zerstörten Türme wie dürre Finger zum Himmel greifen, dann wird Breslau untergehen.

Hans-Joachim Terp,
damals in Breslau

Nach wochenlangen Kämpfen wurde es schließlich gespenstisch still in der Stadt. Kein Schuss fiel mehr am 6. Mai 1945. Die Festung Breslau gab zwei Tage vor der deutschen Gesamtkapitulation auf. Die Schlacht hatte fast achtzig Tage gedauert. Strategisch war sie nur vorübergehend von Bedeutung. Mag sie den Flüchtlingen für eine Galgenfrist den Rücken freigehalten haben, mochten sowjetische Kräfte gebunden worden sein – wofür? Stalin hatte ohnedies genug Armeen, um sein Kriegsziel zu erreichen. »Wunder von Breslau«, sagen manche, weil sich die Stadt so lange solch großer Übermacht erwehrte. Doch was war das für ein »Wunder« angesichts der Opfer, und für wen?

Dies war auch die Frage in Kolberg. Die Stadt war seit dem 4. März 1945 von sowjetischen und polnischen Truppen eingeschlossen – nur der Zugang von See her war noch frei. Ende 1944 hatte man sie wie Breslau zur Festung erklärt. Nicht zuletzt dem von Goebbels neu entfachten Mythos war es geschuldet, dass Hitler trotz der aussichtslosen Lage befahl, die Stadt mit allen Mitteln zu verteidigen – Kolberg war nicht irgendeine Stadt im deutschen Osten.

Auch hier wurden nun in aller Eile bunt zusammengewürfelte Alarmverbände aufgestellt, die mit unzureichenden Mitteln die Verteidigung der Stadt bewerkstelligen sollten. Wie die schlesische Hauptstadt war Kolberg zu dieser Zeit mit Flüchtlingen überfüllt – Flüchtlingen, die mit Trecks aus Ost- oder Westpreußen dort gelandet waren oder sich aus den nahe gelegenen Landkreisen wie Belgard

»Volle Härte des totalen Krieges« – Die zerstörte Stadt nach dem Ende der Kämpfe

oder Köslin in die Hafenstadt geflüchtet hatten. Insgesamt waren etwa 70 000 Zivilisten und 3300 Soldaten eingeschlossen, denen die Wehrmacht im Verlauf der Kämpfe noch ein paar tausend Mann an Verstärkung über See zur Seite stellte. Der »Führer« nahm schließlich stillschweigend hin, dass die Flüchtlinge und die Kolberger Zivilbevölkerung evakuiert wurden.

Brigitte Merchel hatte es mit Glück bis Kolberg geschafft. Die junge Frau aus Belgard war zu dieser Zeit eigentlich schon in Dortmund verheiratet. Wegen der pausenlosen Luftangriffe im Westen war sie jedoch mit ihrem kleinen Kind in ihr Elternhaus zurückgekehrt. Nun holte sie der Krieg im vermeintlich sicheren Pommern ein. Ihr Glück war, dass sie sich sofort, als in Belgard die Alarmsirenen heulten, auf den Weg machte – mit ihrem einjährigen Kind und der siebenjährigen Schwester. In Kolberg kamen die drei für eine Nacht bei Verwandten unter. Am nächsten Morgen machten sie sich zu Fuß

Kolberg wurde zur Festung erklärt, obwohl es nach militärischen Gesichtspunkten überhaupt keine Festung war, denn dazu gehören ja eigentlich Befestigungsanlagen. Trotzdem sollte die Stadt bis zum letzten Mann verteidigt werden.

Horst Scheiwe,
damals Soldat in Kolberg

»Der einzige Weg, um herauszukommen« – Trotz des pausenlosen Artilleriebeschusses drängten sich am Hafen die Menschen

auf den Weg nach Westen – bei arktischen Temperaturen und eisigem Wind. Doch schon nach wenigen Metern stürzten ihnen mit wild rudernden Armen zwei Wehrmachtssoldaten entgegen, die an einer Brücke mit Sprengladungen hantierten. »Zurück, zurück!«, schrien die beiden, »wir sprengen, die Russen kommen!« Die drei mussten umkehren. In einem Keller unter einem E-Werk fanden sie Unterschlupf. Zunächst waren sie die Einzigen, bald füllte sich der Raum immer mehr mit Müttern und ihren Kindern. Nach einigen Tagen standen in dem Keller an die fünfzig Kinderwagen.

Die Frauen erlebten entsetzliche Tage zwischen Hoffen und Bangen. Einerseits wollten sie ein Schiff nach Westen erreichen, andererseits den schützenden Keller nicht verlassen. Denn pausenlos feuerte die Artillerie der Belagerer in die Stadt. Der Gang zum Hafen wurde in dieser Lage zum Spiel auf Leben und Tod. Und an der Mole herrschte ein heilloses Durcheinander: »Die Menschen wussten, was ihnen bevorstand. Alle versuchten, das Hafengelände zu erreichen. Die Soldaten liefen nur hin und her. Sie wussten nicht, an welcher Stelle sie eingesetzt werden. Es bestand keine einheitliche Frontlinie. Jeder musste zusehen, wo er sich verteidigen konnte«, beschreibt der Augenzeuge Ernst-August Dumtzlaff die Situation.

Zwischendurch wurde die Stadt immer wieder beschossen. Frauen und Kinder suchten in Kellern Unterschlupf und wagten nicht, bis zum Hafen vorzudringen. Einige mussten wir später mit Gewalt aus den Kellern holen und auf die Schiffe bringen.

Horst Scheiwe,
damals Soldat in Kolberg

Dumtzlaff erlebte als Soldat die Belagerung bis zum Ende mit. Im Hafen drängten sich die Menschen. Wer vom Kai fiel, war verloren. Trotz der zahlreichen Einschläge, die das Wasser aufwirbelten, wagten sich die Matrosen immer wieder mit kleinen Landungsbooten in den Hafen. Sie brachten die Menschen auf die außerhalb der Reichweite der russischen Artillerie liegenden Dampfer.

In der Festung Kolberg spitzte sich die Lage vor allem für die Frauen und Kinder immer mehr zu. Zwar wurden sie von Gulaschkanonen der Wehrmacht mit Essen versorgt, doch die lebensnotwendige Milch für die Kinder war Mangelware. Auch Trinkwasser gab es nicht mehr, nicht einmal Wasser zum Waschen von Windeln war vorhanden. In dieser Situation fasste sich Brigitte Merchel ein Herz und machte sich auf den gefahrvollen Weg zum Festungskommandanten. Tatsächlich schaffte sie es, ein Schiff nur für Mütter und ihre Kinder zu bekommen. Tags darauf bahnten sich die jungen Frauen über Trümmer und Granattrichter hinweg mühsam ihren Weg zu der Rettung verheißenden Mole. Wenig später waren sie in Sicherheit.

Aufs Wasser wollte keiner von uns, aber es war der einzige Weg, um herauszukommen.

Frieda Pervölz,
damals in Kolberg

Für die in Kolberg Zurückgebliebenen ging der Horror weiter. Immer näher fraßen sich die Einschläge an den Hafen heran. In der ganzen Stadt brannten Häuser. Am 9. März stand der Dom in Flammen, das Wahrzeichen der Stadt. Zwei Aufforderungen des polnischen Armeeoberkommandos, die Festung Kolberg zu übergeben, lehnte Festungskommandant Fullriede am 14. März ab. Drei Tage später hielten die Deutschen nur noch einen schmalen Landstreifen von 1800 Metern Länge und vier-

»Wer ins Wasser fiel, war verloren« – Bei der Einschiffung spielten sich dramatische Szenen ab

hundert Metern Breite. Grausame Szenen spielten sich ab. Alle wollten die Boote erreichen. »Einer stieß den anderen ins Wasser. Jeder war sich selbst der Nächste. Man hörte das Gurgeln und das Schreien«, erinnert sich Ernst-August Dumtzlaff an die letzten dramatischen Augenblicke am Ufer. Am Morgen des 18. März 1945 erreichten die letzten deutschen Soldaten die rettenden Schiffe. 68 000 Zivilisten und etwa 6400 Soldaten hatten die Schlacht überlebt.

Goebbels sorgte dafür, dass der Wehrmachtsbericht den Fall der Stadt verschwieg. Kolberg war für seine Chimäre eines »totalen Krieges« kein Ruhmesblatt. Eine Stadt in aussichtsloser Lage zu halten, bis Alte, Frauen und Kinder evakuiert waren, hatte nichts mit den Parolen vom »Sterben auf den Trümmern« zu tun, wie er sie im Film »Kolberg« hatte propagieren lassen. Umso mehr rühmte Propagandaminister Joseph Goebbels den fanatischen Durchhaltewillen von Gauleiter Karl Hanke in der Festung Breslau. Für ihn und für Hitler war Hanke der »Nettelbeck dieses Krieges«. Der Durchhaltewahn des Gauleiters sollte das leuchtende Beispiel für den »Endkampf um das Reich« sein.

Kolberg haben wir nunmehr räumen müssen. Die Stadt, die sich mit so außerordentlichem Heroismus verteidigt hat, konnte nicht länger gehalten werden. Ich will dafür sorgen, dass die Räumung von Kolberg nicht im OKW-Bericht verzeichnet wird. Wir können das angesichts der starken psychologischen Folgen für den Kolberg-Film augenblicklich nicht gebrauchen.

Tagebuch von
Joseph Goebbels,
19. März 1945

Es war freilich ein Kampf, der längst schon verloren war. Denn im Westen hatten die Alliierten den Rhein überschritten und stießen ins Innere Deutschlands vor. Die Rote Armee aber sammelte nach dem Sieg im Osten ihre Kräfte wieder an der Oder – bereit für den entscheidenden Schlag gegen Berlin.

»Der Hölle entronnen« – Flüchtlinge aus Pommern auf einem Schiff nach Westen

»Den Durchbruch erzwingen« – Die sowjetische Offensive konnte von Deutschen nur kurz aufgehalten werden

Als »Wellenbrecher« sollten die Seelower Höhen die Rote Armee aufhalten. Siebzig Kilometer östlich von Berlin lieferte die Wehrmacht den Sowjets eine gewaltige Schlacht. Doch Marschall Schukow gelang der Durchbruch nach Berlin. Die deutsche 9. Armee wurde im Kessel von Halbe eingeschlossen. 60 000 Mann starben; nur wenige schafften es, sich zur legendären »Armee Wenck« durchzuschlagen. An der Elbe ergaben sie sich der US-Armee.

Die Todesfalle

Um Mitternacht war es verdächtig still auf den Seelower Höhen – Hans Hansen traute der Sache nicht. War das die sprichwörtliche Ruhe vor dem Sturm? Der 17-jährige Flakkanonier lag mit seiner Batterie auf dem Höhenzug siebzig Kilometer östlich von Berlin in Stellung – in den frühen Morgenstunden des 16. April erwarteten er und seine Kameraden die sowjetische Großoffensive, die sich seit Tagen abzeichnete. Um drei Uhr wurde die nächtliche Stille jäh zerrissen. Als das Inferno aus über 16 000 Geschützrohren begann, kauerte sich der jugendliche Soldat hilflos in sein Einmannloch. »Die Erde bebte buchstäblich. Bei uns dauerte es ungefähr zwei Stunden. Es war ein fortwährendes Heulen, Krachen und Kreischen. Eine Art Höllengewitter, wie man es sich einfach nicht vorstellen kann«, erinnert sich Hans Hansen.

Auch für sowjetische Maßstäbe war das Bombardement von einer ungewöhnlichen Intensität: »Das Mündungsfeuer aus Tausenden von Geschützen entlang der Front und das Aufblitzen berstender Granaten boten einen gespenstischen Anblick. Besonders beeindruckend waren

»Eine Art Höllengewitter« – Sowjetische Artillerie während der Kämpfe um die Seelower Höhen

die Salven der Katjuschas. Die geballte Kraft dieses Schauspiels, das bei Nacht erheblich furchterregender war als bei Tag, hinterließ insbesondere bei uns altgedienten Artilleristen einen unauslöschlichen Eindruck«, schrieb der sowjetische Artilleriekommandeur General Kazakow. Noch in den östlichen Vororten Berlins zitterten die Fensterscheiben unter dem fernen Donner der Kanonen und dem leichten Beben, das die unzähligen Granateinschläge verursachten.

Vor den Seelower Höhen gab es so viele Artilleriebatterien, dass sich die Kommandeure untereinander darüber stritten, wo sie ihre Geschütze aufstellen konnten. Es war einfach nicht genug Platz da.

Michail Semirjaga,
Propagandaoffizier

Das Trommelfeuer auf die vordersten deutschen Linien im Oderbruch wandelte sich bereits nach 25 Minuten in eine doppelte Feuerwalze. Im Anschluss daran nahm die Artillerie erkannte deutsche Stellungen gezielt unter Beschuss. Doch die deutsche Führung hatte die ersten Verteidigungslinien in der Niederung des Oderbruchs weitgehend räumen lassen; die meisten Wehrmachtssoldaten erlebten das Feuer aus sicherer Distanz und erwarteten den Gegner in ausgebauten Stellungen auf den Höhen nördlich und südlich von Seelow. Hinter der mächtigen Feuerwalze griff um 3.20 Uhr die sowjetische Infanterie an; 143 horizontal ausgerichtete Flakscheinwerfer warfen ein gleißendes Licht auf das Schlachtfeld. Doch die Wand aus Geschützexplosionen und Rauch, die sich über den deutschen Linien erhob, konnten die Scheinwerfer nicht durchdringen. Im hellen Licht zeichneten sich stattdessen die Angreifer als dunkle Silhouetten ab – sie gingen daher mit dem furchtbaren Gefühl ins Gefecht, ein gutes Ziel abzugeben. Entrüstet verlangten die Truppenkommandeure umgehend das »Abschalten der Festbeleuchtung«.

Die Beleuchtung, die den Truppen eigentlich Sicht und Orientierung verschaffen sollte, wurde aber keineswegs abgeschaltet. Noch hielt der sowjetische Oberkommandierende General Schukow an seinen Plänen fest. Er beobachtete den Angriff von seinem Gefechtsstand auf dem Reitweiner Sporn, einer Anhöhe am westlichen Ufer der Oder. Was er von dort aus sah, konnte ihn nicht zufrieden stellen. Zwischen seinem Beobachtungspunkt an der Oder und den Anhöhen nördlich und südlich von Seelow lagen etwa acht Kilometer – das flache Gelände des Oderbruchs, das von zahlreichen Entwässerungsgräben durchzogen war. Auf den ersten Kilometern machten Schukows Angreifer befriedigende Fortschritte, doch dann blieben sie am Hauptgraben liegen, der

Es war ziemlich merkwürdig, aber es gab in der ersten Position nicht sehr viele getötete Deutsche. Sie wussten über unseren Angriff Bescheid. Für sie war er kein Geheimnis, weil die deutsche Aufklärung ihre Arbeit gut machte. Sie haben die meisten Truppen rechtzeitig zurückgezogen, deswegen gab es nicht sehr viele Leichen.

Wasiliji Ustugow,
Zugführer in einer
Infanterie-Kompanie
der 150. Division

»Charakter des Geländes unterschätzt« – Die zahlreichen Wassergräben stellten für die Panzer ein schwieriges Hindernis dar

etwa parallel zum Höhenrücken verlief – hier waren sämtliche Brücken gesprengt worden. Die sowjetischen Panzer kamen nicht weiter, nur die Infanterie überwand das Wasserhindernis.

Doch die nächste große Herausforderung stellten die Höhen mit den gut ausgebauten deutschen Stellungen dar. Als erstes sollten Schlachtflieger die deutschen Verteidiger mürbe machen: »Eine Welle nach der anderen griff unsere Stellungen an. Wir wehrten uns mit einer verbissenen Wut, die zum Teil wohl aus der Angst erwachsen war, und haben wohl sogar noch einen Abschuss erzielt«, schreibt Hans Hansen, der damals Flakkanonier war, in seinen Erinnerungen. »Nächster Akt: Wir wurden von Granatwerfern und ›Stalinorgeln‹ unter Beschuss genommen. Dann begann die deutsche Infanterie, sich aus der vor uns liegenden Kampflinie zurückzuziehen.« Schließlich bekamen auch Hansen und seine Kameraden den Befehl zum Rückzug, seine Batterie gab ihre Geschütze auf. »Wir wurden nun etwas weiter hinten in eine neue Verteidigungslinie eingeordnet, die entlang der Bahnlinie Seelow – Frankfurt verlief, zwischen den Dörfern Dolgelin und Friedersdorf.

Bei der Vorbereitung der Operation hatten wir den Charakter des Geländes der Seelower Höhen etwas unterschätzt. ... Obwohl wir zur Vorbereitung der Berliner Operation äußerst wenig Zeit hatten, kann das diese Unterlassung nicht rechtfertigen.

Feldmarschall Schukow
in seinen Memoiren

»Rechtzeitig zurückgezogen« – Weil die vordersten Stellungen geräumt wurden, entgingen viele Verteidiger dem vernichtenden Artilleriefeuer

Hier befand sich ein tiefer Bahneinschnitt, man hatte Stellungen vorbereitet. Wir von der Flak und alles, was man links und rechts noch hatte einsammeln können, wurden da hineingesteckt. An diesem Punkt wurde der russische Großangriff zunächst einmal gestoppt.«
Doch die Atempause, die sich die Deutschen an dieser Verteidigungslinie erkämpft hatten, währte nicht lange. Russische Schlachtflieger flogen den Bahndamm auf und ab und schossen auf alles, was sich bewegte. »Das gab natürlich sehr schwere Verluste. Gegen 14 Uhr am Nachmittag begann ein zweites Trommelfeuer, ganz gezielt auf die Widerstandsnester, die sich noch wehrten. Da lagen wir dann wieder eine halbe Stunde im Trommelfeuer«, berichtet Hans Hansen weiter. »Im Anschluss daran kam der nächste Angriff der Russen. Sie hatten sich im Schutze des Trommelfeuers bis auf 16 Meter herangearbeitet – also bis auf die Wurfweite von Handgranaten – und tauchten aus dieser Dunst- und Staubwand nun als schemenhafte Figuren auf. Sie schrien ›Urräh, Urräh!‹, diesen russischen Schlachtruf. Wir mussten uns mit Handgranaten, Maschinengewehren und allem, was wir hatten, wehren. Wir haben es am Ende tatsächlich geschafft, auch diesen schweren Angriff noch zum Erliegen zu bringen.«
General Schukow verfolgte aus der Distanz mit zunehmendem Missmut, dass nicht alles wie geplant verlief. Zwei Tage nach dem Beginn der Offensive hatte er mit den Spitzen seiner 1. Weißrussischen Front am Stadtrand Berlins stehen wollen. Doch schon dieser erste Tag begann an seinem dreißig Kilometer breiten Angriffsabschnitt vielerorts mit Rückschlägen. Insbesondere die zentrale Schlüsselstellung um Seelow wurde von den Deutschen vorläufig gehalten. Durch Seelow hindurch und über den Höhenzug führte hier die Reichsstraße 1 von Küstrin an der Oder auf geradem Wege nach Berlin – diesen Hauptverkehrsstrang wollten die Sowjets um jeden Preis gewinnen. Ein Durchbruch würde das Tor nach Berlin weit aufstoßen. Berlin – das war die große Trophäe! Der Einmarsch der Roten Armee in die Reichshauptstadt sollte den totalen Untergang des Dritten Reichs besiegeln. »Mit unseren Siegen, aber auch mit unserem Blut haben wir uns das Recht erkämpft, Berlin zu stürmen und als Erste die Stadt zu betreten«, hatte es im Aufruf von Marschall Schukow an seine Soldaten geheißen, der kurz vor dem Angriff verlesen worden war. Viele von ihnen wussten, dass es auch um

> ***Im Grunde hegt man für den Gegner keine Gefühle. Man hasst ihn nicht. Er ist ja eigentlich eine Unperson, aber man weiß genau, die wollen uns ans Leben. Also wehren wir uns, um das zu vermeiden.***
>
> Hans Hansen,
> damals 17-jähriger
> Flakkanonier

»Den 1. Mai in Berlin feiern« – Marschall Schukow (vorn) in seinem Gefechtsstand beim Dorf Reitwein

das Prestige der Roten Armee und den Ruhm der Sowjetunion ging. »Wir haben nur danach gestrebt, die Stadt zum 1. Mai einzunehmen, nämlich direkt am Feiertag der Arbeiter. Und wir haben danach gestrebt, die Truppen der westlichen Alliierten nicht zuerst in die Stadt einmarschieren zu lassen«, erinnert sich Anatoli Merezschko, der damals Offizier im Stab von Schukow war. Die Westalliierten hatten im März 1945 den Rhein überschritten und standen Mitte April bereits nah an der Elbe. Berlin zu erobern, war ihnen von der politischen Führung allerdings nicht befohlen worden. Doch damals beflügelte die Idee eines Wettlaufs um Berlin die sowjetischen Befehlshaber. Viele einfache Soldaten hatten dagegen ein eher pragmatisches Motiv: »Alle wollten nur nach vorne gehen, damit der Krieg schnell sein Ende nimmt«, so der russische Ex-Offizier Merezschko.

Um die Kapitulation der deutschen Wehrmacht herbeizuführen, sahen Idee und Plan der Berliner Operation in der endgültigen Fassung vor, den Gegner ostwärts Berlin aufzuspalten, einzuschließen und zu vernichten.

Sergej W. Schtemenko, Chef der operativen Verwaltung des Generalstabs

Marschall Schukow stand indes unter einem erheblichen Erfolgsdruck: Er hatte in den eigenen Reihen einen ungeliebten Konkurrenten, der mit ihm um die Trophäe Berlin wetteiferte. Sowjetmarschall Konjew stand mit seiner 1. Ukrainischen Front weiter südlich, an der Neiße, und sollte am selben Tag wie Schukow angreifen. Beide waren Ende März von Stalin nach Moskau gerufen worden. Im Generalstab (Stawka) hatte der Diktator seine Anweisungen gegeben – die Offensive sollte spätestens am 16. April beginnen, in 12 bis 15 Tagen hatte sie mit der kompletten Eroberung Berlins zu enden. Schukows und Konjews Armeegruppen erhielten klar getrennte Ausgangslinien, aber keine klar abgegrenzten Zielräume. Wer immer Berlin als Erster erreichen sollte, dem wäre ewiger Ruhm gewiss – das stand unausgesprochen im Raum. Die Rivalität sollte die beiden ehrgeizigen Feldherren zu Höchstleistungen beflügeln. So unter Druck gesetzt, fiel Schukow dennoch die zentrale Aufgabe zu: Er sollte die deutsche Verteidigung westlich der Oder durchbrechen und Berlin aus der Bewegung heraus nehmen. Konjew sollte die Zerschlagung der deutschen Verbände südöstlich und südlich von Berlin übernehmen und bis zur Elbe vorgehen. Im Norden stand die 2. Weißrussische Front unter Marschall Rokossowskij bereit,

Die Soldaten waren alle hoch motiviert. Sie haben gefühlt, dass der Krieg bald zu Ende ist. Das Ende der vielen grausamen Kämpfe war sehr nah. Der Sieg war nah.

Semen Gluschenko,
Offizier in einer
Aufklärungsabteilung
des 4. Gardekorps

»Wettlauf nach Berlin« – Auch Marschall Iwan Konjew wollte als erster in die deutsche Hauptstadt einziehen

um Mecklenburg und Vorpommern einzunehmen und bis zur Elbe vorzustoßen. Für diese letzte Offensive standen auf sowjetischer Seite insgesamt zwei Millionen Mann, 6250 Panzer, 41 000 Geschütze und 7500 Flugzeuge zur Verfügung. Marschall Schukow befehligte weit mehr als ein Drittel dieser Truppen – seine Armeegruppe verfügte, als sie von der Oder die Seelower Höhen angriff, über 908 000 Mann, 1795 Panzer, 1360 Geschütze auf Selbstfahrlafetten, 17 824 Geschütze und 4188 Flugzeuge. Doch an den Seelower Höhen sollte diese Streitmacht nach Hitlers Willen wie an einem »Wellenbrecher« zerschellen; hier sollte das letzte Aufgebot der Wehrmacht die Flut der heranströmenden Roten Armee aufhalten. Den sowjetischen Truppen stand an diesem ganz zentralen Frontabschnitt die deutsche 9. Armee gegenüber. Sie hatte bei den Kämpfen im Oderbruch schon im Februar und März insgesamt 35 000 Mann durch Tod, Verwundung oder Gefangennahme verloren – die Deutschen waren vergeblich gegen die Brückenköpfe angerannt, die die Sowjets westlich der Oder bei Küstrin schon Ende Januar erobert hatten.

Die 9. Armee ist der Auffassung, dass man morgen mit dem Beginn des Großangriffs rechnen muss, und hat befohlen, dass die Großkampf-HKL zu beziehen ist – von Sachsendorf bis südlich Letschien.

Gesprächsnotiz im OKH vom 14. April 1945, 18.15 Uhr

Erst Ende März 1945 wurden auf Hitlers Befehl alle deutschen Offensivhandlungen an der Oder eingestellt: Die Wehrmacht richtete sich an der »Ostfront«, die tief auf deutschem Reichsgebiet stand, endgültig zur Verteidigung ein. Die 9. Armee – von General Theodor Busse geführt – sollte auch im April die Hauptlast der Kämpfe tragen. Sie hatte den Zugang nach Berlin zu decken. Formal unterstand die Armee der Heeresgruppe Weichsel; die 9. Armee umfasste 15 der insgesamt 24 Divisionen der Heeresgruppe. Damit konnte General

»Die rote Flut aufhalten« – Der letzte Frontbesuch des Diktators im März 1945

»Stellungsbau forcieren« – Überall an der Oderfront wurden hastig Deckungsgräben angelegt

Busse über eine Gesamtstärke von knapp 130 000 Mann verfügen, hinzu kamen 512 Panzer und Sturmgeschütze sowie 1600 Artillerie- und Flakgeschütze. Südlich der 9. Armee stand die 4. Panzerarmee der Heeresgruppe Mitte – sie sollte Konjews Truppen aufhalten, die an der Neiße zum Angriff bereit standen.

An der Oderfront ließ General Busse den Stellungsbau forcieren. Das gesamte Gebiet sollte zum Schauplatz eines so genannten Großkampfverfahrens werden: Statt einer Hauptkampflinie (HKL) gab es eine »Großraum-HKL« – ein tiefes Gebiet wurde unter Einbeziehung von Häusern, Dörfern und Geländehindernissen komplett zur Verteidigung eingerichtet. Bei Erkennen der feindlichen Angriffsabsichten sollten Infanterie und Artillerie nach hinten ausweichen und im rückwärtigen Raum in vorbereiteten Stellungen dem erwarteten massiven Artilleriebeschuss entzogen werden. Nur knapp ein Viertel der Truppen blieb in der ersten Verteidigungslinie. Diese erste Linie zog sich entlang der natürlichen Hindernisse im Oderbruch. Die zweite Verteidigungslinie verlief entlang der Alten Oder und auf den Seelower Höhen. Die Stadt Seelow wurde als Schlüsselstellung zur Rundumverteidigung eingerichtet. Das Gebiet, in dem diese Linien verliefen, wurde von der Zivilbevölkerung evakuiert. Die dritte Verteidigungslinie bestand aus befestigten Orten wie Fürstenwalde, Müncheberg, Ebers-

»Die Festung Frankfurt bis zuletzt halten« – Männer eines Volkssturmbataillons an der Oder in Frankfurt

walde und auch Strausberg. Im Süden war die so entstandene Großstellung an die noch immer von den Deutschen gehaltene Festung Frankfurt/Oder angelehnt. General Schukow blieben diese massiven Verteidigungsmaßnahmen wegen mangelhafter Luftaufklärung weitgehend verborgen. Die Deutschen dagegen rechneten angesichts des sowjetischen Aufmarschs, der sich kaum verschleiern ließ, seit der ersten Aprilwoche täglich mit dem Angriff der Roten Armee.

Trotz der militärisch fast aussichtslosen Lage war das NS-Regime noch immer entschlossen, bis zum Letzten zu kämpfen. Hitlers Wahnidee vom »Sieg oder Untergang« sollte bis zum bitteren Ende ausgekostet werden. Unabhängig davon gab es für viele deutsche Soldaten durchaus Gründe, an der Ostfront weiterzukämpfen. Angesichts der Gewaltexzesse sowjetischer Soldaten gegen Zivilisten in den bereits eroberten deutschen Gebieten sah die Wehrmacht die Verpflichtung, die Heimat vor der »bolschewistischen Bestie« zu schützen.

Am späten Abend des 15. April sind wir in die Gräben eingerückt. Und als sich der Morgennebel aufgelöst hatte, habe ich an die siebzig Panzerwagen gezählt. Und dann ging es los.

Günther Dunsbach, als Reserveoffizierbewerber an der Oderfront

Dass der Angriffskrieg gegen die Sowjetunion diese »Bestie« erst geweckt und ins Reich geholt hatte, wurde gerne verdrängt. So konnte sich das Hitlerregime im April 1945 die Entschlossenheit vieler deut-

scher Soldaten an der Ostfront noch einmal zunutze machen – obwohl die Entscheidung über den Untergang des Hitlerreichs mit dem Scheitern der Ardennenoffensive im Westen schon längst gefallen war. »Im Osten dichtmachen, im Westen aufmachen!« war nun das Motto, nach dem zahlreiche Soldaten der Wehrmacht handelten.
Etliche setzten darauf, dass sie bald an der Seite der Westalliierten gegen den »Bolschewismus« kämpfen würden. In den zusammengewürfelten Einheiten gab es zudem unzählige junge Soldaten – sie waren im Hitlerreich aufgewachsen und hatten nie etwas anderes gelernt, als zu gehorchen und Opfer für das Vaterland zu bringen. Der Flaksoldat Hans Hansen dazu: »Man hatte uns ein enormes Maß an Selbstdisziplin und Pflichterfüllung beigebracht – mit Gewalt. Das saß tief in uns drin und das mussten wir erfüllen. Eine große Motivation, die Heimat zu verteidigen, gab es eigentlich nicht. Unser einziges Thema war: Wie kommen wir aus dem Schlamassel hier wieder raus? Wie kommen wir nach Hause? Wenn einer mal von Wunderwaffen und Endsieg anfing – da hörte kein Mensch drauf, das war kein Thema für uns.«

Wir waren auch ein bisschen stolz, dass wir nun als erwachsene Männer an die Front transportiert wurden. Wir wurden an diesem Tag mit einem Schlage erwachsen.

Hans Hansen, damals 17-jähriger Flakkanonier

»Der Fluss war schon lange kein Hindernis mehr« – Sowjetsoldaten auf einer Pontonbrücke über die Oder

Andere Soldaten hatten dagegen nach Jahren der Propaganda ein kaum erschütterbares Vertrauen in die eigene Führung: »Wir sind naiv in diesen Endkampf gegangen und haben immer noch geglaubt, dass wir den Krieg eigentlich nicht verlieren können und dürfen, dass es noch die Wunderwaffen gibt. Und dass die von Hitler oft berufene Vorsehung uns schon helfen wird«, erinnert sich Günther Dunsbach, der als 17-jähriger Offiziersbewerber der Luftwaffe mit seinem Ausbildungsbataillon in den Kampf geschickt wurde. Der weit verbreitete Wille zum Widerstand, aber auch der unbedingte Wille der Sowjets, diesen Widerstand zu brechen, waren eine Kombination, die eine ungeheure Zerstörungsdynamik entfaltete. Sie sollte fast ganz Brandenburg in ein riesiges Schlachtfeld verwandeln.

Ab dem 13. April 1945 mehrten sich an den Seelower Höhen die Anzeichen für den sowjetischen Großangriff. Die Deutschen wurden daher von der ersten »gewaltsamen Aufklärung«, die die Sowjets am 14. April um 6.40 Uhr vortrugen, nicht überrascht. Doch schon dieses erste Vortasten bei Seelow besaß eine solche Wucht, dass die deutsche 20. Panzergrenadierdivision zurückwich. Sie musste durch die in Reserve liegende Panzerdivision »Müncheberg« auf der Höhenrandstellung unterstützt werden. Am Nachmittag des 15. April flauten die heftigen sowjetischen Vorausangriffe ab. Um 20.45 Uhr nahm die

»Letztes Aufgebot« – Ein junger deutscher Soldat erwartet in einem Unterstand den russischen Angriff

9. Armee ihre Positionen in Großkampfstellung ein – die vorderen deutschen Linien waren bereits geräumt. Es setzte jene unheimliche Ruhe vor dem großen Sturm ein, die viele Soldaten nicht beruhigte, sondern erst recht in einen Alarmzustand versetzte.

Als nun in den frühen Morgenstunden des 16. April 1945 der erwartete Angriff losbrach, kämpfte General Busses 9. Armee trotz der eindeutigen Kräfteverhältnisse durchaus erfolgreich. Doch lange würde sie nicht widerstehen können, das wussten die deutschen Befehlshaber – schon nach wenigen Stunden hatten sie alle ihre Reserven in den Kampf werfen müssen. Schukow konnte angesichts seiner Überlegenheit an Menschen und Material eigentlich nichts verkehrt machen. Der Durchbruch war nur eine Frage der Zeit. Doch der Marschall stand zunehmend unter Anspannung – schon am Morgen des ersten Angriffstages erhielt er einen Anruf von Stalin, in dem der Diktator seine Unzufriedenheit mit dem Verlauf erklärte. Um den bedrängten Schukow weiter anzustacheln, erklärte Stalin, dass er Konjews 1. Ukrainischer Front den Befehl erteilt habe, von der Neiße ebenfalls in Richtung Berlin einzuschwenken. Damit war der Wettlauf der Feldherren offiziell abgesegnet.

Vom eigenen Ehrgeiz und von seinem Vorgesetzten in die Enge getrieben, entschloss sich General Schukow, seinen bisherigen Plan kurzerhand über den Haufen zu werfen. Mit Brachialgewalt wollte er nun einen Erfolg an den Seelower Höhen erzwingen. Die angreifende 8. Gardearmee, die über die wenigen Straßen halbwegs organisiert vorrückte, wurde plötzlich zur Eile angetrieben – und zwar von den eigenen Reserven. Schukow hatte befohlen, zwei Panzerarmeen sofort nach vorne rollen zu lassen. Doch ihr überstürzter Einsatz wirkte vorerst nicht wie eine Verstärkung, sondern verursachte im engen Angriffsraum ein vollkommenes Chaos. »Da sich die Panzerverbände nun durch die Gefechtsordnung der 8. Gardearmee nach vorn zu schieben versuchten, wurde es auf den Straßen noch enger. Es gab keinerlei Ausweichmöglich-

Vor der Offensive auf Berlin war Schukow in unserem Gefechtsstand und hat eine Neuigkeit in die Angriffsoperation eingebracht. Er hat befohlen, alle Scheinwerfer der Flakartillerie an der Durchbruchlinie einzuschalten, um dadurch die Verluste unserer Armee zu vermindern. Einige Kommandeure waren dagegen und hielten diesen Vorschlag für eine Spielerei.

Semen Gluschenko,
Offizier in einer Aufklärungsabteilung des
4. Gardekorps

Wir wussten damals nichts von den Scheinwerfern und waren während des Angriffs durch dieses starke Licht hinter uns sehr überrascht. Man hatte uns zuvor einen Film gezeigt, dass die Deutschen von diesem Licht Krämpfe bekommen und sterben würden. Nichts dergleichen geschah.

Wasiliji Ustugow,
Zugführer in einer
Infanteriekompanie
der 150. Division

»Ungeheure Angriffs-
wucht« – Sowjetische
Infanterie auf dem
Vormarsch

»Bis zuletzt eine gefürchtete Waffe« – Deutsche 8,8 cm Flak soll die Angreifer aufhalten

keiten; die Panzer der 1. Gardearmee rammten buchstäblich die Zugmaschinen unserer Artillerie, die gerade neue Stellungen bezog«, schrieb General Tschuikow, Oberbefehlshaber der 8. Gardearmee, nach dem Krieg. Mit geballter Macht, aber ohne jegliche Koordination, sollte eine Bresche in die deutschen Linien geschlagen werden. An den weniger steilen Hängen nördlich von Seelow erzielten die Angreifer nun tatsächlich Einbrüche in die zweite deutsche Linie. Hier kämpften junge und unerfahrene Luftwaffensoldaten, deren Reihen sich allmählich auflösten. Am 17. April 1945 kamen die bemerkenswertesten Erfolgsnachrichten auf Seiten der Alliierten nicht von der Oder, sondern von der Elbe: Amerikanische Einheiten standen an diesem Tag vor der Stadt Magdeburg. Marschall Schukow hatte dagegen am zweiten Tag der Offensive seine selbst gesteckten Ziele keineswegs erreicht. Der als Infanterist kämpfende Flaksoldat Hans Hansen schätzte die Lage auf deutscher Seite zu diesem Zeitpunkt aber noch nicht als hoffnungslos ein: »Wir waren eingebunden in eine Frontlinie, die zwar dünner wurde, auch hier und da mal riss, aber es gab doch zunächst

Als es dunkel wurde, gingen diejenigen zurück, die es noch konnten. Wir haben jeweils einen Verwundeten zwischen uns genommen. Wir waren vielleicht noch 17 Leute von 120. Die anderen sind im Graben verschüttet worden und durch die Granaten umgekommen.

Günther Dunsbach, als Reserveoffizierbewerber an der Oderfront noch eine geschlossene Front mit vielen verschiedenen Verbänden und Soldaten aller Waffengattungen. Und es kamen noch von hinten deutsche Panzer zu Hilfe. In den nächsten Tagen wurde es dann schon sehr viel schwieriger. Da bestand die Front nur aus ein paar Leuten hier, ein paar Leuten da.« An Flucht oder Desertion dachte er nicht: »Wer abhaute, wurde ja sofort erschossen oder aufgehängt.«

Während versprengte und zurückflutende Soldaten unter massiven Drohungen von den »Kettenhunden« der Feldgendarmerie wieder in die Front eingereiht wurden, kam aus Berlin neues »Menschenmaterial«. Doch sowohl die Art des Transports wie auch die Zusammensetzung dieser »Verstärkung« zeugte davon, dass Hitlers Reich bereits in den letzten Zuckungen lag: In Stadtbussen wurden am 18. April aus der Reichshauptstadt Truppen an die Front gekarrt – so genannte Marschbataillone, die größtenteils aus Polizisten bestanden. Dazu kamen zwei »Panzerjagdbrigaden«, deren Reihen mit Hitlerjungen besetzt waren. Auch der Befehl, der 9. Armee von General Busse die SS-Divisionen »Nederland« und »Nordland« zur Verfügung zu stellen, konnte die Oderfront nicht stabilisieren – für einen entschlossenen deutschen Gegenangriff reichten die Kräfte nicht mehr. Die deutschen Verteidiger wurden zusehends von den angreifenden sowjetischen Panzerschwärmen erdrückt oder umgangen.

Ich als Aufklärer habe noch bei Stalingrad gedacht, dass Berlin die »Höhle« des Faschismus sei. Je schneller wir die Stadt einnehmen würden, desto schneller würde der Sieg unseres Volkes eintreten. Wir gingen nach Berlin mit einem Ziel – der Sieg.

Semen Gluschenko, Offizier in einer Aufklärungsabteilung des 4. Gardekorps

»Auf nach Berlin!« – Sowjetische Panzer auf der Reichsstraße 1, die auf direktem Weg in die deutsche Hauptstadt führt

Am 18. April erreichte die Schlacht ihren Höhepunkt – sowjetische Panzerspitzen hatten die Höhen nördlich von Seelow eingenommen und kämpften nun darum, die Reichsstraße 1 zwischen Seelow und Müncheberg in ihren Besitz zu bringen. Günther Dunsbach erlebte diese Kämpfe am nördlichen Rand des Bukower Forstes. Unmittelbar vor ihm lag ein Hang, auf dem schwere deutsche Geschütze postiert waren: »Das war Arbeitsdienstflak, RAD-Flak. Dieser Hügel lag zwischen zwei Alleen. Die Russen sind auf diesen Alleen mit ihren Panzern und Fahrzeugen Richtung Berlin gefahren. Und dann hat die Flak vor uns losgelegt. Sie war gefürchtet und hat auch fürchterlich in den Panzerkolonnen gewütet.« Trotz hoher Verluste stießen die Sowjets dennoch durch. Bei Müncheberg erzielte Schukow an diesem Tag den Durchbruch; die Stadt ging am Abend des 19. April verloren. Mit der Einnahme von Müncheberg, im Zentrum der »Großkampfstellung« an der Reichsstraße 1 gelegen, war der dritte – und letzte – Verteidigungsstreifen durchbrochen. Die deutsche Front war zerrissen.

In der großen Abwehrschlacht der 9. Armee hat die seit dem gestrigen Tag sich anbahnende krisenhafte Entwicklung in den beiden Schwerpunkträumen Müncheberg und Wriezen eine weitere Verschärfung erfahren. Die Schlacht steht vor der Entscheidung.

Meldung der Heeresgruppe Weichsel an das OKH am 19. April 1945

»Bilanz einer Schlacht« – Von der Roten Armee erbeutetes Kriegsmaterial in Seelow

Eigentlich war die Entscheidung gefallen, doch zu einer realistischen Lagebeurteilung konnte sich Hitler noch immer nicht durchringen. An seinem Geburtstag, dem 20. April, befahl er: »Alle verfügbaren Truppen aus der Berliner Garnison zur 9. Armee!« Hitler glaubte noch immer daran, Berlin »im Vorfeld« verteidigen zu können. Doch in diesem Vorfeld waren die Sowjets auf einer Breite von dreißig Kilometern durchgebrochen und hatten stellenweise Geländegewinne von zwanzig Kilometern erzielt. Gleichwohl hatten Schukows Truppen viel Zeit verloren, während im Süden der große Rivale Marschall Konjew auf wesentlich weniger Widerstand getroffen war. Die Panzer seiner 1. Ukrainischen Front, die von der Neiße in Richtung Nordwesten angriffen, wurden kaum aufgehalten. Am 19. April eroberten sie Zossen, zwanzig Kilometer südlich von Berlin gelegen. Am folgenden Tag besetzten sie dort die Befehlsstelle des Heeresgeneralstabs. Nach der überstürzten Flucht des Stabes liefen dort noch viele der Nachrichtenübermittlungsgeräte. Am 21. April 1945 erreichten Konjews Spitzen das Örtchen Stahnsdorf am südlichen Stadtrand von Berlin; am nächsten Tag standen sie dort auf breiter Front am Teltowkanal.

Wir waren durch die deutsche Ordnung, die in diesen Vororten herrschte, sehr verblüfft. Kleine Höfe, unzählige Blumen, die Häuser hatten fröhliche Farben. Wir konnten es nicht begreifen.

Anatoli Merezschko, damals Offizier in Schukows Stab

Auch Schukows Truppen näherten sich nun Berlin. Der sowjetische Panzeroffizier Nikolaj Popel beschreibt die großen Schwierigkeiten und die gespenstische Szenerie dieses Vormarsches: »Die Armee bewegte sich weiter nach Westen. Jetzt trafen sie auf ihrem Weg auf brennende Wälder, die durch die Salven der ›Katjuschas‹ oder von den Bomben in Brand gesetzt worden waren. Das Feuer loderte Dutzende Kilometer weit und bedeckte den halben Himmel.« Am 21. April standen Schukows Soldaten am äußersten Stadtrand von Berlin – in Vororten wie Marzahn brachten sie schwere Artillerie in Stellung, die fortan das Stadtzentrum beschoss. Erst auf diese Entwicklung reagierte Hitler mit einem Anflug von Realismus: Bei der letzten großen Lagebesprechung im Führerbunker erklärte der Diktator erstmals, dass er den Krieg für verloren halte und aus diesem Grund in Berlin zu bleiben gedenke.

Die Schlacht um Berlin hat ihren Höhepunkt erreicht. Nur wenn es rasch gelingt, die 9. und 12. Armee zu vereinigen und sofort nach Norden voranzustürmen ..., kann die Schlacht um Berlin noch gerettet werden. Der Führer in Berlin erwartet, dass die Armeen ihre Pflicht tun.

Fernschreiben von Keitel an die kämpfende Truppe vom 27. April 1945

»Im Sog des Untergangs« – Versprengte deutsche Soldaten auf dem Weg nach Westen

In den letzten Kriegstagen blickte die Welt gebannt auf den Endkampf um Berlin und hoffte auf das baldige Ende des »Dritten Reichs«. Im Umland der Reichshauptstadt geriet zur gleichen Zeit Hitlers Wehrmacht in den Sog des unvermeidlichen Untergangs: Hunderttausenden von Soldaten stand ein blutiges Finale bevor, das von der Weltöffentlichkeit fast unbeachtet blieb. Schukow hatte die deutsche 9. Armee an der Oderfront beiseite gefegt. Ein Teil war nach Norden zur Heeresgruppe Weichsel ausgewichen, ein Großteil der deutschen Verbände aber hatte sich in die riesigen Forstgebiete des unteren Spreewaldes, südöstlich von Berlin gelegen, zurückgezogen. Zu den Trümmern dieser Armee stieß noch die Garnison der »Festung« Frankfurt/Oder, die in der Nacht des 19. April 1945 geräumt worden war; dazu kamen Teile der deutschen 4. Panzerarmee, die an der Neiße geschlagen worden war.

Wir waren derart auf Härte und Selbstdisziplin gedrillt, auf Durchhalten und auf Pflichterfüllung, da kam die Angst eigentlich gar nicht so richtig zum Zuge.

Hans Hansen, damals 17-jähriger Flakkanonier

Die Waldgebiete verhießen für die 200 000 Soldaten, die mit 300 Panzern und 200 Geschützen entkommen waren, erst einmal Schutz. Sie konnten Deckung bieten für die Kolonnen, die sich möglichst nach Westen absetzen wollten. »Zu der Zeit wollte niemand, weder der General noch der Luftwaffenhelfer, in russische Gefangenschaft – alle hatten davor eine Wahnsinnsangst«, erinnert sich Hans Hansen, der sich – von seiner Einheit längst getrennt – ebenfalls in den weitläufigen Wäldern wiederfand. Wie die Soldaten dachten auch unzählige Zivilisten, die als Flüchtlinge aus den Ostgebieten in den Waldgebieten Station gemacht hatten und nun ebenfalls in Richtung Westen strebten. Dort, im Westen, stand die 12. Armee unter dem Kommando von General Walther Wenck.

Die Menschen, die es wollten, dem Zugriff der Russen entziehen zu können: Das war eigentlich Wencks innerer Auftrag, den wir uns auch alle zu eigen gemacht haben.

Günther Reichhelm, damals Oberst und Generalstabschef der 12. Armee

Auf diese »Armee Wenck« richteten sich in den letzten drei Kriegswochen unzählige Hoffnungen. Die Armee Wenck war am 8. April neu aufgestellt worden und bestand aus sechs personell unterbesetzten Infanterie-Divisionen, der 1. Panzervernichtungsbrigade »Hitlerjugend«, zwei Sturmgeschützbrigaden und etlichen kleineren Einheiten. Ihre Reihen waren größtenteils mit unerfahrenen Soldaten der Jahrgänge 1927/28 gefüllt – viele kamen direkt vom Reichsarbeitsdienst oder von Lehrgängen und Waffenschulen der Wehrmacht. Von erfah-

»Die 12. Armee sicher zur Elbe führen« – General Walther Wenck (rechts) ignorierte Hitlers Befehle

renen Offizieren und Unteroffizieren geführt, waren sie mit Waffen verhältnismäßig gut ausgerüstet, doch hoffnungslos untermotorisiert. Diese Armee sollte eigentlich die Westalliierten aufhalten, doch Mitte April löste sie sich von der »Westfront«, die schon fast an der Elbe verlief, und wandte sich der »Ostfront« zu – Mitte April 1945 war dies fast in einem Tagesmarsch zu bewältigen. Der Auftrag, den Wenck von Hitler bekommen hatte, war klar: Seine Arme sollte einen Korridor zwischen Elbe und Berlin freikämpfen und ihm in Berlin zu Hilfe kommen.

Wir haben uns damals überlegt, was wir machen könnten. Mit Sicherheit wollten wir nicht nach Berlin gehen. Berlin war ein Moloch und wir wollten unsere Soldaten in diesem nicht verheizen.

Günther Reichhelm, damals Oberst und Generalstabschef der 12. Armee

»Die Lage wird sich verbessern. Die 9. Armee wird nach Berlin kommen und dem Gegner mit der 12. Stoßarmee unter General Wenck, die von Südwesten herankommen sollte, einen Schlag versetzen«, fabulierte Hitler noch am 25. April. Er wollte nicht wahrhaben, dass die Reichshauptstadt inzwischen zur Falle geworden war: Zwanzig Kilometer westlich von Berlin, bei Ketzin, hatten sich Schukows Truppen, die von Nordosten kamen, mit Konjews Truppen, die aus dem Südosten vorrückten, getroffen – Berlin war damit weiträumig eingeschlossen. Trotzig befahl Hitler den Oberkommandierenden der 9. und 12. Armee, Busse

»Druck auf den Kessel« – Eine sowjetische Militärkolonne in den Wäldern südlich von Berlin

und Wenck, ihm in Berlin zu Hilfe zu kommen. »Diese Befehle beachtete und beantwortete das Armeeoberkommando nicht,« erinnerte sich Busse später. Gerade seine 9. Armee hatte inzwischen ganz andere Sorgen: Marschall Konjews kühner Vorstoß von der Neiße zum Südrand von Berlin hatte ihm und seiner Armee den Weg nach Westen vollkommen versperrt. Die Waldgebiete um Halbe wurden nun zu einer riesigen Falle – zum »Kessel von Halbe«. Dennoch wollte er sich und seine Soldaten dem Zugriff der Sowjets entziehen – dazu musste er aus dem Kessel von Halbe ausbrechen.

Der Führer hat gesagt: »Die letzten Stunden dieses Krieges werden die schrecklichsten sein.« Und sie sind es. Warum hört man nicht auf?

Aus dem Tagebuch eines im Kessel von Halbe gefallenen unbekannten Soldaten

Die hohen Kiefernwälder im Kessel boten nur vermeintlich Schutz für die endlosen Kolonnen, die sich über die wenigen Straßen und sandigen Pisten in Richtung Märkisch Buchholz und Halbe quälten. Bei Halbe wollte General Busse seine Kräfte konzentrieren – von dort aus hatte er vor, während der Nacht über die Autobahn Cottbus – Berlin Richtung Westen vorzustoßen und den sowjetischen Einschließungsring zu sprengen. Dann sollte es durch die Wälder über Luckenwalde in Richtung Elbe gehen. Doch wenn Löcher in der Wolkendecke es zuließen, attackierten gegnerische Tiefflieger jede Zusammenballung von Fahrzeugen, während sowjetische Artillerie unablässig in die Wälder schoss. Bald säumten zerschossene Fahrzeuge, tote Pferdegespanne, brennende Panzer und zerfetzte Leichen die Straßen und Wege. Ein erster Ausbruchsversuch misslang.

Ein unbekannter Soldat berichtet in seinem Tagebuch, das später bei seiner Leiche gefunden wurde, über den 26. April in Halbe: »Im Morgengrauen kam der Iwan mit Panzern auf der Autobahn herangerauscht. Schon krachen erste Schüsse aus seinen Panzerkanonen in Halbe herein. Zivilisten mit weinenden Kindern rannten durch die Straßen, Autos mit Verwundeten aus dem Lazarett fuhren kreuz und quer durch den Ort, die wilde Jagd begann. Die Panik wurde noch größer, als man in eine größere Ansammlung hineingeschossen hatte. Häuser fingen Feuer, Fahrzeuge brannten – und wir hatten uns alle verloren.«

Am Waldrand blitzt es auf – wir schießen aus den Maschinenpistolen zurück, blind, denn ein genaues Ziel ist nicht auszumachen. Das Schießen ist nichts als eine blinde Reaktion, man hat dadurch das Gefühl, nicht mehr nur passive Zielscheibe zu sein.

Ernst-Christian Gädtke, 19-jähriger Soldat, in einem Erinnerungsbericht

Die sowjetischen Panzertruppen drückten in den folgenden beiden Tagen den Kessel immer weiter zusammen. Einzelne Kessel entstan-

»Die Deutschen rücksichtslos zusammenschießen« – Russische Selbstfahrlafette Panzerwagen

den, die systematisch zusammengeschossen wurden. So wurden bei Prieros über 10 000 deutsche Soldaten und 20 000 Flüchtlinge eingeschlossen. Ein damals verantwortlicher Offizier beschrieb die Situation später so: »Der Zustand im Kessel war grauenhaft. Soldaten, Zivilisten, Kinder, Frauen und Fahrzeuge bewegten sich im Kreise, um dem Beschuss zu entgehen, wie ein tausendfüßiger Riesenwurm, sich selbst in den Schwanz beißend. Es erschossen sich Offiziere, Soldaten, Zivilisten mit ihren Familien, ganze Gruppen deutscher Menschen. Erschüttert, fassungslos und hilflos stand ich dem Geschehen gegenüber.«

Unter dem Druck der Roten Armee sammelten sich immer mehr deutsche Truppen auf dem immer enger werden Raum um Halbe.

»Der Tod kam vom Himmel« – Den russischen Schlachtfliegern fielen zahlreiche deutsche Soldaten zum Opfer

Am 27. April erfolgte ein neuer Ausbruchsversuch. Wieder wurden die vorgehenden Truppen vollkommen aufgerieben. Am Morgen des 28. April versuchte General Busse einen weiteren Ausbruchsversuch südlich von Halbe: Stundenlang kämpfte ein Ausbruchskeil, unterstützt von Panzern, darum, zur Autobahntrasse westlich von Halbe durchzustoßen – und wieder war es vergeblich.

Im Kessel ging das Sterben weiter. Ein Bürger aus Teupitz, nördlich von Halbe, notierte, was er beobachtete: »Mit der Präzision eines Uhrwerks rollte tagsüber bis in die Dunkelheit hinein ein Bombengeschwader nach dem anderen heran, um seine todbringende Last in die großen Wälder um Halbe, Teupitz, Märkisch Buchholz und auf die mit Kolonnen voll gestopften Landstraßen abzuladen. Pausenlos fauchten die Raketengeschosse heran, zerhämmerten die Granaten der Geschütze die notdürftig ausgehobenen Stellungen der deutschen Truppen.«

Besonders in und um Halbe wurde der dritte Ausbruchsversuch in der Nacht vom 28. auf den 29. April 1945 zu einem unglaublichen Gemetzel. Angeführt von 14 Tiger-Panzern formierten sich Tausende von Kämpfern, unbewaffneten Soldaten und Zivilisten. Nur die niedrige Wolkendecke verhinderte Luftangriffe auf diese Menschen. Mit Panzern und Sturmgeschützen an der Spitze näherte sich die Kolonne dem Ort. An der Hauptstraße behinderten jedoch alte deutsche Panzersperren ein Durchkommen. Inzwischen war Halbe nahezu von den sowjetischen Truppen umstellt – in die sich nun vor der Ortschaft

»Den Ausbruch wagen« – In zahlreichen kleinen Gruppen versuchten die Eingeschlossenen, sich zur Elbe durchzuschlagen

Und ringsum im Wald – Tote, Tote und nochmals Tote. Es sind die Leichen derer, die unter dem Feuer auseinander liefen. Tote, und wie ich auf einmal sehe, daneben Lebende. Es sind Verwundete, auf Decken oder Mänteln liegend, an Bäume gelehnt sitzend.

Aus den Tagebuchaufzeichnungen des Frontkorrespondenten Konstantin Simonow

stauende Menge feuerte nun die sowjetische Artillerie mit 300 Geschützen hinein. Unter Umgehung von Halbe gelang es jedoch einigen Kampfgruppen durchzubrechen.

Der 17-jährige Soldat Hans Hansen schaffte es am Vormittag des 29. April: »Alles, was jetzt auf den verschiedenen Waldwegen ankam, sammelte sich in einem breiten Stoßkeil zum Angriff auf die russischen Einheiten«, berichtet er. Im lichten, hohen Kiefernwald kämpfte dieser Keil um den Durchbruch durch die feindlichen Linien. »Aber der Beschuss aus Maschinengewehren und Granatwerfern war so stark, dass es einfach nicht möglich war. Der Boden war förmlich übersät mit Toten und Verwundeten. Es war kein Durchkommen. Man stand hilflos hinter den Bäumen, weil keiner wusste, was passieren sollte. Da kamen denn ein paar deutsche Panzer von hinten an und griffen ein. Das war ein Moment, der zwar fürchterlich war, aber uns doch geholfen hat: Die Panzer rollten mit ihren Ketten querbeet über die Toten und Verwundeten – dafür konnten die Fahrer nichts, der Boden war ja total mit Körpern bedeckt. Das war schon ein grauslicher Anblick, als sie da rüberfuhren. Das ist etwas, was man sein Leben lang nicht vergisst.« Hansens Gruppe gelang der Ausbruch, ebenso wie General Busse und einer nicht bekannten Zahl von Soldaten seiner 9. Armee. Die Masse der eingeschlossenen Armee blieb allerdings im Kessel zurück. 120 000 Wehrmachtssoldaten traten den Weg in die sowjetische Gefangenschaft an. In der letzten Nacht sollen allein in Halbe 4000 bis 5000 Menschen umgekommen sein, schreiben die Brandenburger Historiker Richard Lakowski und Karl Stich in ihrem Standardwerk »Der Kessel von Halbe 1945«. Sie verweisen auf sowjetische Angaben, die davon ausgehen, dass die über eine Woche andauernde Kesselschlacht in den riesigen Wäldern südlich von Berlin auf deutscher Seite bis zu 60 000 Tote gefordert haben könnte.

Es ist ein aussichtsloser Kampf, und wir lassen alles über uns ergehen. Meine Munition ist zu Ende – und ich denke, meine letzte Stunde hat geschlagen.

Aus dem Tagebuch eines im Kessel von Halbe gefallenen unbekannten Soldaten

Während bei Halbe die 9. Armee unterging, hing Alfred Jodl, der Chef des Wehrmachtsführungsstabes, auch in der vorletzten Kriegswoche noch der Illusion nach, Hitler in Berlin retten zu können. Am 27. April erhielten die Generäle Busse und Wenck von Generaloberst Jodl den

absurden Befehl, dass die »konzentrischen Angriffe der 9. und 12. Armee nicht nur der Rettung der 9. Armee, sondern vorwiegend der Rettung Berlins dienen müssen«. Jodl hatte sich schon am 23. April aus Berlin abgesetzt. Statt mit dem Gewehr in der Hand in Berlin umzukommen, wolle er lieber die Truppen führen, hatte er bei seiner Abreise betont. Vergeblich hatte er zuvor versucht, auch Hitler zum Verlassen der »Mausefalle« Berlin zu bewegen. Jodl war gemeinsam mit dem Oberkommandeur der Wehrmacht, Wilhelm Keitel, von Berlin in Richtung Krampnitz gefahren, um dann später nach Norddeutschland auszuweichen. Auch Keitel hatte noch die wahnwitzige Hoffnung, dass Berlin »herausgehauen« werden könne. Um diesen Entsatzversuch zu veranlassen, war er am 23. April persönlich bei General Wenck im Hauptquartier der 12. Armee aufgetaucht. Danach hatte Keitel an Jodl und Hitler berichtet, dass Wenck bereit sei, zum Angriff anzutreten.

»Tote, Tote und nochmals Tote« – Die Kämpfe in Brandenburg kosteten Zehntausende Opfer auf beiden Seiten

Keitel hat gesagt: »Sie müssen den Führer herausholen!« Und Wenck hat immer geantwortet: »Wir werden machen, was wir können.« Keitel ist dann zu uns unterstellten Truppen gefahren, sodass wir den Leuten anschließend sagen mussten: »Hört nicht auf den Keitel, nur Wenck gibt hier Befehle.«

Günther Reichhelm, damals Oberst und Generalstabschef der 12. Armee

Das war er – nach außen hin. Der General hegte inzwischen ganz andere Pläne. Sein Ziel war es, der verzweifelt um den Ausbruch

Nun geht es also wieder gegen den Iwan. In einem Fußmarsch von einem Tag von der West zur Ost-»Front«! Wer hätte daran einmal gedacht. Es sagt alles über unsere Lage. Des Dramas letzter Akt.

Peter Rettich,
Bataillonskommandeur
in der Armee Wenck,
Tagebucheintrag vom
6. April 1945

kämpfenden 9. Armee einige Kilometer entgegenzukommen. »Wenn wir das geschafft haben, werden wir uns an die Elbe zurückziehen und unsere Armee den Amerikanern übergeben. Das ist unsere letzte Aufgabe, die wir gegenüber unseren jungen Soldaten verantworten können«, stellte General Wenck damals nüchtern fest. Und so startete er den allerletzten deutschen Großangriff des Zweiten Weltkriegs: In den Morgenstunden des 26. April 1945 traten drei Divisionen der Armee Wenck zum Angriff auf den Raum südlich von Potsdam an. Damit stießen sie in die Flanke von General Konjews Truppen. Die Rotarmisten wurden von den Angriffen in den weitläufigen Wäldern völlig überrascht. Am Abend hatte die angreifende Division »Hutten« gegen zwei sowjetische Schützendivisionen 18 Kilometer Raum gewonnen.

»Zügiger Vormarsch« – Nicht überall trafen die Sowjets auf hinhaltenden Widerstand

Die Deutschen kamen durch die Offensive in Gebiete zurück, die bereits am 23. und 24. April von den sowjetischen Truppen erobert worden waren. Wie überall in Brandenburg hatte die Zivilbevölkerung nach dem Einmarsch der Roten Armee qualvolle Tage durchzustehen. Die Berichte aus dem Raum Beelitz sind typisch für das Kriegserlebnis der Brandenburger Bevölkerung: »Im Dorf brannten fast alle Scheunen, Ställe und ein Wohnhaus. Unser Haus war durch einen Volltreffer stark zerstört worden ... Als wir das Dorf verließen, sahen wir, dass die Gaststätte von den Russen mit Benzin begossen wurde und dann angezündet wurde. Das Wirtsehepaar R. war erschossen worden, die Tochter blieb allein zurück«, berichtete nach dem Krieg Erna Hein aus dem Örtchen Zauchwitz.

In Beelitz erlebte Margarete Tyrolt mit ihrer Familie den Einmarsch der Roten Armee im Keller: »Mich holte ein Mongole aus dem Keller. Ich musste an mehreren Soldaten vorbei, die alle ihre Gewehre im Anschlag hatten. Mir wurde zu verstehen gegeben, ich sollte die Treppe nach oben gehen. Ich hatte furchtbare Angst und sagte: ›Wenn ihr mich erschießen wollt, dann macht es hier.‹ Der Offizier erwiderte: ›Nix schießen!‹ In der Wohnung wurde ich dann drei Stunden lang festgehalten. Was nun geschah, wünsche ich auch nach so vielen Jahren nicht meinem ärgsten Feind. Am nächsten Tag schrieb ein Russe etwas mit Kreide an unsere Haustür. Eine Schwarzmeerdeutsche, die im Nachbarhaus wohnte, sagte uns, wir sollten das unbedingt abwaschen, denn da stand: ›Drei junge Frauen.‹«

Der Beelitzer Hermann Dörre führte damals Tagebuch und hielt lakonisch fest: »Viele Familien haben sich aus Angst aufgehängt.« Er hatte dafür kein Verständnis und bezeichnete sie als »schwache Menschen«. In dem Dorf Rieben bei Beelitz erlebte Erika Lehmann den Einmarsch der Rotarmisten auf diese Weise: »Mich schleppten die Russen in unseren Keller, wo meine Mutter getreten und geschlagen wurde. Sie schrie und weinte, dass mir fast das Herz zerbrach. Dann war ich dran. Sie rissen mir die Kleidung herunter und machten sich über mich her. Ich wehrte mich mit Leibeskräften, kratzte und biss und konnte einen Topf mit heißem Wasser zu fassen bekommen, womit ich die Rotarmisten begoss. Für einen Moment war ich frei, dann drehten sie sich um und schossen mit Maschinenpistolen wie wild im Keller um sich. Erst als das Magazin leer war, trat für ein paar Minuten Totenstille ein.«

Das Wegrennen wurde uns von den Leuten eingeimpft, sie erzählten Gräuelmärchen über die Russen. Ich verstand es damals nicht. Einmal bekam ich von einem Russen ein Geschenk, Brot und eine spitze Tüte Zucker.

Helga Falke, Schönefeld, in einem Erinnerungsbericht

»Der Tod wurde zur Normalität« – Ein Rotarmist (rechts) ruht sich neben einem toten Deutschen aus

Bei der Schießerei wurde niemand ernsthaft verletzt, der Familie gelang es, in die umliegenden Wälder zu fliehen. Erika Lehmann: »Am Morgen des 25. April gegen fünf Uhr schlichen sich mein Vater und Onkel Willi zu ihrem Gehöft. Da die Russen um diese Zeit noch schliefen, erschöpft von ihren Saufgelagen und Frauenjagden, konnten die Männer unbemerkt die Kühe melken. Anschließend brachten sie uns die frische Milch und Eier. Aus Feldsteinen wurde eine Kochstelle und aus Baumstämmen, Reisig und Planen eine Unterkunft errichtet. Wir blieben insgesamt sechs Tage dort.« Die Brandenburger Zivilbevölkerung verlor – anders als die Menschen östlich der Oder, in Pommern, Ostpreußen oder Schlesien – nicht die Heimat. Doch die grausame Wucht des Krieges bekam auch sie in aller Härte zu spüren.

Als bei der Offensive der Armee Wenck am 28. April um die Stadt Beelitz heftige Kämpfe entbrannten, floh auch der Rest der Bevölkerung in die umliegenden Dörfer und Wälder. Am Mittag des 28. April hatten die Deutschen südlich von Beelitz sechs Ortschaften zurückerobert – hier entstand eine Auffanglinie von zehn Kilometern Länge, die für die Reste der aus dem Kessel fliehenden Truppen der 9. Armee Rettung versprach. Der 18-jährige Soldat Hans-Dietrich Genscher erlebte in diesen Tagen, wie sein Armee-Oberbefehlshaber, General

Walther Wenck, seine Truppen motivierte. In seiner Autobiographie »Erinnerungen« schreibt Genscher: »Unser Bataillon, das sich ungefähr acht Kilometer südlich von Beelitz befand, musste sich im Kreis aufstellen, General Wenck war selbst gekommen. Er sagte: ›Kameraden, ich verspreche, euch über die Elbe in amerikanische Gefangenschaft zu führen. Ihr kommt nicht in sowjetische Gefangenschaft, aber ihr müsst noch drei Tage aushalten. Aus dem Raum Frankfurt an der Oder versuchen sich unsere Kameraden von der 9. Armee zu uns durchzuschlagen. Sie haben viele Verwundete dabei, dazu Krankenschwestern, Nachrichtenhelferinnen, wir müssen sie mitnehmen. Das sind wir ihnen schuldig!‹«

Gerade bei den ganz jungen Soldaten sieht man zum Teil ein unbekümmertes Draufgängertum und eine bedingungslose Einsatzfreude. Ein Jammer um solche Jugend und ein Verbrechen, sie noch in diese vernichtende Hölle hineinzuwerfen.

Peter Rettich,
Bataillonskommandeur
in der Armee Wenck,
Tagebucheintrag
vom 30. April 1945

Nördlich von Beelitz hatten die angreifenden Deutschen die »Heilstätten Beelitz« erreicht – eine große Lungenheilanstalt, die vor der Jahrhundertwende gegründet worden war. Die zahlreichen Krankenhäuser lagen in einem Wald- und Parkgebiet; gemeinsam mit neueren Gebäuden dienten sie während des Zweiten Weltkriegs als Lazarett, in dem im April 1945 etwa 3000 Verwundete lagen. Hier sollte sich eine der bemerkenswertesten Endkampf-Aktionen im Umland von Berlin abspielen: Die Rote Armee hatte das Lazarett bereits erobert, doch als die Truppen der Armee Wenck Beelitz erreichten, ergriffen sie die Chance, die verwundeten Kameraden aus den Händen des Gegners zu

»In die vernichtende Hölle geworfen« – Deutsche »Eingreifreserven« in den letzten Kriegstagen

befreien. Auf Teilen des Geländes wehrten sich die Rotarmisten hartnäckig – sie hatten sich in den langen unterirdischen Versorgungsschächten verschanzt: »Aus den oberen Stockwerken haben wir die Verwundeten herausgeholt und von unten wurden wir von den Russen beschossen. Das waren sehr schlimme Kämpfe, die da um diese Beelitzer Heilstätten stattfanden, aber wir wollten die Verwundeten nicht einfach hier zurücklassen«, erinnert sich Günter Reichhelm, der damals als Oberst und Stabschef der Armee Wenck im Gefecht um die verletzten Soldaten dabei war.

Seit dem 27. April liegen wir in schwersten Kämpfen um Beelitz. Diese tagelangen, hartnäckigen Häuserkämpfe um jeden einzelnen Gebäudekomplex gehören zum Härtesten, was ich mitgemacht habe.

Peter Rettich, Bataillonskommandeur in der Armee Wenck, Tagebucheintrag vom 30. April 1945

Die Wehrmacht konnte den entscheidenden Teil des Geländes freikämpfen. Unmittelbar darauf wurde der Abtransport der Verwundeten und Kranken organisiert. Dafür stand ein Zug am Bahnhof Borkheide bereit, fünf Kilometer von den Heilstätten entfernt. »Von dort sollte es für die Verwundeten noch eine Möglichkeit zum Abtransport in Richtung Westen geben«, erinnert sich die Beelitzerin Frieda Paul. »Wer nicht in die Hände der Russen fallen wollte, musste nach Borkheide. Selbst Schwerverwundete machten sich auf den Weg. Mit umgehängten Decken liefen sie die Eisenbahnschienen entlang. Viele Zivilisten, so auch meine Kinder und ich, folgten ihnen. Wer gar nicht gehen konnte, wurde in Betten auf einem Feld- und Waldweg bis zum Lazarettzug geschoben. Als er voll war, griffen Tiefflieger den Zug an, obwohl er mit roten Kreuzen versehen war. Durch den Beschuss gab es neue Verletzte, viele Verwundete wurden dabei auch getötet. In der Bahnhofsgaststätte wurde anschließend notoperiert.«

Noch ein weiteres Ereignis bestimmte die Rettungsaktion aus den Heilstätten Beelitz: An dem Tag, an dem die Anlage von den Deutschen wiedererobert wurde, hielten sich hier Vertreter des neutralen Internationalen Komitees vom Roten Kreuz (IKRK) auf. Sie hatten sich darum bemüht, dass die Amerikaner, die an der Elbe standen, die Verwundeten übernahmen – nachdem die Armee Wenck den Abtransport dorthin organisiert hatte.

Diese Bitte kam für die Amerikaner nicht ganz überraschend. Schon drei Tage zuvor hatte der Befehlshaber des deutschen XX. Armeekorps, General Koehler, mit einem US-Kommandeur schriftlich Kontakt aufgenommen: »In Anbetracht der Tatsache, dass in den von Russland eroberten Gebieten alle verwundeten Soldaten, die weder zu einem

»Frau komm!« – So freundschaftlich wie auf diesem Foto verlief kaum eine Begegnung von russischen Soldaten und deutschen Frauen

Kriegs- noch zu einem Arbeitseinsatz verwendbar sind, erschlagen werden, hat der Kommandierende General folgende Bitte: Übergabe der Verwundeten an den Befehlshaber des USA-Heeres im Raum Barby oder Magdeburg ... Zuführung der verwundeten deutschen Soldaten in deutsche Lazarette im von den Truppen des USA-Heeres besetzten Deutschen Reich.« Die Befürchtung, dass alle Verwundeten von den Rotarmisten getötet werden könnten, entsprach dem damals propagandistisch gefärbten Weltbild vieler Deutscher, aber auch den Erfahrungen des vierjährigen gnadenlosen Krieges an der Ostfront. Dass die Sowjets verwundete Gefangene nicht durchweg unmenschlich behandelten, wurde erst später deutlich.

Als die Heilstätten Beelitz wieder in sowjetischer Hand waren, kam es zwar zu bedrohlichen Verhaltensweisen einzelner Russen, doch die Beelitzerin Waltraud Stangenberg, die sich in die Heilstätten geflüchtet hatte, berichtet folgendes: »Mein Vater, der etwas Russisch und Polnisch sprach, ging zusammen mit dem Verwaltungsdirektor der Heilstätte mit einer weißen Fahne den sowjetischen Panzern entgegen. Zwischen der heutigen Lungenklinik und dem Eingang zur A-Seite übergaben sie kampflos die Heilstätte den russischen Truppen. Im Rondell zwischen Badehaus und Verwaltungsgebäude wurde eine Rote-Kreuz-Fahne und eine gelbe Seuchenfahne aufgezogen. Auf diese Weise betrat kein einziger russischer Soldat aus Angst vor Ansteckung dieses Gelände.«

In den umliegenden Wäldern lagen zahlreiche gefallene und verwundete deutsche Soldaten. Die Frauen leisteten erste Hilfe und transportierten die Schwerverletzten auf Handwagen zur Sammelstelle ins Krankenhaus Beelitz.

Klaus Göllner, Beelitz, in einem Erinnerungsbericht

Ich habe mir gesagt: »Wenn ich in russische Gefangenschaft komme, da bekomme ich sicher bald einen Genickschuss, und dann ist der Fall erledigt.«

Günther Reichhelm, damals Oberst und Generalstabschef der 12. Armee

Ruth Barnasch, die in der Kinderklinik der Heilstätten tätig war, schildert in ihrem Tagebuch, dass sie wiederum ganz andere Erfahrungen machte: »Entsetzt vernehmen wir die Nachricht von der Erschießung von zwölf deutschen Soldaten, die als leicht verwundete Lazarettpatienten an den Waldrand getrieben und dort von den Sowjets erschossen worden waren.« Es ist durchaus nachvollziehbar, dass im April 1945 die panische Angst vor »dem Russen« überwog. Offenbar ließen sich auch US-Generäle von deutschen Argumenten beeindrucken – sie übernahmen die Verwundeten an der Elbe.

Während sich in den Heilstätten Beelitz das Drama um die Verwundeten abspielte, schaffte es einige Kilometer weiter nördlich die Division »Hutten«, fast bis nach Potsdam zu gelangen. Ferch, südlich von Potsdam am Schwielow-See gelegen, war der äußerste Eckpunkt des deutschen Vormarschs. Am 29. April 1945 konnten die Angreifer hier

»Bedingungslose Einsatzfreude« – Die Furcht vor »dem Russen« motivierte viele Soldaten bis zum Schluss

eine Verbindung zur Garnison von Potsdam herstellen. Diese Garnison – ein Landesschützenbataillon, einige Bataillone Volkssturm und Hitlerjugend sowie Reste der zerschlagenen Infanteriedivision »Jahn« – hatte am 23. April vom OKW den Befehl erhalten, einen »Korridor für die 12. Armee zur Hauptstadt« offen zu halten. Die Armee Wenck nahm Ende April auf derartige Phantastereien keine Rücksicht mehr. General Wenck befahl der Potsdamer Garnison am 29. April, zu ihm auszubrechen. Etwa 20 000 Mann gelang es tatsächlich bis zum 30. April, sich zu den Spitzen seiner Armee, die zehn Kilometer südlich von Potsdam lagen, durchzuschlagen.

Aus einer anderen Welt kamen derweil noch immer Befehle, die nichts mehr mit den Realitäten des Endkampfes um Berlin zu tun hatten. Nach dem Vormarsch durch die Außenbezirke kämpften sich Schukows Rotarmisten seit dem 28. April zum Reichstag vor. In seinem Bunker unter der Reichskanzlei hoffte unterdessen der »Führer« noch auf deutsche Armeen, die eine Wende bringen würden. Am 29. April erhielt Jodl im neuen Hauptquartier des Wehrmachtsführungsstabs in Fürstenwalde einen letzten Hilferuf Hitlers: »1. Wo Spitze Wenck? 2. Wann tritt er an? 3. Wo 9. Armee?« Wenck konnte weder Jodl noch Hitler helfen. Seine Antwort an den Wehrmachtsführungsstab war militärisch kühl: »Fortsetzung der Angriffe auf Berlin ... nicht mehr möglich, zumal auch mit Unterstützung durch Kampfkräfte der 9. Armee nicht mehr gerechnet werden kann.« Am 30. April gab Keitel diese Botschaft per Fernschreiben an Hitler weiter: »Spitze Wenck liegt südlich des Schwielow-Sees fest ... Die 12. Armee kann daher den Angriff auf Berlin nicht fortsetzen.« Am Nachmittag dieses Tages beging Adolf Hitler in seinem Bunker Selbstmord.

Am Tage, als wir aus dem Kessel raus waren, sprach es sich herum, dass Hitler tot ist. Das interessierte bei uns niemanden. Man hat gesagt, gut, dann ist der Krieg jedenfalls endgültig zu Ende. Es wurde nicht drüber diskutiert, es gab auch keine Trauerbezeugung.

Hans Hansen, damals 17-jähriger Flakkanonier

Wencks 12. Armee hatte am Schwielow-See die Potsdamer Garnison herausgeholt, nun sollte sie noch eine letzte Rettungstat vollbringen. Die Soldaten der 12. Armee hielten an diesem 30. April südlich von Beelitz noch immer einen Geländestreifen von zehn Kilometern. Die Armeeführung hoffte, dort mit den Resten der fliehenden 9. Armee Kontakt aufnehmen zu können. »Die 12. Armee liegt im harten Abwehrkampf. Durchbruch ist zu beschleunigen. Wir warten auf euch!«, lautete ein Funkspruch an deren Oberkommandierenden Busse. Doch der befehligte nur noch Männer in unmittelbarer Rufweite. Der Ausbruch der letzten Versprengten der 9. Armee verlief

»Eine Schreckensvorstellung« – Deutsche Gefangene auf dem Weg in sowjetische Gefangenschaft

weitgehend führungslos – die Flüchtenden mussten sich immer wieder gewaltsam durch die Sperrstellungen der Sowjets schlagen. Auch der 17-jährige Hans Hansen war noch dabei: »Wir irrten drei Tage und drei Nächte durch die überwiegend bewaldeten Gebiete, ständig unter Beschuss, ständig unter Fliegerangriffen. Wir wurden immer weiter reduziert, zuletzt war aus der großen Kampfgruppe ein kleines Häuflein geworden. Viele blieben liegen, waren total entkräftet, konnten nicht mehr. Es gab tagelang nichts zu essen, auch keinen Schlaf.« Der junge Flaksoldat Hansen dachte schon ans Aufgeben: »Wir hatten gerade einen Gegenangriff erfolgreich abgeschlossen, hatten eine Bresche geschlagen und wollten durch, da kamen russische Panzer – und alles war wieder kaputt. In diesem Augenblick sah ich ein Erdloch und dachte: Da legst du dich rein – und aus. Da hab' ich mich reingepackt. Doch nach ein paar Minuten war ich wieder lebendig und dachte: Das willst du doch nicht. Was soll das? So lange ich noch marschieren und kämpfen kann, mach' ich weiter.« Die Bilanz von Hans Hansen kurz vor Kriegsende: »Ich glaube, wir haben im Laufe von drei Tagen sieben Ringe durchbrechen müssen. Jedes Mal unter Verlusten natürlich.«

Es ist vorbei! Hitler ist tot, gefallen in der Reichskanzlei. Das ist das Ende. Berlin von den Russen genommen. Es kann nur noch Tage dauern. Es ist erschütternd, aber unabwendbar.

Peter Rettich,
Bataillonskommandeur
in der Armee Wenck,
Tagebucheintragung
vom 3. Mai 1945

Am Abend des 30. April 1945 waren die Fliehenden noch zehn Kilometer von Wencks Auffanglinie entfernt. Südlich von Beelitz waren die flüchtenden Deutschen noch um Mitternacht heftigem Feuer aus »Stalinorgeln« und Artillerie ausgesetzt; es gab wieder schwere Verluste. Dann endlich lagen die Linien der Armee Wenck vor ihnen – auf einem drei Kilometer breiten Abschnitt entwickelte sich zwischen den Dörfern Zauchwitz und Rieben in den Morgenstunden des 1. Mai ein letztes Rennen zu den deutschen Linien der Armee Wenck. Hier lag auch der junge Pionier Hans-Dietrich Genscher: »Es war unsere Einheit, auf die die Spitze der 9. Armee als Erste traf. Ein Stoßtrupp von etwa dreißig Offizieren, Maschinenpistolen in der Hand, ging voran. Alle zu Fuß, ohne Fahrzeuge. Die Verwundeten wurden von russischen Gefangenen getragen, Krankenschwestern schritten neben ihnen her.« Zehntausende Überlebende, so Genscher, seien in einer endlosen Karawane an ihnen vorbeigezogen. Der ehemalige Oberst und Stabschef der Armee Wenck, Günther Reichhelm, berichtet über den Zustand der Geretteten: »Viele sind einfach hingefallen und haben vor Erschöpfung geschlafen. Wir haben Lastwagen frei gemacht, so viele, wie wir überhaupt bekommen konnten, um diese armen Soldaten an die Elbe zu karren. Wir mussten sie zum Teil auf die Lkws heraufprügeln. Sie waren so schwach, dass sie keinen Schritt mehr machen konnten.« Heute geht man davon aus, dass es insgesamt zwischen 20 000 und 30 000 Menschen, darunter rund 5000 Zivilisten, waren, die zur Armee Wenck durchkamen.

Das wirre Gestänge der stählernen Brückenträger lag wie ein zusammengebrochener Riesenkäfer im Strom. Von allen Seiten stolperten immer mehr Landser über den Deich in diese flache Wiesenschüssel hinein, die Karabiner zerbrechend oder einfach in die Gräben und Wasserlöcher werfend.

Paul Kehlenbeck, damals Soldat der Armee Wenck, in seinem Erinnerungsbericht »Schicksal Elbe«

Wie zuvor die Verwundeten aus den Heilstätten und die Soldaten der Garnison Potsdam sahen nun auch die kläglichen Reste der 9. Armee eine Chance, dem sinnlosen Tod der letzten Kriegstage oder dem Marsch in sowjetische Arbeitslager zu entgehen. Sie alle wussten: An der Elbe stand die amerikanische Armee, dorthin wollte General Wenck seine Soldaten und alle, die er gerettet hatte, bringen. Doch der Fluss bildete ein unüberwindbares Hindernis. Sämtliche Brücken waren zerstört und auf der anderen Seite standen die feindlichen US-Truppen. Also konnten die Deutschen nur mit dem Einverständnis der Amerikaner hinüber.

Das Wohl der Armee Wenck hing nun völlig vom Gegner ab. General Wenck übermittelte dem US-General Frank A. Keating, dem Komman-

»Rüber zum Ami« – Tausende deutsche Soldaten warten am Ostufer der Elbe, um sich der US-Armee zu ergeben

deur der 102. Infanteriedivision, am 3. Mai 1945 sein Kapitulationsersuchen: »Ich werde den Kampf gegen den Bolschewismus mit meiner Armee bis zur letzten Patrone fortführen«, hieß es darin. Er, Wenck, wolle aber auch die »vom bolschewistischen Feind geschändete und ausgeplünderte Masse von Flüchtlingen« schützen. Nun, nach dem Ende der Kämpfe, wolle er seine Armee organisiert den Amerikanern zur Verfügung stellen. Im Klartext bedeutet das, dass er allen Ernstes daran glaubte, gemeinsam mit den Westalliierten den Kampf gegen die Sowjets fortsetzen zu können. Das war im Frühjahr 1945 ein politisch vollkommen irreales Ansinnen, aber ein unter deutschen Soldaten weit verbreitetes Wunschdenken. Gleichzeitig war es der Versuch, sich den Amerikanern als wertvolle Beute anzubieten. Doch den Amerikanern war diese Beute eher lästig. Militärisch brachte ihnen Wencks Teilkapitulation kaum einen Vorteil, politisch dagegen konnte eine Annahme des Angebots den Amerikanern Ärger mit dem sowjetischen Bündnispartner einbringen – schließlich hatten Roosevelt, Churchill und Stalin vereinbart, dass sich Wehrmachtseinheiten jeweils der Seite zu ergeben hatten, gegen die sie zuletzt gekämpft hatten. Das war im Fall der Armee Wenck nun einmal die sowjetische Seite.

Es wäre kaum verwunderlich gewesen, wenn US-Generäle auf dieser Regelung bestanden hätten. Doch Wencks Emissär, General Maximilian Reichsfreiherr von Edelsheim, traf auf eine gewisse Großzügigkeit des verantwortlichen US-Generals Moore. Bei den Verhandlungen im Rathaus von Stendal nahm der Amerikaner keine förmliche Kapitulation an, wollte aber eine massenhafte »individuelle Kapitulation von Soldaten der Wehrmacht« akzeptieren. Zivilisten wollte er jedoch nicht über die Elbe lassen. Wencks Stabschef Günther Reichhelm erklärt diese Haltung so: »Die deutschen Bürgermeister vom Westufer der Elbe wollten keine Flüchtlinge und keine Soldaten mehr über den Fluss lassen. Sie sagten: ›Wir haben keinen Platz mehr, bei uns ist zum großen Teil alles kaputt, wir können nicht noch zusätzliche Menschen aufnehmen und ernähren.‹« Schließlich wurde dann bei Tangermünde eine Übergangsstelle für Wencks Leute eingerichtet. Deutsche Pioniere reparierten die zerstörte Brücke notdürftig. Der Chronist der

Hier und da sah man Flüchtlinge aus dem Osten mit ihren Treckwagen, Frauen in Kopftüchern mit fast ausdruckslosen Gesichtern und Kinder. Nach Weichsel und Oder war nun die Elbe ihre letzte Hoffnung, die ihren Lebensmut aufrechterhielt.

Paul Kehlenbeck, damals Soldat der Armee Wenck, in seinem Erinnerungsbericht »Schicksal Elbe«

»Wie ein zusammengebrochener Riesenkäfer« – Über die Brücke von Tangermünde gelangten Tausende deutsche Soldaten und Zivilisten nach Westen

102. US-Division beschreibt, warum das nicht ausreichte: »Diese Massenangst, die ihre Wurzeln in einer Mischung aus Herdenpsychose und schuldbeladenem Gewissen hatte, erreichte ihren Höhepunkt, als eine Panik unter Tausenden von verängstigten Soldaten und Zivilisten losbrach ... Sie überquerten den Fluss auf Treibholz, auf hastig zusammengebastelten Flößen, auf Gummireifen, in Waschzubern, auf Brettern. Sie überquerten den Fluss zu Hunderten, zu Tausenden. Alles wurde noch chaotischer und hektischer, als die Russen näher kamen.«

Am 7. Mai 1945 setzte General Wenck einige Kilometer stromabwärts, bei Ferchland, mit einigen Stabsoffizieren auf einem Floß über – unter Beschuss der sowjetischen Truppen. Hans-Dietrich Genscher war einer der Soldaten, die bei Tangermünde über den Fluss gingen: In seiner Autobiographie schrieb er dazu: »Über die Trümmer der Elbbrücke hatte man einen Laufsteg geschlagen, den die Amerikaner jeden Tag von 8 bis 18 Uhr öffneten. In dieser Zeit konnten die Reste der 9. und 12. Armee, mehrere zehntausend Mann, die Elbe überqueren, was insgesamt drei Tage dauerte. Zu den Bedingungen der Amerikaner gehörte freilich, dass nur Soldaten, nicht jedoch Zivilisten hinüber durften. Nun waren aber am Nachmittag des 7. Mai, als ich die Elbe erreichte, unter den etwa zehntausend Soldaten, die dort noch waren, auch Frauen. Ich sah, wie Landser ihnen Stahlhelme überstülpten und Soldatenmäntel anzogen, um die amerikanischen Posten am anderen Elbufer zu täuschen, und diese ließen sich wohl auch gerne täuschen.«

Jetzt richteten die Russen eine Artilleriesalve auf den Brückenraum – und Granaten krepierten unter Zivilisten ebenso wie unter Soldaten, Leiber durch die Luft schleudernd. Dann stellte die Artillerie das Feuer ein; und das Gros der Roten Armee wogte zum Fluss vor, alles davor einschließend.

Alan Mick, Divisions-Chronist der 102. US-Infanteriedivision, über den Nachmittag des 7. Mai 1945

Hunderttausenden von deutschen Soldaten wurde auf diese Weise in den letzten Kriegstagen der Gang in die sowjetische Gefangenschaft erspart – nicht nur bei Tangermünde entkamen sie, sondern auch weiter nördlich. Hier an der Elbe war die Heeresgruppe Weichsel mit knapp 350 000 Mann auf einem etwa dreißig Kilometer breiten Streifen zwischen den Amerikanern und Briten und der vorrückenden 2. Weißrussischen Armee von Marschall Rokossowskij zusammengepfercht. Als auf Veranlassung des Hitler-Nachfolgers Dönitz am 4. Mai eine Teilkapitulation gegenüber dem britischen Feldmarschall Bernhard L. Montgomery unterzeichnet wurde, erklärte der Emissär von Dönitz, Admiral Hans Georg von Friedeburg, dass es für die Heeresgruppe Weichsel undenkbar sei, »sich den Russen zu ergeben, da sie unzivilisierte Menschen seien«. Montgomery erwiderte kühl: »All das hätten die Deutschen bedenken sollen, ehe sie den Krieg anfingen, und besonders, ehe sie im Jahr 1941 die Russen überfielen.« Dennoch erlaubte auch der britische Heerführer die massenhafte »individuelle Kapitulation« deutscher Soldaten.

Der Schwarm von Soldaten, der sich an den Ostufern zu Zehntausenden zusammenklumpt, ist schlimmer als eine geschlagene Armee. Hier ist eine von Angst gejagte Horde – die vor den Russen eine Angst empfindet, wie sie nur ein schlechtes Gewissen einflößen kann.

Aus dem Bericht eines US-Korrespondenten für die Nachrichtenagentur AP

Das Verhalten Montgomerys, besonders aber auch die Großzügigkeit der Amerikaner gegenüber der Armee Wenck, waren »vornehm und soldatisch korrekt«, wie Oberst Günther Reichhelm meinte. Vornehme Großzügigkeit zeigten jedoch nicht alle Amerikaner: Das Schicksal von Tausenden deutscher Soldaten lag in den Händen der jeweils vor Ort zuständigen Kommandeure. Bei Ferchland und auch bei Magdeburg verbrachten die über die Elbe geflohenen Wehrmachtssoldaten oftmals nur eine Nacht »im Westen« und in amerikanischem Gewahrsam. Ab dem 8. Mai wurden sie – zum Teil unter Anwendung von Schusswaffen – auf Fähren getrieben, über die Elbe gebracht und der Roten Armee übergeben.

Hans-Dietrich Genscher beschreibt in seinen »Erinnerungen«, was der Elbübergang für die bedeutete, die nicht an die Russen ausgeliefert wurden. »Als ich schließlich das Westufer der Elbe erreichte, fühlte ich mich wie in einer anderen Welt. Dort standen etwa dreißig Sanitätsfahrzeuge; Sanitäter, Krankenschwestern, Ärzte, deutsche und amerikanische, nahmen die Verwundeten und Kranken in Empfang. Die Gesunden zogen

»Hoffen auf die Gnade der Amerikaner« – Soldaten und Rotkreuzschwestern auf dem Ostufer der Elbe bei Tangermünde

Am Westufer, wo die Stapel der Handfeuerwaffen von Minute zu Minute höher wuchsen, gaben herumstreifende alliierte Soldaten der in der menschlichen Natur angelegten Gier nach und eröffneten eine wilde Jagd nach deutschen Armeepistolen.

Alan Mick, Divisions-Chronist der 102. US-Infanteriedivision

in Zwölferreihen durch Tangermünde. Im Gehen schrieb ich einige Zeilen an meine Mutter, sie sollte wissen, dass ich überlebt hatte. Bewohner am Straßenrand bat ich, den Brief weiterzuleiten. Plötzlich ertönte der Ruf: ›Tritt aufnehmen! Augen rechts!‹ Auf einem schmalen Platz standen in einem offenen Pkw General Wenck und ein amerikanischer General, um die Ehrenbezeugung der vorbeimarschierenden Offiziere entgegenzunehmen. Schon nach tausend Metern gab es die ersten Gerüchte: In einer nahe gelegenen Kaserne, so hieß es, würden wir in amerikanische Uniformen gesteckt. Dann gehe es los – gemeinsam gegen die Rote Armee.«

Das waren freilich – wie es damals hieß – »Latrinenparolen«. Den meisten deutschen Männern standen noch schwere Wochen und Monate bevor. Viele wurden von den Amerikanern auf Lastwagen nach Westen transportiert, in den berüchtigten Rheinwiesenlagern interniert und teilweise später an die Franzosen zur Zwangsarbeit ausgeliefert. General Wenck blieb bis 1947 in amerikanischer Gefangenschaft. Zur 1945 noch unvorstellbaren deutsch-amerikanischen Waffenbrüderschaft sollte es erst Mitte der fünfziger Jahre kommen. Nach dem Aufbau der Bundeswehr wurde Wenck ersucht, an die Spitze dieser

»Alles, was übrig blieb« – Deutsche Soldatengräber im Kessel von Halbe

Armee zu treten. Er lehnte ab, weil die organisatorischen Regelungen nicht seinen Vorstellungen entsprachen. Die Mark Brandenburg, jene Landschaft, in der die größte Schlacht auf deutschem Boden gefochten worden war, lag zu diesem Zeitpunkt schon hinter dem »eisernen Vorhang«. In der DDR, im sowjetischen Einflussbereich, wurden die Leiden der Zivilbevölkerung und das massenhafte Sterben deutscher Soldaten im Frühjahr 1945 von offizieller Seite nie aufgearbeitet. Die Opfer der Roten Armee wurden geehrt, der Einmarsch der Roten Armee als Befreiung gefeiert. Doch das war nur die eine Seite der Medaille. Die Schreckensereignisse wurden erst nach dem Fall der Mauer öffentlich in Erinnerung gerufen. Bei der Durchbruchsschlacht um die Seelower Höhen fielen etwa 12 000 deutsche Soldaten, die Russen hatten 33 000 Mann an Gefallenen zu beklagen. Die anschließende Schlacht um den Kessel von Halbe sowie der Ausbruch aus dem Kessel waren ein wahres Massaker: Es brachte wohl annähernd 60 000 Deutschen den Tod. Unmittelbar nach dem Krieg wurden in den Wäldern um Halbe Tausende von Toten geborgen. Ihre Erkennungsmarken aber wurden von den Sowjetbehörden und manchen lokalen Amtsträgern gezielt vernichtet. Das Schicksal von Soldaten der »faschistischen Wehrmacht« oder gar Angehörigen der Waffen-SS interessierte offiziell nicht. Und so sind neunzig Prozent der über 25 000 auf dem Waldfriedhof bei Halbe bestatteten Soldaten »unbekannt«. Dieser größte Soldatenfriedhof auf deutschem Boden wurde zu DDR-Zeiten angelegt. Doch noch heute gehört es zum Alltag, dort Gebeine deutscher Soldaten beizusetzen; sie werden gefunden, wenn in den Dörfern und Wäldern um Halbe Erdarbeiten vorgenommen werden. Etwa 10 000 Tote – so schätzt der Volksbund Deutsche Kriegsgräberfürsorge – liegen bislang immer noch unentdeckt in den Wäldern. Unzählige, zumeist auch sehr junge Soldaten, kamen in der Schlacht südlich von Berlin ums Leben – nur eine Woche vor dem Ende des Zweiten Weltkriegs. Diese Opfer sollten nie die Gelegenheit bekommen, vom wahren Schrecken des Krieges zu berichten. Davon künden heute nur die langen Reihen der Gräber in Halbe – mit ihren unzähligen Grabplatten für all die »Unbekannten«, die Söhne, Brüder, Väter und Ehemänner waren.

Rachegefühle der Sieger, ideologische Vorbehalte und die Angst vor Seuchen zwangen zur Eile. So wurde in den meisten Fällen, auch wenn dies noch möglich gewesen wäre, die Identifizierung der Toten verhindert.

Richard Lakowski,
Historiker

»Stunde Null« – Die Eroberung der deutschen Hauptstadt durch die Rote Armee war der Endpunkt eines mörderischen Krieges

Die rote Fahne nach Berlin zu tragen – das war das Ziel von Stalins Truppen seit der Kriegswende bei Stalingrad. Nach fast vier Jahren schwerster Kämpfe und zahllosen Opfern standen am 21. April 1945 die ersten sowjetischen Soldaten am Stadtrand von Berlin. Vier Tage später war die Reichshauptstadt eingeschlossen. Was folgte, war der Untergang der Metropole, von der Hitlers Krieg einst ausgegangen war.

Das Ende in Berlin

Freitag, 31. Januar 1945. Zwei Wochen waren vergangen, seitdem die Rote Armee die deutschen Verteidigungslinien an der Weichsel überrollt hatte. Seither stieß sie unaufhaltsam nach Westen vor. Niemand konnte sie mehr stoppen, und nun sahen die russischen Vorausabteilungen im Morgenlicht die Oder vor sich liegen. Der Fluss trug eine dünne Eisschicht. Vorsichtig überquerten die ersten Rotarmisten bei Kienitz nördlich von Küstrin den Strom und bildeten einen Brückenkopf auf dem Westufer. Berlin war von hier aus keine sechzig Kilometer mehr entfernt! Widerstand war nicht in Sicht, das Tor zur Reichshauptstadt stand offen.

Unterdessen kursierten überall Gerüchte über russische Panzerspitzen, die bereits die Stadtgrenze erreicht hätten. Sowjetische Fallschirmjäger seien in Berlin gelandet, und aus sicherer Quelle wollten viele erfahren haben, dass die Bevölkerung nach Süden evakuiert werden würde. Sorgenvoll notierte Goebbels damals in sein Tagebuch: »Die Verteidigung der Reichshauptstadt wird sehr schwierig sein, weil es uns an allem fehlt. Was wir überhaupt zur Verfügung hatten,

das ist an die Front geschickt worden. Jedenfalls bin ich entschlossen, zu tun, was überhaupt zu tun ist. Wir werden in den Fabriken so lange wie möglich weiter arbeiten und die produzierten Waffen zur Verteidigung der Reichshauptstadt benutzen. Was soll aber geschehen, wenn die Reichshauptstadt eingeschlossen wird?«
Lediglich die wenigen Juden in Berlin, denen es gelungen war, der Deportation zu entgehen, schöpften angesichts dieser Nachrichten wieder große Hoffnungen. Inge Deutschkron, die sich mit ihrer Mutter vor den Nazis versteckte, erinnert sich: »Für uns, das ahnten wir sofort, konnte das doch nur die Befreiung bedeuten. Das war das Ende des Naziregimes, dieses verbrecherischen Regimes. Ich hatte keine

»Mit der U-Bahn an die Ostfront« – Stellungsbau am Stadtrand von Berlin

Angst, ganz im Gegenteil! Natürlich verbreiteten die Nazis das Gerücht, dass die Russen Frauen vergewaltigen würden. Aber ich empfand das alles als reine Gräuelpropaganda.«
In aller Eile wurden an den Stadträndern Stellungen gebaut und im Zentrum Barrikaden und Panzersperren errichtet. Der Berliner Volkssturm bezog an Bahnhöfen, Brücken und öffentlichen Gebäuden Stellung. Viele planten trotz des offiziellen Verbots die Flucht aus der todgeweihten Stadt. Wer konnte, organisierte heimlich ein Auto und Benzin.
Den Menschen blieb nichts, als abzuwarten.
Gespannt verfolgten sie die Nachrichten von der Oderfront. Wann würden die Russen wohl kommen? Doch die Panzerspitzen blieben am Strom stehen. Nach dem 500 Kilometer langen Vormarsch mangelte es an Benzin und Munition. Außerdem war das Eis der Oder für eine sichere Überquerung viel zu dünn. Da es anfangs auch kein schweres Brückenbaugerät gab, die deutsche Luftwaffe zudem wütende Angriffe flog, beschloss Stalin, die Stellung an der Oder in Ruhe auszubauen. Zu oft waren in der Vergangenheit gewagte Vorstöße fehlgeschlagen. Berlin war eine letzte Atempause vergönnt.

Selbst jetzt verlässt die Berliner ihr Humor nicht. Kritisch wird die Lage erst, so hört man sie sagen, wenn man mit der U-Bahn an die Ostfront fahren kann.

Hans Georg von Studnitz,
Pressereferent im
Auswärtigen Amt,
1. Februar 1945

Nachdem die ersten angstvollen Tage überstanden waren, schien die Gefahr in immer weitere Ferne zu rücken. Der Stellungsbau in der Reichshauptstadt schlief bald wieder ein, sodass der neu ernannte Stadtkommandant, Generalleutnant Hellmuth Reymann, am 7. März 1945 resigniert festhielt, dass außer einigen recht dürftigen Panzersperren nichts zu sehen sei, was darauf schließen ließe, dass Berlin eine Festung sei. Goebbels indes wollte die Ruhe vor dem Sturm mit aller Kraft nutzen. Reymann legte ein Verteidigungskonzept mit mehreren Verteidigungslinien vor, die im Uhrzeigersinn in die acht Abschnitte A bis H unterteilt waren. Abschnitt Z, der neunte Bereich in der Mitte, sollte von SS-Brigadeführer Wilhelm Mohnke mit Teilen der SS-Leibstandarte »Adolf Hitler« verteidigt werden. Rund 70 000 Arbeitskräfte wurden zusammengezogen: Männer der Organisation Todt, des Reichsarbeitsdienstes, Kriegsgefangene, Zwangsarbeiter und Berliner Zivilisten. Die meisten Berliner beäugten diese Baumaßnahmen äußerst skeptisch. Nur wenige wollten sich daran beteiligen.
Natürlich war es unmöglich, binnen weniger Wochen eine Millionenmetropole in eine Festung zu verwandeln. Außerhalb des Stadtzentrums hatten Verteidigungsanlagen allenfalls rein symbolischen

»Verteidigungsmaßnahmen völlig unzureichend« – Generalleutnant Hellmuth Reymann (im Graben) besichtigt eine MG-Stellung

Charakter. Immerhin waren sowohl der innere Verteidigungsring, der sich an den S-Bahn-Ring anlehnte, als auch die so genannte Zitadelle, die als letzte Stellung das Regierungsviertel schützte, halbwegs ausgebaut. Hier wurden alle natürlichen Hindernisse geschickt verstärkt, Panzergräben angelegt, Geschütze und Maschinengewehre in gut getarnten Stellungen eingebaut, schließlich die Brücken zur Sprengung vorbereitet. »Überall in Berlin wurden Barrikaden errichtet«, schildert Inge Deutschkron. »Aus Kinderwagen, Straßenbahnwagen, was weiß ich nicht alles. Es war völlig irre!« Schon allein wegen der mangelhaften und komplizierten Nachrichtenverbindungen war eine straff geführte Verteidigung kaum möglich. Hinzu kam die zum Teil ziemlich chaotische Versorgungslage. Die Bewaffnung der aus Volkssturmmännern, HJ, Alarm- und Ausbildungseinheiten bestehenden Besatzung von Berlin setzte sich meist aus einem Sammelsurium von Beutewaffen zusammen, für die kaum Munition vorhanden war. Das Rückgrat der Verteidigung bildeten die rund 180 Flakbatterien im Raum Berlin, die eine beachtliche Feuerkraft besaßen. Allerdings waren sie meist ortsfest nach Gesichtspunkten der Luftverteidigung eingebaut. Die Rote Armee konnte sie daher leicht umgehen und niederkämpfen. Wie mächtige Trutzburgen ragten hingegen die sechs

Über die Barrikaden sagt man, sie würden Berlin retten, denn die Russen würden sich darüber totlachen.

Hans Georg von Studnitz, Pressereferent im Auswärtigen Amt, 1. Februar 1945

Berliner Flaktürme aus dem Häusermeer. 1942 hatte man am Zoo, in Friedrichshain und Humboldthain diese bis zu vierzig Meter hohen Bunker gebaut, um den Flakschutz der Innenstadt zu gewährleisten. Unter meterdickem Beton fanden hier nicht nur militärische Kommandozentralen, sondern auch Tausende von Zivilisten Schutz vor Bomben und Granaten. Ingeburg Menz, die damals Sekretärin in einem Ingenieurbüro am Savignyplatz war, suchte bei Fliegeralarm im Zoo-Bunker Zuflucht. »Die Menschen verhielten sich dort relativ ruhig. Aber wenn die Bomben in unmittelbarer Nähe fielen, dann war das auch dort sehr stark zu spüren und alle hatten natürlich große Angst«, erinnert sich die damals zwanzigjährige Berlinerin. »Aber irgendwie richtete man sich ein.« Für Waltraud Süßmilch, die ihre Erlebnisse in den letzten Kriegstagen in ihrem Buch »Im Bunker« festhielt, war der Anhalter Bunker letzte Zufluchtsstätte. Ihre Familie war im April 1945 ausgebombt worden, dabei wurde auch der heimische Luftschutzkeller verschüttet. »Wir wissen nicht, wohin wir gehen sollen«, erklärte ihre Mutter einem der

Man lebte von Tag zu Tag, und man lebte von Alarm zu Alarm und war froh, wieder einen Bombenangriff überlebt zu haben. Der Gruß der Berliner in dieser Zeit war »Bleib übrig«, da niemand wusste, ob er den nächsten Angriff überleben würde. Das war ein wilder Lebenswille – in dieser Welt des Todes, des Schreckens und des Horrors.

Lothar Loewe,
als Hitlerjunge im
Endkampf um Berlin

»Die Russen werden sich totlachen« – Volkssturmmänner und Beamte der Verkehrsbetriebe errichten eine improvisierte Straßensperre

Uniformierten, die den Eingang des Hochbunkers bewachten. »Na, dann seht mal zu, dass ihr da noch reinkommt«, lautete seine Antwort. Anfangs hatten die Berliner noch eine Bunkerkarte vorweisen müssen, um eingelassen zu werden. Inzwischen waren es zu viele, die kein Dach mehr über dem Kopf hatten, hilflos durch die Trümmer irrten und schließlich Schutz in den Hochbunkern suchten. Waltraud Süßmilch, ihre Mutter und ihr Bruder fanden nur noch auf einem Treppenabsatz Platz. »Eigentlich ist hier nur Platz für 3000 Menschen, momentan sind es über 10 000«, klärte eine Rotkreuz-Schwester sie auf. Es stank entsetzlich, das Atmen wurde zur Qual. Die Lüftungsschächte konnten

»Man lebte von Alarm zu Alarm« – In den letzten Kriegsmonaten kamen die Berliner kaum noch aus Luftschutzkellern und Bunkern heraus

die Ausdünstungen der vielen Schutzsuchenden kaum mehr bewältigen. Auch die Toilettenanlagen waren völlig überlastet. In einer dunklen Tunnelröhre verrichteten deshalb die Menschen ihre Notdurft. Der Gestank nach Kot und Urin war beißend. Jeder der Schutzsuchenden versuchte auf seine Art, die schier endlosen Stunden im Bunker irgendwie zu überstehen. Die Jungen spielten Karten, andere flüsterten miteinander, viele schliefen vor Erschöpfung ein. Wenn sich die schweren Stahltüren nach einem Luftangriff wieder öffneten, atmeten die Menschen erleichtert auf. »Tageslicht!«, erinnert sich die damals 15-jährige Waltraud Süßmilch. »Und richtige Luft – auch wenn der Brandgeruch draußen noch heftiger geworden war.«

»Auf die Technik des Waffenhandwerks kommt es gar nicht an« – Noch im April 1945 wurden in Berlin neue Kämpfer für den »Volkssturm« rekrutiert

Die Rote Armee hatte eine gigantische Streitmacht im Raum Berlin versammelt. Drei sowjetische Armeegruppen mit insgesamt 2,5 Millionen Soldaten, 6250 Panzern, 41 000 Geschützen und Granatwerfern standen bereit. Ihnen gegenüber standen in Berlin gerade einmal 44 000 deutsche Soldaten, die durch 42 000 Volkssturmangehörige und 5000 Hitlerjungen »unterstützt« wurden. Stadtkommandant Reymann war sich nur zu sehr bewusst, dass der Kampf letztlich von regulären Verbänden der Wehrmacht und der Waffen-SS getragen werden musste. Alte Männer und Hitlerjungen würden die Rote Armee nicht lange aufhalten können. Sie mussten zwar einen Eid schwören, lieber zu sterben, »als die Freiheit und damit die soziale Zukunft des Volkes preiszugeben«, doch Lippenbekenntnisse konnten eine gute Ausbildung und Ausrüstung nicht ersetzen. So bestand die Ausbildung vieler Volkssturmkompanien lediglich darin, dass die Männer die Panzerfaust gerade einmal in die Hand genommen hatten. Die Zeitzeugin Isa Vermehren beschrieb kurz nach dem Krieg das groteske Bild, das die Volkssturmeinheiten in diesen Tagen boten: »Schulkinder im Alter von 15, 16, teils aus Potsdam, teils aus den Trecks übten sich im Potsdamer Lustgarten an Knüppeln, die das Gewehr ersetzen mussten und Papphülsen, die als Panzerfäuste dienten. Sie trugen keine Koppel mehr, sondern Stricke jeglicher Art, keine Stiefel mehr, sondern irgendein Schuhzeug ... und die meisten fanden alles wie die große Pause im Schulhof. Nicht weniger erschütternd war die Tragikomödie, die die älteren Volkssturmjahrgänge aufführten. Eine Kompanie in Hut und Mantel macht keinen Vertrauen erweckenden Eindruck, noch weniger dann, wenn sich Einarmige und Einbeinige darunter befinden.« Ungeachtet der schlechten Ausrüstung zogen vor allem die Kindersoldaten mit großer Verbissenheit in die Schlacht. Ihre Idole waren die Kriegshelden, ihr Ideal, »für Führer, Volk und Vaterland« zu sterben. »Auf einer Straße standen etwa zehn Hitlerjungen«, erinnert sich Inge Deutschkron. »Die sagten ganz stolz: ›Wir verteidigen die Straße hier.‹ Und als ich sie fragte, wie sie das zu tun gedachten, antworteten sie: ›Wir haben doch eine Panzerfaust!‹«

Für den normal denkenden Menschen war die Schlacht um Berlin ein totaler Unsinn. Das Kräfteverhältnis war derartig einseitig, dass diese Schlacht Wahnsinn war.

Bernd Freiherr Freytag von Loringhoven

General Reymann erließ in Absprache mit dem Führerhauptquartier einen grundsätzlichen Befehl zur Verteidigung Berlins, in dem er in typischer NS-Diktion davon sprach, dass jeder Häuserblock, jedes Haus, jedes Stockwerk, jede Hecke, jeder Granattrichter bis zum Äußersten zu verteidigen sei. »Es kommt gar nicht darauf an, dass jeder Verteidiger der Reichshauptstadt die Technik des Waffenhandwerks bis ins Einzelne gut beherrscht, sondern vielmehr darauf, dass jeder Kämpfer vom fanatischen Willen zum Kämpfen-Wollen beseelt und durchdrungen ist, dass er weiß, dass die Welt mit angehaltenem Atem diesem Kampf zusieht und dass der Kampf um Berlin die Kriegsentscheidung bringen kann.« Es waren die üblichen Phrasen, die Moral und Durchhaltewillen kaum mehr beeinflussen konnten. Die kommenden Wochen würden zeigen, wie viele Soldaten und Volkssturmmänner gewillt waren, den Worten Reymanns zu folgen.

»Für Führer, Volk und Vaterland« – Viele Hitlerjungen waren eine willige Kampfreserve der NS-Führung

»Eine Art Weltuntergangsstimmung« – Nach dem schweren Luftangriff am 3. Februar 1945

Während sich Goebbels abmühte, die Vorbereitungen für den letzten Akt zu treffen, versank Berlin im Bombenhagel der alliierten Luftflotten. Die Angriffe im Frühjahr 1945 übertrafen alles, was die leidgeprüfte Stadt bis dahin erlebt hatte: Am 3. Februar 1945 verwüsteten knapp 1000 amerikanische Bomber die Innenstadt und eröffneten eine Luftoffensive mit ungeahnter Vernichtungskraft. Tag und Nacht wurde die Reichshauptstadt in den nächsten Wochen angegriffen und nach und nach in eine Trümmerlandschaft verwandelt. Renate Giese erlebte die Luftangriffe damals als junge Frau. Erst Ende Januar 1945 war sie mit ihrer Schwester aus einem Mädchenpensionat in Görlitz nach Berlin zurückgekommen. »Gleich Anfang Februar fingen die Angriffe an«, erinnert sie sich. »Zuerst Nachtangriffe, ab Mitte Februar waren es beinahe mehr Tagangriffe. Wir haben uns abends kaum noch ausgezogen, denn wir mussten so schnell wie möglich in den Bunker kommen, wenn es losging. Der gepackte Koffer, alles stand da. Jeder wusste, wo er hingreifen musste. Ich hatte wahnsinnige Angst vor diesen Angriffen. Einmal wurde ich bei einem Tagangriff hysterisch. Ich fing an zu schreien: ›Ich kann nicht mehr, ich will nicht mehr!‹ Irgendjemand hat mir ein paar Ohrfeigen verpasst und dann kam einer der Hausbewohner und brachte mir ein wunderschönes Glas Cognac.« Tage und Nächte verbrachten die Berliner in diesen Frühlingswochen in Luftschutzkellern und Bunkern. »Und wenn sie dann rauskamen aus diesem Bunker und sahen, dass ihr Haus noch stand, dann kam plötzlich eine Lebensfreude auf – eine Überlebensfreude!«, schildert Renate Giese. »Wir haben herumgealbert, haben gelacht und geredet. Wir hatten wieder einen Tag überstanden!« Erst am 20. April 1945 stellten die Amerikaner ihre Luftangriffe ein. In Anbetracht der riesigen Mengen an Bomben, die auf die Stadt herabregneten, war die Zahl von rund 10 000 Toten vergleichsweise niedrig. In Berlin war, anders als etwa in Dresden, der öffentliche Luftschutz gut organisiert und es gab zahlreiche Luftschutzbunker.

Wir sind nach dem Angriff auf die Straße gelaufen und sahen, welche Katastrophe über uns hereingebrochen war. Der Himmel war nicht mehr blau, sondern tiefschwarz wegen der vielen Brände. Es war wirklich stockfinstere Nacht ... Da herrschte schon irgendwie eine Art Weltuntergangsstimmung.

Manfred Schulz,
lebte damals in Berlin

»Zwischen Wunderglauben und Daseinsangst« – Es wurde für die Berliner zunehmend schwieriger, den Alltag in der umkämpften Stadt zu meistern

Die Stimmung in der Stadt schwankte zwischen Wunschvorstellungen und Daseinsangst. Goebbels, der Meister der Propaganda, verstand es geschickt, die verzweifelte Hoffnung zu wecken, dass vielleicht doch noch nicht alles verloren sei. Immer wieder brandmarkte er die unnatürliche Koalition der westlichen »Plutokratien« mit dem »Bolschewismus« und feierte das Deutsche Reich als Retter Europas. Wenn das deutsche Volk die Waffen niederlegen würde, so Goebbels, werde Stalin ganz Ost- und Südosteuropa besetzen, es werde ein eiserner Vorhang vor dem riesigen Territorium heruntergehen, hinter dem dann die Massenabschlachtung der Völker begänne.

Im gegenwärtigen Stadium des Krieges ist die härteste Sprache auch die beste Sprache.

Goebbels, Tagebucheintrag vom 1. April 1945

Während die Beschwörungen vom bevorstehenden Bruch der feindlichen Koalition und die Ankündigung neuer Offensiven angesichts der Kriegslage immer mehr an Wirkung verloren, waren die Gräueltaten der Roten Armee in Ostdeutschland für Goebbels ein willkommenes Thema, um Soldaten und Bevölkerung zum Widerstand zu ermahnen. »Gegen diesen blutdürstigen und rachsüchtigen Feind« müsse man sich verteidigen, »mit allen Mitteln, die uns zu Gebote stehen, und vor allem mit einem Hass, der keine Grenzen kennt«. Phrasen wie »Hass ist unsere Pflicht – Rache ist unsere Tugend« oder »Die Stunde vor dem Sonnenaufgang ist die dunkelste«, ließ Goebbels

»Wir kapitulieren nie« – Mit eingängigen Parolen versuchte Goebbels' Propagandaapparat, den Durchhaltewillen zu stärken

auf die Berliner Ruinen pinseln und berauschte sich an der Vorstellung, der Roten Armee in Berlin eine Schlacht zu liefern, »wie sie einzig in der Geschichte des Krieges dastehen soll«. Alle Bemühungen, mit der Macht des Wortes die Stimmungslage aufrechtzuerhalten, waren angesichts der verheerenden Bombenangriffe und der desolaten Kriegslage indes vergebens. Eine Wende ließ sich nicht herbeireden. Die Nachrichten von der zerbrechenden Front waren deprimierend. »Wir ahnten, dass es ein schlimmes Ende nehmen würde«, schildert die Berlinerin Ingeburg Menz. »Aber die Menschen waren nicht wegen der Kämpfe in heller Aufregung, sondern wegen der Propaganda. Die Nazis haben dafür gesorgt, unsere Ängste zu schüren, ganz allein deswegen, damit der Widerstand gegen die Russen so groß wie möglich war. Und bis zuletzt haben sie uns gesagt: ›Wir haben noch eine Armee in der Hinterhand, die wird Berlin retten!‹«

Zehntausende Flüchtlinge strömten seit Ende Januar in die Stadt und brachten Hiobsbotschaften mit. Die Bevölkerung verfiel in einen lähmenden Fatalismus. »Unheimliches Gefühl, dass die Millionenstadt, fiebrig, gespannt, ermüdet, zerstört, voll heimlicher Opposition, unbefestigt, in Erwartung des Hungers, der Seuchen und des wirklichen Feindes, sich auf ihren Fall vorbereitet. Es wird ein maßloses Durcheinander geben und eine verheerende Anarchie«, beschrieb Isa Vermehren ihre Eindrücke vom Februar 1945. Im März mussten auch die großen Berliner Industriebetriebe ihre Produktion wegen des Kohle- und Materialmangels stark einschränken. Die Menschen hatten nun immer öfter frei, weil es in den Betrieben nichts mehr zu arbeiten gab. Eine tiefe Niedergeschlagenheit machte sich breit, begleitet von Schuldgefühlen und Angst. Mancher überlegte, wie er sich im schlimmsten Fall das Leben nehmen könnte. Sogar in den Bunkern kam es zu Selbstmorden. Als Waltraud Süßmilch die Waschräume im Anhalter Bunker aufsuchte, machte sie eine grausige Entdeckung. In einer der Kabinen hatten sich zwei Menschen erhängt. »Ich drehte mich um und rannte aus der Toilette«, erinnert sie sich. »Später habe ich noch öfters den Satz gehört: ›Da hat sich jemand erhängt‹ oder ›Da hat sich jemand die Pulsadern aufgeschnitten.‹« Gedanken an Aufruhr gab es kaum mehr, jeder dachte nur an seine unmittelbare Lebenswelt. »Bei äußerlich meist gelassener Haltung ist die Stimmung der Berliner doch so ziemlich auf den Nullpunkt herabgesunken. Es ist nicht die Art des Berliners, aus irgendeiner Verzagtheit heraus voreilig aufzugeben, aber man sieht im Allgemeinen keinen Ausweg mehr. Und so wird häufig verstandesgemäß gefolgert, dass die Fortsetzung des

»Düstere Scheinwelt unter Tage« – Der Eingang zum »Führerbunker« unter der Reichskanzlei

Kampfes eine unnötige Verlängerung des Blutvergießens sei«, meldete der Stimmungsbericht der Wehrmacht für Berlin am 10. April 1945. Unterdessen war Hitler entschlossen, den Kampf bis zur letzten Patrone fortzusetzen und das Reich in den Abgrund zu reißen. Für ihn hatte es immer nur Sieg oder Untergang gegeben, keinesfalls Kapitulation.
Und er war gewillt, seinen Abgang möglichst theatralisch zu gestalten. Bormann gegenüber bekannte er: »Ein verzweifelter Kampf behält seinen ewigen Wert als Beispiel. Man denke an Leonidas und seine 300 Spartaner. Es passt auf jeden Fall nicht zu unserem Stil, uns wie die Schafe schlachten zu lassen. Man mag uns vielleicht ausrotten, aber man wird uns nicht zur Schlachtbank führen können.« Damit war freilich auch die Hoffnung verbunden, dass eine Wende des Schicksals in letzter Minute möglich sei.

Es war vollkommen klar, solange Hitler am Leben war, wird gekämpft. Wir waren uns bewusst, dass er niemals aufgeben würde.
Bernd Freiherr Freytag von Loringhoven

Hitler war nach dem Beginn der sowjetischen Winter-Offensive am 16. Januar 1945 von seinem Hauptquartier Adlerhorst bei Bad Nauheim nach Berlin in die Reichskanzlei zurückgekehrt. Seine Wohnung und die Arbeitsräume waren hier noch unzerstört. Die vielen Luftangriffe zwangen ihn jedoch immer öfter in den Luftschutzbunker im Garten der Reichskanzlei, sodass er bald beschloss, ganz dorthin zu ziehen. Der Bunker war niemals für eine dauerhafte Benutzung als Hauptquartier vorgesehen, überall herrschte qualvolle Enge. Die alltäglichen Lagebesprechungen fanden fortan in einem kleinen Raum statt, in dem nur der Kartentisch und ein Stuhl für Hitler standen. »Alle anderen mussten stehen und manchmal drängten sich zwanzig Personen in den Raum, um den Vorträgen zu folgen«, beschreibt der Augenzeuge Bernd Freytag von Loringhoven die Atmosphäre. »In der stickigen Luft waren die Männer so zusammengepfercht, dass sie oft der Lageentwicklung auf den Karten gar nicht mehr folgen konnten.« Hitler selbst bewohnte nur einen kleinen Raum, der einem kleinen Schreibtisch, einem schmalen Sofa, einem Tisch und drei Sesseln Platz bot. Bezeichnenderweise hatte er hier ein Gemälde Friedrichs des Großen aufhängen lassen. Das verzweifelte Ausharren des Preußenkönigs im Siebenjährigen Krieg, dem es durch allerlei glückliche Umstände schließlich vergönnt war, den Konflikt gegen eine übermächtige Koalition doch nicht zu verlieren, war für Hitler ein häufig beschworenes Vorbild für den eigenen Kampf. So las Goebbels seinem »Führer« denn auch aus Carlyles »Geschichte Friedrichs des Großen« vor, um ihn aufzumuntern: »Tapferer König, warte noch eine kleine Weile, dann sind die Tage deines Leides vorbei, schon steht hinter den Wolken die Sonne deines Glücks und wird sich dir bald zeigen. Am 12. Februar starb die Zarin, das Wunder des Hauses Brandenburg war eingetreten.« Hitler standen die Tränen in den Augen, als er Goebbels Worten folgte. Beide suchten im Geschichtsstudium den inneren Halt,

»Im Luftreich der Träume« – Statt mit der Kriegsrealität beschäftigte sich Hitler im Bunker mit gigantischen Umbauprojekten für die Stadt Linz

um große Krisen zu bestehen. Realistischere Optionen gab es für die Führung des maroden Reiches ohnehin nicht mehr. Die Abfolge der verheerenden Niederlagen, das verzweifelte Ankämpfen gegen das Unvermeidliche, hatten Hitler schwer gezeichnet. »Er bot körperlich ein furchtbares Bild. Er schleppte sich mühsam und schwerfällig, den Oberkörper vorwärts werfend, die Beine nachziehend, von seinem Wohnraum in den Besprechungsraum des Bunkers. Ihm fehlte das Gleichgewichtsgefühl; wurde er auf dem kurzen Weg aufgehalten, musste er sich auf eine der hierfür an beiden Wänden bereitstehenden Bänke setzen oder sich an seinem Gesprächspartner festhalten. Er hatte die Gewalt über den rechten Arm verloren, die rechte Hand zitterte ständig. Die Augen waren blutunterlaufen; obgleich alle für ihn bestimmten Schriftstücke mit dreimal vergrößerten Buchstaben auf besonderen ›Führerschreibmaschinen‹ geschrieben waren, konnte er sie nur mit einer scharfen Brille lesen. Aus den Mundwinkeln troff häufig der Speichel – ein Bild des Jammers und des Grausens.« So beschrieb ein Generalstabsoffizier den Anblick Hitlers. Schon in früheren Jahren herrschte in den Hauptquartieren eine merkwürdig surreale Atmosphäre. Nun, im Bunker der Reichskanzlei, bewegte sich der Diktator vollends in einer düsteren Scheinwelt. Der Unterschied zwischen Tag und Nacht verschwamm, die letzte Lagebesprechung endete meist erst gegen sechs Uhr morgens. Vernünftige Ratschläge zur militärischen oder politischen Situation nahm er längst nicht mehr entgegen. War eine deutsche Abwehrlinie durchbrochen, kannte er hierfür nur einen einzigen Grund: Verrat, wie auch die ganze Ostfront nur durch Verrat zusammengebrochen sei.

Doch auch wenn ihm die totale Erschöpfung ins Gesicht geschrieben stand, entfaltete Hitler noch immer eine erstaunliche Suggestionskraft. Mitte März 1945 erschien der verzweifelte Gauleiter Albert Forster im Führerbunker. Die Rotarmisten standen mit einer gewaltigen Übermacht vor den Toren Danzigs und er werde Hitler die »ganze unheilvolle Wirklichkeit der Lage darstellen«, um ihn zu einer »klaren Entscheidung zu zwingen«, verkündete er im Vorzimmer. Doch schon nach wenigen Augenblicken kam er »völlig verwandelt« zurück und faselte, dass der »Führer« ihm neue Divisionen versprochen habe und er Danzig retten werde, »und da gibt's nichts zu zweifeln«.

Hitler ist zunehmend zu einem körperlichen Wrack verkommen und besaß nichts mehr von der einstigen Ausstrahlungskraft. ... Die äußerlichen Symptome seines Verfalls waren unverkennbar: das Zittern der linken Hand, das Nachziehen des linken Beins. Sein Körper war zusammengesunken und machte fast einen Buckel, dazu die ungesunde, fahle Gesichtsfarbe.

Bernd Freiherr Freytag von Loringhoven

»Zum körperlichen Wrack verkommen« – Der Diktator Ende März 1945

Ähnlich wirkte Hitler auf sein unmittelbares Umfeld, etwa auf Goebbels. Der Propagandaminister hatte sich ihm in den Tagen des Untergangs treu an die Seite gestellt. Doch anders als Hitler ging es Goebbels nicht nur um die Inszenierung des Untergangs. Der Trommler hegte noch immer die wahnwitzige Hoffnung auf eine Wende in letzter Minute. Entsprechend ernst nahm er seine Aufgabe als Bevollmächtigter für den »totalen« Kriegseinsatz, entsprechend niedergeschlagen war er über die Meldungen von der Front. Als am Abend des 13. März 1945 sein Propagandaministerium von Bomben zerstört wurde, berichtete er dem »Führer« resigniert vom feindlichen Zerstörungswerk und nutzte zugleich die Chance, wieder einmal gegen Göring zu intrigieren. Hitler aber verstand es, die Vision eines nie endenden »Dritten Reiches« aufzubauen – ganz gleich, was mit ihm selbst geschehen werde. Dieser Suggestionskraft konnte selbst Goebbels nicht widerstehen. In seiner Phantasie sah er sich bereits mit dem Hakenkreuzbanner auf den Barrikaden sterben.

»Niemals aufgeben« –
Eine der letzten
Aufnahmen Hitlers
(bei der Besichtigung
von Bombenschäden
in der Reichskanzlei)

Adolf Hitler war noch immer der Dreh- und Angelpunkt des »Dritten Reiches«. Obgleich sich im Angesicht der Niederlage Eigenmächtigkeiten seiner Paladine häuften, hielt er die Zügel in der Hand. Solange er den Willen dazu hatte, wurde weitergekämpft. Niemand in seiner engeren Umgebung hatte den Mut, offen gegen diesen Wahnsinn zu rebellieren. Keitel, Jodl, Goebbels und Bormann setzten Hitlers Befehle bis zum Schluss um und hielten die Maschinerie in Gang.

Als Roosevelt starb, wurden im Propagandaministerium Freudentänze vollführt. Alles, so verkündete Goebbels, würde sich nun ändern. Es war eine richtige Welle der Hochstimmung. Für ein paar Tage schöpften wir wieder neue Hoffnungen, bis auch dieses Flämmchen wieder erlosch.

Brunhilde Pomsel, Sekretärin im Propagandaministerium

Am Vormittag des 12. April 1945 starb in Warm Springs der amerikanische Präsident Franklin D. Roosevelt. Am Nachmittag desselben Tages gab die Berliner Philharmonie ihr Abschlusskonzert, an dem auch Speer, Dönitz und etliche andere prominente Vertreter des Regimes teilnahmen. Im Finale erklang, passend zur Lage, Wagners »Götterdämmerung«. Und als die Besucher schließlich den ungeheizten Saal verließen, verteilten Hitlerjungen am Eingang Zyankalikapseln.

Goebbels erfuhr vom Tod Roosevelts erst am frühen Morgen des 13. April. Aufgeregt erklärte er, dies sei die Wende des Krieges! Die Parallele zum viel beschworenen Mirakel des Hauses Brandenburg lag vermeintlich auf der Hand. Einer der ärgsten Feinde Hitlers war tot, nun musste die feindliche Koalition zerbrechen: »Mein Führer, ich gratuliere Ihnen. Es steht in den Sternen geschrieben, dass die zweite Aprilhälfte für uns den Wendepunkt bringen wird. Heute ist Freitag, der 13. April. Es ist der Wendepunkt.« Freudig erregt von der Botschaft ließ Hitler seine politische und militärische Entourage im Bunker versammeln. Die Vorsehung schien wieder einmal eine wundersame Fügung für ihn bereitzuhalten. »Hier! Sie wollten es nie glauben! Wer hat nun Recht?«, triumphierte er. »Das Wunder, das Friedrich den Großen 1762 rettete, kehrt wieder. Der Krieg ist nicht verloren! Lesen Sie! Roosevelt ist tot!« Noch einmal kam im Bunker Optimismus auf, Hoffnung stand in den Gesichtern – ein Moment der Selbstsuggestion. Doch der dauerte nicht lang. Bald saß Hitler »erschöpft, wie befreit und zugleich benommen in seinem Sessel; dennoch wirkte er hoffnungslos«, erinnerte sich Speer später.

Am Morgen des 16. April 1945 begann die lang erwartete sowjetische Großoffensive an der Oder. Zweieinhalb Millionen Rotarmisten setzten zum letzten Stoß an. Die deutschen Verteidiger konnten die »Dampfwalze« noch zwei Tage lang aufhalten, dann rollten die russischen Panzer unaufhaltsam nach Berlin. Am 20. April feierte Hitler seinen 56. Geburtstag. Zum letzten Mal versammelte sich die NS-Führung in der Reichskanzlei: Göring, Goebbels, Himmler, Bormann, Speer, Ley und Ribbentrop, dazu die Spitzenvertreter der drei Wehrmachtsteile. Hitler stieg aus seinem Verlies. Er nahm die Glückwünsche entgegen und plauderte mit den Gästen. »Auf Sekt« jedoch, erinnerte sich Hitlers Sekretärin Traudl Junge, »wurde verzichtet«. Die von Bombentreffern schwer beschädigte Reichskanzlei, aus der die Bilder und viele Möbel geräumt worden waren, gab der düsteren Szenerie den passenden Rahmen. Sirenen heulten pausenlos, Hitler wirkte wie »galvanisiert«. Draußen paradierte eine Abteilung der Leibstandarte »Adolf Hitler« vor ihrem Kommandeur Mohnke. In der Mittagszeit zeichnete Hitler noch einmal eine Abordnung frontbewährter Hitlerjungen aus. Mit stolzgeschwellter Brust waren die Kindersoldaten im Garten der Reichskanzlei angetreten. Der Diktator drückte ihnen die Hand und tätschelte abwesend ihre Wangen. Den Jungen entging dabei nicht, dass Hitler das Ritual

Hitler kam auf uns zu, Axmann grüßte und versicherte Hitler, dass die Jugend weiterkämpfe. »Hier sind einige tapfere, mutige Jungen«. Ich war schockiert. Hitler zitterte am ganzen Körper. Er gab mir zuerst die rechte Hand, dann auch die linke Hand. Er zitterte, auch das Gesicht zitterte. Das Einzige, was noch stark erschien, war sein Blick, der Ausdruck, sonst sah er aus wie ein Greis.

Armin Lehmann,
als Hitlerjunge in der
Reichskanzlei

»Er zitterte am ganzen Körper« – Der Diktator empfängt eine Abordnung von »frontbewährten« Hitlerjungen

»Sie stürzten sich auf alles, was sich bewegte« – Sowjetische Flugzeuge über der deutschen Hauptstadt

nur mit Mühe absolvierte. Seine linke Hand, die er hinter dem Rücken versteckte, zitterte. Mit müder Stimme richtete er Worte der Anerkennung an sie. Die NS-Entourage wartete nervös das Ende der Veranstaltung ab, um nach einer letzten Lagebesprechung schleunigst das Weite zu suchen. Mit fadenscheinigen Worten verabschiedeten sich etliche Paladine von ihrem »Führer« und flüchteten samt ihren Dienststellen in den Westen. Hitler hatte ursprünglich mit dem Gedanken gespielt, sich nach Süden auf den Obersalzberg abzusetzen und von dort den Endkampf weiterzuführen. Goebbels hatte ihn dann aber überzeugt, »ein Mann seiner Größe dürfe sich nicht in seinem Sommerhaus verkriechen«. Nur in Berlin, auf das die Augen der Welt gerichtet seien, könne ein »moralischer Welterfolg« erzielt werden. »Wie soll ich die Truppen zum entscheidenden Kampf um Berlin bewegen, wenn ich mich im gleichen Augenblick in Sicherheit bringe«, bemerkte Hitler zustimmend. Noch am 20. April 1945 befahl er, die an der Stadtgrenze gesichteten sowjetischen Verbände in einem mit allen Kräften geführten Gegenangriff zu vernichten. Doch er war längst unfähig, die militärische Lage nur halbwegs realistisch einzuschätzen. Um seinen ständigen Wutausbrüchen zu entgehen, hatte der Generalstabschef des Heeres, General Hans Krebs, schon lange kein genaues Bild der Lage mehr gezeichnet. Der »Führer des Großdeutschen Reiches« plante Offensiven mit Divisionen, die es gar nicht gab, und verkündete großspurig, »der Russe« werde die blutigste Niederlage seiner Geschichte vor den Toren Berlins erleiden. Hitler war längst zum Opfer seiner Scheinwelt geworden.

Schon gegen Abend erreichte unsere Batterie die Höhen, wir erblickten die riesige Stadt. Freude und Jubel ergriffen uns: ... Die Stunde der Abrechnung war gekommen. Wir merkten nicht einmal, wie ein Auto stoppte und unser Kommandeur, General Bersarin, ausstieg. Er begrüßte uns und befahl: »Auf die Faschisten in Berlin – Feuer!«

Nikolai Wassiljew,
sowjetischer Artillerist

Am Morgen des 21. April erreichten die sowjetischen Verbände Berlins Vororte, im Stadtzentrum schlugen die ersten Granaten ein. Hitler war in heller Aufregung und rief den Generalstabschef der Luftwaffe, Karl Koller, an. »Wissen Sie, dass Berlin unter Artilleriefeuer liegt? Das Stadtzentrum.« – »Nein.« – »Hören Sie das nicht?« – »Nein! Ich bin in Wildpark-Werder.« Hitler weiter: »Starke Aufregung in der Stadt über Artillerie-Fernfeuer. Es soll eine Eisenbahnbatterie schweren Kalibers sein. Die Russen sollen eine Eisenbahnbrücke über die Oder haben. Die Luftwaffe hat die Batterie sofort auszumachen und zu bekämpfen.« Vergebens versuchte Koller klarzustellen, dass es gar keine intakte Eisenbahnbrücke über die Oder mehr gab und der Beschuss bereits

»Endlich das Faschistennest erreicht«– Die ersten russischen Panzer rollen nach Berlin

von Feldgeschützen der vorrückenden Einheiten kam. Doch Hitler witterte hinter jedem Widerspruch Verrat, war zu einem halbwegs normalen Gespräch nicht mehr fähig. Mit aller Gewalt stemmte er sich gegen die Einsicht, dass die deutsche Verteidigung von der Roten Armee zerschlagen worden war und die Eroberung Berlins nur noch eine Frage von wenigen Tagen sein konnte. Den gesamten 21. April hatte Hitler versucht, einen Entsatzangriff unter dem SS-General Felix Steiner aus dem Raum Oranienburg zustande zu bringen. Unablässig telefonierte er, ermahnte, drohte oder befahl. Doch mit Worten ließ sich keine Streitmacht aufstellen. Die Kampfgruppe war ein zusammengewürfelter Haufen, viel zu schwach, um einen erfolgreichen Angriff vorzutragen. Steiner war sich der Lage bewusst und weigerte sich, seine Verbände in einer sinnlosen Offensive zu verheizen. Alles Befehlen, Bitten, ja Betteln von Jodl und Hitler, er möge doch angreifen, da von seinem Erfolg das Schicksal der Reichshauptstadt abhänge, konnte Steiner nicht umstimmen.

Am 22. April begann nachmittags gegen 15 Uhr die Lagebesprechung im Führerbunker. Krebs trug die Lage rund um Berlin vor. Am Nordabschnitt der Oderfront, südlich Stettin, war den sowjetischen Truppen der Durchbruch gelungen, im Süden von Berlin waren Zossen und das

Hauptquartier des Oberkommandos des Heeres verloren gegangen, im Norden waren Kämpfe im Bereich Frohnau–Pankow entbrannt, im Osten stand die Rote Armee in Lichtenberg, Mahlsdorf und Karlshorst. Der »Führer« nahm diese dramatische Entwicklung mit einer stoischen Gelassenheit hin. Dann fragte er nach Steiners Angriff. Seine Generäle antworteten nur zögerlich und ausweichend, schließlich musste Hans Krebs eingestehen, dass dieser überhaupt nicht stattgefunden hatte. Hitler schwieg und grübelte einen Moment lang – dann brach maßlose Entrüstung aus ihm heraus. Wutentbrannt sprang der »Führer« auf, warf seine Stifte über den Kartentisch, tobte und schrie. In einer nie da gewesenen Heftigkeit verdammte er die Generalität, brüllte, er sei im Stich gelassen worden, faselte von Korruption, Schwächen und Lügen. Seit Jahren sei er von Verrätern und Versagern umgeben. Er fuchtelte mit den Fäusten, Tränen rannen ihm über die Wangen. Alle Anwesenden starrten stumm und verlegen vor sich hin. Nun sei es nicht mehr möglich, sich der endgültigen Einsicht in die Niederlage zu verschließen: Unter diesen Umständen könne er nicht mehr führen,

Hauptthema der Morgenzeitungen ... ist die »Schlacht um Berlin«. Man traut seinen eigenen Augen nicht, aber die Gazetten erzählen allen Ernstes den Berlinern, die Schlacht um die Reichshauptstadt leite den großen Wendepunkt dieses Krieges ein!

Jacob Kronika,
dänischer Journalist in
Berlin, 22. April 1945

»Die Schlacht um die Stadt hat begonnen« – Sowjetische Infanteristen im östlichen Vorort Köpenick

seine Befehle würden nicht mehr befolgt, er wisse nicht mehr weiter. »Der Krieg ist verloren«, schrie er. »Aber wenn Sie, meine Herren, glauben, dass ich Berlin verlasse, irren Sie sich gewaltig! Eher jage ich mir eine Kugel durch den Kopf.« Wer wolle, könne sich nach Süden absetzen. Ermattet sank er zusammen. Erst jetzt fanden die Anwesenden ihre Sprache wieder, versuchten, ihn davon zu überzeugen, nach Berchtesgaden zu fahren. Doch Hitler lehnte ab. Die Nachricht von seinem Wutausbruch verbreitete sich in Windeseile. Auch die Versuche von Dönitz und Himmler, Hitler zur Flucht in den Süden zu überreden, schlugen fehl. Außenminister Ribbentrop wollte er erst gar nicht sehen. Mittlerweile war Goebbels in den Bunker geeilt und hatte Hitler wieder aufrichten können. Gefasst kehrte dieser in den Konferenzraum zurück. Das Ende sei jetzt da, er habe keine Hoffnung mehr. Noch einmal versuchten die anwesenden Generäle, ihrem »Führer« Mut zu machen, verwiesen auf die Armee Wenck, auf die Einheiten des Generaloberst Busse und die östlich von Dresden fechtende Heeresgruppe Mitte unter Schörner. Doch Hitler winkte ab. »Tun Sie, was Sie wollen. Ich habe keine Befehle mehr.« Er lasse sich nicht mehr weiterschleppen und hätte schon die Wolfsschanze in Ostpreußen nicht verlassen dürfen. Als wolle er sich selbst die Tragweite seiner Worte verdeutlichen, erklärte er, er werde auf den Stufen der Reichskanzlei fallen.

»Den verdammten Krieg so schnell wie möglich beenden« – Rotarmisten stürmen eine deutsche Stellung

Dann befahl er seinem Adjutanten Schaub, seine persönlichen Papiere im Garten der Reichskanzlei zu verbrennen. Goebbels zog nach dem denkwürdigen Vorfall mit seiner Frau und den sechs Kindern in den Bunker. Er hatte sich entschlossen, seinem Meister nicht von der Seite zu weichen und notfalls mit ihm in den Tod zu gehen. Auch Magda Goebbels schloss eine Flucht nach Berchtesgaden aus. Sie wollte an der Seite des von ihr so heiß verehrten »Führers« bleiben. Die Anordnung ihres Mannes, auch die sechs Kinder mit in den Tod zu nehmen, bereitete ihr unerträgliche Qualen. Doch sie fügte sich.

Hitler kam mit einem ganz ernsten, fahlen Gesicht aus der Lagebesprechung. Er rief Eva Braun und die Sekretärinnen zusammen: »Packen Sie alles zusammen, in zwei Stunden geht das letzte Flugzeug«. Eva Braun sagte: »Aber du weißt doch, dass ich bei dir bleibe«. Er ging auf sie zu und gab ihr einen Kuss, was er noch nie unter Zeugen getan hatte.

Traudl Junge,
Sekretärin im Bunker

In Berlin herrschte währenddessen Untergangsstimmung. Über der Stadt lag seit Tagen ein Feuerschein, die Feuerwehr hatte alle Versuche eingestellt, die von den ständigen Luftangriffen immer wieder angefachten Brände zu löschen. Asche und Staub wirbelten durch die Luft, russische Tiefflieger kreisten unablässig am Himmel und stürzten sich auf alles, was sich bewegte. Zerschossene und zurückgelassene Wehrmachtsfahrzeuge säumten die Straßen. Unaufhörlich heulten die Sirenen. Auf den Bahnhöfen herrschte heilloses Chaos. Zahllose Züge mit Nachschubgütern, Verwundeten und Flüchtlingen stauten sich auf den Gleisen. Nur ab und zu kam noch einer in den Westen durch. In der Stadt stellten die Betriebe endgültig die Arbeit ein, Strom und Wasser fielen immer öfter aus. Unter Androhung der Todesstrafe durfte seit dem 22. April nicht mehr mit Strom gekocht werden. Auf den Straßen türmten sich Schutt, Trümmer und Müll, ein beißender Gestank verbreitete sich. Die Berlinerin Emile Karoline Gerstenberg schrieb in ihr Tagebuch: »In der Frontstadt Berlin klingt wie Meeresbrandung der unaufhörliche Donner der Geschütze. Überfliegende russische Bomber veranlassen das Aufbrausen des Flaklärms. Das Volk hat sich schnell an alles gewöhnt. Die Schlangen vor den Geschäften rühren sich nicht von der Stelle. Wie könnte man auch seinen Platz aufgeben, den man fünf bis zehn Stunden schon behauptet hat? In den Lagerhallen sollen große Mengen Lebensmittel sein. Die Keller der Geschäftsleute sind leer. Warum, so klagen die Käufer, ist die Ware nicht früher ausgegeben? … Auf den Straßen sausen Militär und Panzerwagen, Volkssturm und Soldatentrupps marschieren. Verwundete mit notdürftigen Verbänden werden auf Lastwagen vorbeigefahren. In immer größeren Scharen ziehen Flüchtlinge westwärts.«

»Das Leben war aus den Fugen« – In der Stadt herrschte in diesen Tagen das blanke Chaos

Unter dem großen Druck der heranstürmenden sowjetischen Übermacht versuchte General Krebs, alle irgendwie verfügbaren Verbände von der zerborstenen Oderfront nach Berlin zu dirigieren. In der Stadt befanden sich nur noch zusammengewürfelte schwache Einheiten, da die kampfkräftigsten Volkssturmbataillone in den zurückliegenden Tagen zur Stärkung der Oderfront nach Osten geschickt worden waren. Schließlich gelang es sogar, die Reste von fünf Divisionen in die Stadt zu holen. Sie formierten sich in einem Kreis, der von Lichtenberg im Nordosten bis nach Zehlendorf im Südwesten reichte. Den Westen und Norden verteidigten Ausbildungseinheiten, Volkssturm und ein Hitlerjugend-Regiment. Hitler hatte am 24. April 1945 General Helmuth Weidling zum neuen Kampfkommandanten von Groß-Berlin ernannt, nachdem er ihn tags zuvor noch wegen vermeintlichen Ungehorsams erschießen lassen wollte. »Es wäre besser, wenn man mich erschossen hätte, dann wäre dieser Kelch an mir vorübergegangen«, soll er die Beförderung sarkastisch kommentiert haben. Schließlich gehorchte er aber und versuchte den Widerstand zu organisieren, was schon dadurch erschwert wurde, dass er nicht die alleinige Befehlsgewalt hatte und Hitler und Goebbels immer wieder mit eigenwilligen Anordnungen für Verwirrung sorgten.

Wie viel Mann Helmuth Weidling zur Verfügung standen, kann nur geschätzt werden. Es mögen an die 60 000 Soldaten gewesen sein mit rund fünfzig Panzern. Einer der kampfkräftigsten Verbände war die SS-Division »Nordland«, in der etliche Dänen und Norweger kämpften. Dem Verband wurden auch ein lettisches SS-Bataillon und die letzten Überlebenden der aus Franzosen rekrutierten SS-Division »Charlemagne« unterstellt. Rund 300 Mann hatten den Untergang ihrer Division an der Oder überlebt und sich bis nach Berlin durchschlagen können. Bei allem Wagemut, den gerade die fanatischen SS-Männer immer wieder unter Beweis stellten, war mit dieser Streitmacht, die zudem kaum noch Munition und Treibstoff besaß, an eine erfolgreiche Verteidigung nicht zu denken. Berlin war nicht Stalingrad, das von einer ganzen Armee verteidigt worden war. Es war also letztlich nur noch eine Frage der Zeit, dass die Verteidiger die Trümmer der Reichshauptstadt würden verloren geben müssen.

»Im Zentrum des Reiches« – Wenige Tage nach Beginn der Schlacht wurde bereits in den Innenstadtbezirken gekämpft

Wir spürten, dass wir jetzt das Faschistennest erreicht hatten, von dem aus dieser schreckliche Krieg seinen Anfang genommen hatte. Was war das für ein Gefühl! Wir wollten dem Treiben ein Ende machen! Wir wollten den verdammten Krieg so schnell wie möglich beenden.

Michail Poselskij,
sowjetischer Kriegsberichterstatter

Stalin trieb seine Truppen mit unerbittlicher Härte nach vorn, verlangte, dass zu den Feierlichkeiten des 1. Mai die Stadt eingenommen sein musste. Die Soldaten hatten für den Ehrgeiz ihrer Führung nicht mehr allzu viel Verständnis. Der Krieg war gewonnen, so viel war auch dem einfachen Rotarmisten klar. Keiner wollte so kurz vor Schluss noch sein Leben verlieren. Die Stoßtrupps gingen deshalb überaus vorsichtig vor. Sie versuchten hart verteidigte Widerstandsnester geschickt zu umgehen oder durch die Artillerie ausschalten zu lassen. Nur so ist es zu erklären, dass Berlin nicht viel schneller besetzt wurde.

In den Vororten der Hauptstadt mit ihren Gärten, Ein- und Zweifamilienhäusern war der Widerstand meist rasch gebrochen, weil die Verteidiger hier der Feuerkraft der Roten Armee fast schutzlos ausgeliefert waren. Je näher die Angriffskeile jedoch der Innenstadt kamen, desto härter wurde der Kampf. Jetzt trafen sie immer häufiger auf große natürliche Hindernisse wie den Teltow-Kanal oder die Spree, und das Stadtbild veränderte sich grundlegend. Die mehrgeschossigen Wohnblocks boten den Verteidigern ein hervorragendes Terrain für

»Unerbittlich nach vorn getrieben« – Stalin forderte von seinen Militärs die schnelle Eroberung der deutschen Hauptstadt

Angriffe aus dem Hinterhalt. Sogar den zusammengewürfelten Einheiten aus Volkssturm, Hitlerjugend und Versprengten gelang es hier, die Angreifer immer wieder in verlustreiche Gefechte zu verwickeln. Die meisten Rotarmisten hatten noch nie in einem solchen Gewirr von Straßenschluchten und Trümmerbergen gekämpft. In den Weiten Russlands hatte es kaum vergleichbare Häuserkämpfe gegeben, insbesondere nicht in den letzten Jahren. Die sowjetischen Soldaten mussten mühsam Haus für Haus, Stockwerk für Stockwerk durchkämmen. Immer wieder rückten sie dabei mit der Masse ihrer Panzer in die engen Straßenschluchten vor, wo sie zur leichten Beute wurden. Viele Hitlerjungen, die noch weniger Blick für die Kriegswirklichkeit hatten als ihr »Führer«, zogen in die Schlacht, um so viele russische Panzer wie möglich abzuschießen. Im Volksmund wurden sie »Panzerknacker« genannt. Über 800 ihrer Stahlkolosse verloren die Rotarmisten im Kampf um Berlin. Oft stellten sich den sowjetischen Soldaten 14- und 15-Jährige entgegen. Frontkameramann Michail Poselskij erinnert sich: »Man konnte ja nicht sagen, dass das Soldaten waren. Das waren Jungen, kleine Buben, Muttersöhnchen, die noch zu Hause wohnten. Das waren keine Soldaten, aber sie verhielten sich so. Sie trugen Soldatenmäntel, die an ihnen herumschlotterten, weil sie viel zu groß waren, nicht für sie gemacht.« Der desolaten Erscheinung zum Trotz kämpften diese Jungen oftmals erbittert. Der Rotarmist Wassilij Manturow erinnert sich an eine gefährliche Begegnung am Anhalter Bahnhof: »Ich selbst wurde von einem von ihnen mit der Panzerfaust beschossen und verwundet. Da hat ein kleiner Junge geschossen, ein Junge aus der Hitlerjugend-Einheit.« Auch bei ihren älteren Kameraden erweckte die Kampfbereitschaft der Jungen Erstaunen. »Die gingen mit einem Todesmut an die Panzer heran, das ist wirklich unbeschreiblich«, schildert Gerd Häffner. »Ich war damals 17, aber die waren 15 oder jünger. Ohne Rücksicht auf sich selbst gingen die in den Tod und zwangen die Russen an vielen Stellen abzudrehen. Aber dann blieben die Kinder in ihren HJ-Uniformen auf der Straße liegen – tot.«

Zu der Kampfsicherheit dieser Kriegskinder kam außerdem eine hasserfüllte Wut und Todesverachtung, die wir Erwachsenen nicht mehr aufzubringen vermochten. Geschmeidig und pfeilschnell wie Wiesel krochen und kletterten sie in die gewagtesten Stellungen, um mit einer Panzerfaust einen russischen Panzer zu zersprengen oder mit einer Handgranate einen oder einige heranschleichende Rotarmisten zu zerfetzen.

Wiking Jerk,
schwedischer SS-Mann,
über die Hitlerjungen
im Kampf um Berlin

Da die Zivilbevölkerung nicht evakuiert worden war, geriet sie nun mitten in die schweren Gefechte. »Schwere Straßenkämpfe. Viele gefal-

»Ohne Rücksicht auf das eigene Leben« – Fanatisierte Kindersoldaten wurden ohne Skrupel in die Schlacht geschickt

lene Zivilisten. Sterbende Tiere. Frauen auf der Flucht von Keller zu Keller«, notierte ein Offizier der Panzerdivision »Müncheberg« in sein Tagebuch. In einigen Bezirken hatten die Menschen Glück im Unglück, da hier kaum Widerstand geleistet wurde. Der Volkssturm trat gar nicht erst an, andere fassten sich ein Herz, nahmen übereifrigen Hitlerjungen einfach die Waffen weg, schickten sie nach Hause und beendeten den Wahnsinn. Auf den Pichelsdorfer Havelbrücken jedoch wehrten sich noch immer schlecht ausgerüstete HJ-Verbände gegen die erdrückende sowjetische Übermacht. Von den rund 5000 eingesetzten Kindersoldaten in Berlin waren jetzt nur noch wenige hundert am Leben. Völlig übermüdet und ohne Aussicht auf Ablösung kämpften sie weiter. Reichsjugendführer Arthur Axmann hatte Hitler versprochen, mit »seiner« Jugend die Brücken als möglichen Fluchtweg nach Westen freizuhalten. Es war ein Himmelfahrtskommando. Eberhard Pohlmann kämpfte damals als Hitlerjunge bei den Brücken: »Es knallte nur. Es wurde an allen Ecken und Kanten geschossen. Überall lagen Tote und Schwerverwundete. Manch einer kauerte in den Winkeln der Stahlrohre. Ich weiß noch, bei einem war der Bauch aufgerissen und alle Innereien quollen heraus. Es war furchtbar.« Mit Gewehren, Panzerfäusten und Verbissenheit hielten die Jungen die Brücken tagelang. Reinhard Appel, der damals selbst vor Ort war, ist davon über-

»Es hat doch keinen Sinn mehr« – In einigen Stadtbezirken trafen die Rotarmisten nur auf wenig Widerstand

zeugt, dass hier junge Leben sinnlos geopfert wurden: »Die Jungen hätten die Havelbrücken erfolgreich verteidigt und somit vielen Menschen die Möglichkeit zur Flucht gegeben. Das ist ein Lügenmärchen! Für wen und für was haben wir das verteidigt? Dass zum Beispiel ein Himmler, der Judenmörder Himmler, später dort entkommen konnte! Und dafür sollten wir unser Leben geben! Schlimm!«

Am 25. April trafen Schukows und Konjews Truppen nordwestlich von Potsdam zusammen. Berlin war nun vollständig eingeschlossen. Nachdem die Rotarmisten die Außenbezirke besetzt hatten, brach die einheitliche Führung der Verteidigung allmählich zusammen. Weidling verlor mehr und mehr den Überblick, die Fernmeldeleitungen waren zerstört, und Melder brauchten oft Stunden, um sich in dem Chaos der unter ständigem Artilleriebeschuss liegenden Stadt durch die Trümmerlandschaft zu kämpfen. Bernd Freytag von Loringhoven, der Adjutant von General Krebs, ließ im Berliner Telefonbuch einfach Straßen aus den umkämpften Stadtvierteln heraussuchen, dort beliebig Leute anrufen und fragen, ob die Russen schon da seien. Nachrichten von Feindsendern vervollständigten das Lagebild. Eine einheitliche Frontlinie bestand bald nicht mehr, es war kaum auszumachen, wo Freund und Feind standen. Die Schlacht zerfiel in unübersichtliche Gefechte isolierter Kampfgruppen. Im Szenario dieses Untergangs entfaltete das NS-Regime noch einmal seine ganze Terrorkraft. Aus den Kerkern des Gestapo-Hauptquartiers in der Prinz-Albrecht-Straße verschleppte man die letzten noch einsitzenden Häftlinge und erschoss sie auf einem Trümmergelände. Unter ihnen waren auch die dem deutschen Widerstand nahe stehenden Klaus Bonhoeffer und Albrecht Haushofer. Fliegende Standgerichte, Patrouillen der SS, suchten nach Deserteuren und Wehrfähigen jeglichen Alters, die sich weigerten, für den »Führer« ihr Leben aufs Spiel zu setzen. Hingerichtete, in Zivilkleidern oder in Uniformen, hingen an Laternenmasten oder Barrikaden. Tagtäglich forderte das immer noch völlig intakte Netz von Gestapo, Sicherheitsdienst und Spitzeln seinen Tribut. »Ich war zu feige, für Frau und Kind zu kämpfen. Deshalb hänge ich hier. Ich bin ein Schweinehund.« Manchmal mussten die Opfer sogar selbst den Text auf das weiße Schild schreiben, das ihnen ihre Mörder später zur Abschreckung um den Hals hängten.

An den Straßenlaternen hängen welche in deutscher Uniform, als »Feiglinge« ausgewiesen, noch in letzter Minute von fanatischen HJ-Führern und jungen SS-Leuten gehängt.

Günter Dunsbach,
als Hitlerjunge im
Endkampf um Berlin

»Unerlaubte Entfernung von der Truppe« – Standrechtliche Erschießung von Deserteuren in den letzten Kriegstagen

Auch Kindersoldaten gerieten den Häschern in die Hände. Gerade Jugendliche sollten an ihre »Pflicht« erinnert werden. Reinhard Appel, Jahrgang 1927, schildert einen Vorgang, der sich auf dem Berliner Olympiagelände zugetragen hat: »Wir haben dort an der Erschießung von sechs Soldaten teilnehmen müssen. Drei davon waren in unserem Alter. Sie wurden wegen unerlaubter Entfernung von der Truppe standrechtlich erschossen. Wir befanden uns oben auf der Höhe und mussten zuschauen, wie sie hingerichtet wurden. Da war uns klar, wie jeder, der sich von der Truppe entfernt, endet.«

In der Zwischenzeit rissen die Durchhalteparolen nicht ab. Nachdem der *Völkische Beobachter* zum letzten Mal erschienen war, ließ Propagandaminister Joseph Goebbels ein »Kampfblatt für die Verteidiger von Groß-Berlin« drucken. *Der Panzerbär* lautete sein absurder Titel. Die Inhalte indes blieben gleich: dumpfe Parolen und aufputschende Appelle an Volkssturm und Hitlerjugend.

Während die Reichshauptstadt im Straßenkampf unterging und Zehntausende den Endkampf mit ihrem Leben bezahlen mussten, ging im Führerbunker das unwirkliche Possenspiel der »Götterdämmerung« weiter. Am Abend des 23. April 1945 kam ein Telegramm Görings aus Berchtesgaden, in dem er nachfragte, ob der Entschluss Hitlers, in Berlin zu bleiben, die Anordnung vom 29. Juni 1941 in Kraft setze, wonach er selbst Hitlers Nachfolger in allen Ämtern werde, sobald dieser seiner Handlungsfreiheit beraubt sei. Die Nachrichten von Hitlers Wutausbruch einen Tag zuvor schienen diese Interpre-

»Im Tode gleich« – Deutsche und sowjetische Gefallene auf den Trümmern einer Berliner Straße

tation nahe zu legen. In ergebenem Ton erbat Göring bis 22 Uhr eine Antwort. Hitler nahm das Telegramm ruhig auf. Erst als am Abend ein zweites Telegramm eintraf, das Außenminister Ribbentrop bei Inkrafttreten der Nachfolgeregelung sofort nach Berchtesgaden beorderte, gelang es Bormann, Görings Verhalten als Verrat hinzustellen. Hitler, hoch erregt, warf Göring Faulheit und Versagen vor, nannte ihn einen »Morphinisten«, beschuldigte den Reichsmarschall des Hochverrats und enthob ihn aller Ämter. Zum Leidwesen von Goebbels und Bormann ließ er ihn jedoch nicht unverzüglich liquidieren, sondern befahl der SS-Wache auf dem Obersalzberg lediglich, ihn zu verhaften. Nach seinem Zornesausbruch sank Hitler in seinen apathischen Zustand zurück und resignierte: »Aber von mir aus. Göring kann ruhig Kapitulationsverhandlungen führen. Wenn der Krieg verloren geht, dann ist sowieso gleichgültig, wer das macht«.

Am 27. April waren die Verteidiger in einem schlauchartigen Kessel von 15 Kilometern Länge und zwei bis vier Kilometern Breite zusammengedrängt. An diesem Tag fiel auch der letzte Berliner Flughafen, Gatow, in russische Hand. Schweres Artilleriefeuer lag auf der ganzen Innenstadt und ließ die Bunker unter der Reichskanzlei erzittern. Seit nunmehr acht Tagen hausten die Berliner ohne Unterbrechungen in den Kellern, U-Bahn-Tunneln und Ruinen der Stadt. Eine einigermaßen geregelte Versorgung gab es nicht mehr. Noch schlimmer als der Hunger war der quälende Durst. Die Wasserversorgung war im Bomben- und Granatenhagel zusammengebrochen. Die Sowjets feuerten in nur zwei Wochen 40 000 Tonnen Bomben und Granaten auf die Stadt ab, Briten und Amerikaner hatten es in fünf Jahren Luftkrieg auf 65 000 Tonnen gebracht. Berlin war ein einziges Ruinenfeld. »Unter den Linden gab es schon zahlreiche Bombenkrater«, schrieb der Rundfunkkommentator Hans Fritzsche später, »und weiter nach Osten steigerte sich der Gefechtslärm. In den Straßen lagen frische Trümmer. Nur ab und zu huschten Frauen geduckt von Haus zu Haus, hier und dort liefen kleine Gruppen, notdürftiges Gepäck tragend, an den Häuserwänden entlang. Der Alexanderplatz lag verlassen da, nur der Eingang des großen Betonbunkers war von Menschen umlagert. Ein Volkssturmmann mit Armbinde, aber ohne Waffe, sagte mir, dass der Bunker nur mehrere hundert Menschen aufnehmen könne, jetzt aber mit Tausenden bevölkert sei, die unter unbeschreiblichen Bedingungen hausten. Kampflärm schallte herüber

Mein Führer! Sind Sie einverstanden, dass ich nach Ihrem Entschluss, im Gefechtsstand in der Festung Berlin zu verbleiben, gemäß Ihres Erlasses vom 29.6.1941 als Ihr Stellvertreter sofort die Gesamtführung des Reiches übernehme mit voller Handlungsfreiheit nach innen und außen? Falls bis 22.00 Uhr keine Antwort erfolgt, nehme ich an, dass Sie Ihrer Handlungsfreiheit beraubt sind. Ich werde dann die Voraussetzung Ihres Erlasses als gegeben ansehen und zum Wohl von Volk und Vaterland handeln. Was ich in diesen schwersten Stunden meines Lebens für Sie empfinde, wissen Sie, und kann ich durch Worte nicht ausdrücken. Gott schütze Sie und lasse Sie trotz allem baldmöglichst hierher kommen. Ihr getreuer Hermann Göring

Telegramm Görings an Hitler, 23. April 1945

»Das Ende rückt näher« – Russische Panzer an der Moltkebrücke in der Nähe des Reichstagsgebäudes

In der Nacht anhaltende Angriffe. ... Zunehmende Auflösungserscheinungen und Verzweiflung. Aber es hat keinen Sinn. Man darf nicht im letzten Augenblick kapitulieren und hinterher ein Leben lang bereuen, nicht durchgehalten zu haben.

Tagebucheintrag eines Ordonnanzoffiziers der Panzerdivision »Müncheberg«, 28. April 1945

und Brände flackerten in der Dämmerung. In der Danziger Straße standen zwei Soldaten, mit Panzerfäusten bewaffnet, aber die umliegenden Straßen waren übersät mit zerstörten Fahrzeugen und den Leichen von Soldaten und Zivilisten.« Noch immer hofften zahlreiche Soldaten, dass die Armee Wenck sie bald entsetzen würde. Gerüchte von Verhandlungen mit den Westmächten machten nun die Runde. Briten und Amerikaner würden nicht dabei zusehen, wie Berlin russisch werde. Man müsste nur noch 24, längstens 48 Stunden kämpfen, hieß es. Verzweifelte Hoffnungen, um dem eigenen Handeln noch einen Sinn zu geben. Aber auch die Angst vor den allgegenwärtigen Fliegenden Standgerichten trieb die Männer weiter an.

In der Innenstadt herrschte Weltuntergangsstimmung. Immer wieder waren hemmungslose Saufgelage und sexuelle Exzesse zu beobachten. »Ringsum nur Schwerverwundete, Sterbende und Leichen; ein Verwesungsgeruch, der kaum zu ertragen war. Dazwischen völlig betrunkene Uniformierte, die mit ebenso betrunkenen Frauen eng umschlungen herum lagen«, berichtete ein Zeitzeuge. Plünderungen kamen immer häufiger vor. Viele Menschen versuchten, sich irgendetwas Essbares, Alkohol oder Hausrat zu organisieren.

»Wir irrten durch die Trümmerwüste« – Immer wieder gerieten Zivilisten zwischen die Fronten des Krieges

»Zunehmende Auflösungserscheinungen« – Plünderung eines Lebensmittelgeschäfts durch Einwohner der Stadt

In den von den sowjetischen Truppen besetzten Stadtteilen begann unterdessen ein Martyrium ganz anderer Art. Die Führung der Roten Armee hatte seit April 1945 zwar versucht, dem unablässigen Morden, Plündern und Vergewaltigen einen Riegel vorzuschieben. Sie wurde die Geister, die sie einst gerufen hatte, aber nicht mehr los. Wenngleich die Exzesse in Berlin nicht mit jenen östlich der Oder zu vergleichen waren, vergewaltigten die oft betrunkenen Soldaten doch auch hier Frauen jeden Alters, raubten die Zivilbevölkerung aus, liquidierten jeden, den sie für einen SS-Mann hielten, auch wenn er nur eine Postuniform trug. Insgesamt wurden in Berlin rund 135 000 Frauen vergewaltigt. Auch die damals 18-jährige Renate Giese gehört zu den Opfern. Ende April drangen plötzlich sowjetische Soldaten in den Luftschutzbunker, in dem sich die Familie zum Schutz vor den Kämpfen versteckt hielt. »Die guckten uns alle bloß an und zeigten auf meine Mutter und mich«, erinnert sie sich an die schrecklichen Stunden. »Ich habe gar nicht einmal solche Angst gehabt. Ich meine, ich hatte wahnsinniges Herzklopfen und war verkrampft, da ich ja nicht wusste, was auf mich zukam. Die

In einem Hauseingang gab sich ein Weib einem Landser hemmungslos hin. Gegenüber waren ein alter Mann und einige Frauen damit beschäftigt, große Stücke aus einem aufgeschwollenen Pferdekadaver zu reißen. Eine Granate heulte heran. Sie warfen sich für einen Augenblick hinter den Pferdekörper und setzten gleich danach mit blutigen Händen ihre Arbeit in dem Kadaver fort. Keinen Blick widmeten sie den beiden im Hauseingang.

Wiking Jerk, schwedischer SS-Mann, über die letzten Tage in Berlin

Es hämmerte an die Tür. Wir Frauen saßen da bei Kerzenlicht, es hätte gar keinen Zweck gehabt, die Tür nicht aufzumachen. Dann kamen sie und hielten mir die Pistole vor die Brust: »Frau komm!« Ich schrie und er ließ tatsächlich von mir ab. Aber eine ganze Reihe von Frauen ist vergewaltigt worden.

Inge Deutschkron

haben uns mitgenommen in einen Nebenraum, da standen Pritschen. Ich wusste gar nicht, was ich machen sollte. Aber dann sollte ich mich hinlegen und denen ging das scheinbar nicht schnell genug, dass ich meine Hosen nicht richtig runterkriegte. Gott sei Dank war es in dem Raum dunkel!« Renate Giese hatte Glück im Unglück – 10 000 Frauen überlebten die Schändungen nicht. »Er war nicht grob, aber natürlich tat es weh. Es war ja das erste Mal. Als wir alle später wieder bei uns in dem Raum waren, haben wir uns geschämt voreinander. Wir haben gar nicht gewagt, uns in die Augen zu schauen.«

Am Abend des 28. April 1945 traf im Bunker die Reuters-Meldung ein, dass Heinrich Himmler über den schwedischen Grafen Bernadotte versuchte, Friedensverhandlungen mit den Westmächten aufzunehmen. Hitler war geschockt. Selbst Himmler, der dem SS-Orden den Leitspruch »Meine Ehre heißt Treue« gegeben hatte, fiel nun also ab. Das Versagen der »unpolitischen« Generäle, des dekadenten Göring, waren an sich nicht so schmerzlich gewesen. Der Verrat seines vermeintlich treuesten Paladins traf den Diktator jedoch ins Mark. Noch einmal ergriff zügellose Energie seinen fahlen, todgeweihten Körper. »Er tobte wie ein Verrückter, wurde purpurrot, und sein Gesicht war fast unkenntlich«, erinnert sich ein Augenzeuge.

Die Wut entlud sich an Himmlers Verbindungsmann Hermann Fegelein. Der skrupellose Karrierist und Frauenheld hatte es geschickt verstanden, sich bis ins Zentrum der Macht emporzuarbeiten. Im Osten hatte er sich durch Massenmordaktionen an der sowjetischen Zivilbevölkerung einen unrühmlichen Namen gemacht. Sein Wille, in die NS-Führung einzuheiraten, hatte nach etlichen vergeblichen Anläufen im Sommer 1944 endlich Erfolg, als er die Schwester von Eva Braun, Margarethe, ehelichte. Am 26. April 1945 war er aus dem Führerbunker verschwunden und in seiner Berliner Privatwohnung untergetaucht. Zwei Tage später wurde der völlig betrunkene Fegelein, der erklärtermaßen nicht die Absicht hatte, in Berlin zu sterben, festgenommen und in die Reichskanzlei gebracht. Als man in seinen Diensträumen Dokumente fand, die seine Mitwisserschaft an Himmlers Kapitulationsverhandlungen

Wir werden kämpfen und mit unserem Führer sterben, dem wir bis ins Grab die Treue halten. Viele werden sich von »höheren« Motiven leiten lassen. Sie opfern ihren Führer. Pfui! Was sind das für Schweine. Sie haben alle Ehre verloren.

Tagebuch Bormanns,
27. April 1945

»Todeskampf der Reichshauptstadt« – Straße um Straße wurde von der Roten Armee erobert

bewiesen, ließ der Diktator ihn kurzerhand erschießen. Auch die Bitten Eva Brauns, ihren Schwager zu verschonen, konnten ihn nicht umstimmen. »Armer, armer Adolf«, hatte sie zuvor bemerkt, »alle haben dich verlassen, alle haben dich verraten.«

Jetzt bereitete der einsame Tyrann sein Ende vor. Der Nationalsozialismus sei erledigt und werde niemals wieder auferstehen, bekannte er. Hitler gab die sorgsam gepflegte Rolle eines »Führers« auf, der nie verheiratet sein durfte. In den Morgenstunden des 29. April 1945 heiratete er seine langjährige Gefährtin Eva Braun. Ein im Volkssturm kämpfender Amtsleiter des Propagandaministeriums wurde eigens herbeigeschafft, um die Trauung zu vollziehen. Die wenigen noch verbliebenen Getreuen fanden sich anschließend zu einem »Todesfest« zusammen. Sie tranken gemeinsam Sekt und erinnerten sich an vergangene Tage.

Wir hören schon den Kanonendonner der Front. Wie du dir vorstellen kannst, schlafen wir schrecklich wenig. Aber ich bin so glücklich, besonders jetzt nahe bei ihm zu sein.

Eva Braun in einem Brief an Herta Ostermayr

Hitler diktierte um vier Uhr morgens seiner Sekretärin Traudl Junge ein Testament, in dem er das internationale Judentum für den Krieg verantwortlich machte. Er benannte eine neue Regierung mit Dönitz als Reichspräsidenten und Goebbels als Reichskanzler.

Am Abend des 29. April hatte Adolf Hitler noch einen Funkspruch an den Wehrmachtsführungsstab in Norddeutschland absetzen lassen: »Wo sind die Spitzen von Wenck und der 9. Armee?« Doch die angeordneten Entsatzaktionen waren aberwitzig. Die Reichshauptstadt erhielt in ihrem Todeskampf keine Hilfe von außen. In seinem Testament hatte Hitler geschrieben, dass er den Tod suchen werde, sobald abzusehen sei, dass die Reichskanzlei nicht mehr zu halten sei. Dieser Zeitpunkt war nun gekommen, als ihm General Weidling am Mittag des 30. April offenbarte, dass die Rote Armee in der Nähe der Reichskanzlei stehe und im Begriff sei, den Reichstag zu stürmen. Hitler nahm sein letztes Mittagessen ein und erhob sich mit den Worten: »Nun ist es so weit, es ist zu Ende.« Gegen 15.30 Uhr erschoss er sich, Eva Braun nahm Gift. Wunschgemäß verbrannte die noch im Bunker verbliebene Entourage die beiden Leichname im Garten der Reichskanzlei.

Da ich in den Jahren des Kampfes glaubte, es nicht verantworten zu können, eine Ehe zu gründen, habe ich mich nunmehr vor Beendigung dieser irdischen Laufbahn entschlossen, jenes Mädchen zur Frau zu nehmen, das nach langen Jahren treuer Freundschaft aus freiem Willen in die schon fast belagerte Stadt hereinkam, um ihr Schicksal mit dem meinen zu teilen. Sie geht auf ihren Wunsch als meine Gattin mit mir in den Tod. Er wird uns das ersetzen, was meine Arbeit im Dienst meines Volkes uns beiden raubte.

Aus Hitlers privatem Testament vom 29. April 1945

Unterdessen waren zwei Angriffe der Sowjets auf den Reichstag im wütenden Feuer der Verteidiger liegen geblieben. Erst bei Einbruch der Dunkelheit gelang es einigen Rotarmisten, einen Eingang des verbarrikadierten Gebäudes zu sprengen. In der Nacht entbrannte in völliger Dunkelheit ein erbitterter Nahkampf um jedes Zimmer. Der damals 17-jährige Ernst Bittcher erlebte die Schlacht: »Dieser Feuerüberfall war so gewaltig, dass das Mauerwerk dieses Granit-Giganten gezittert hat unter dem Beschuss. Ich habe mich in einem Keller, in einem Heizungsraum unter einer Treppe versteckt. Und dort bin ich dann von zwei Feldjägern oder SS-Leuten aufgescheucht worden: ›Du feiges Schwein, was machst du hier? Draußen verbluten deine Kameraden und du hast dich hier in Sicherheit gebracht?‹, schrien sie mich an.« Bittcher musste die Soldaten bei der Bekämpfung russischer Panzer unterstützen. »Wir hatten alle unser Gewehr im Anschlag. Und dann kam da ein russischer Panzer angefahren. Wir sahen, wie er den Turm in unsere Richtung richtete, da zog der Soldat neben mir die Panzerfaust. Als sich der Staub etwas gelegt hatte, sahen wir, dass der Panzer getroffen war. Es brannte in dem Panzer, man hörte auch Menschenstimmen, Schreie. Oben auf dem Turm des Panzers ging schließlich die Klappe auf und der Panzerkommandant kletterte heraus. Im selben Augenblick haben wir aus vier, fünf Gewehren gemeinsam abgefeuert. Dieses schlechte Gewissen, dass ich noch an einem der letzten Tage, nämlich am vorletzten Tag vor dem Zusammenbruch, diesen Panzerkommandanten erschossen habe, werde ich nie mehr los.«

Gegen Mitternacht war der Widerstand nahezu vollständig gebrochen und eine aus verdienten KPdSU-Parteigenossen zusammengestellte Mannschaft schwenkte die rote Fahne auf dem Dach des Reichstags. Diese Prozedur wurde später für die Kameras wiederholt. Schukow hatte Stalin gegenüber Wort gehalten und zum 1. Mai 1945 den Sieg verkündet.

Hitler zog mich zur Seite, er wolle mir sein Testament diktieren. Ich dachte: Jetzt ist der Augenblick der Wahrheit, jetzt erfahre ich, warum dieser Krieg so enden musste. ... Ich dachte schon beim Schreiben: Da ist ja überhaupt nichts Neues drin, keine Offenbarung, gar nichts. Keine Reue, keine Erklärung, warum er nicht kapituliert hat. Dafür der Satz, dass das deutsche Volk nicht reif war für diese Mission, die er ihm zugedacht hat. Ich dachte nur: All das Leid und das furchtbare Elend – alles umsonst.

Traudl Junge,
Sekretärin im Bunker

Ironischerweise galt den Sowjets der von Hitler stets so verachtete und im »Dritten Reich« bedeutungslose Reichstag als Sinnbild Deutschlands. Eigentlich hätte es nahe gelegen, die Reichskanzlei zu stürmen.

Nachdem General Krebs vergeblich versucht hatte, mit den Sowjets Kapitulationsverhandlungen zu führen, begingen auch Goebbels und

An der Spitze der heldenmütigen Verteidiger der Reichshauptstadt ist der Führer gefallen. Von dem Willen beseelt, sein Volk und Europa vor der Vernichtung durch den Bolschewismus zu erretten, hat er sein Leben geopfert. Dieses Vorbild »getreu bis zum Tode« ist für alle Soldaten verpflichtend.

Wehrmachtsbericht,
2. Mai 1945

seine Frau am Abend des 1. Mai Selbstmord. Ihre sechs Kinder hatten sie zuvor vergiftet. Die in der weitläufigen Reichskanzlei noch verbliebenen mehreren hundert Frauen und Männer versuchten sich nach Westen durchzuschlagen. In mehrere Gruppen aufgeteilt, brachen sie auf und versuchten in dem Gewirr der Kämpfe durch die U-Bahn-Tunnel hinter die russischen Linien zu gelangen. Im Chaos der Nacht jedoch ging der Zusammenhalt bald verloren, viele kamen um, wie Martin Bormann, der es gerade einmal bis zum Lehrter Bahnhof geschafft hatte. Oder sie gerieten, wie Mohnke, in sowjetische Gefangenschaft. Nur wenige kamen in den Westen, darunter Reichsjugendführer Arthur Axmann, zwei von Hitlers Sekretärinnen und ein Soldat des SS-Begleitkommandos von Hitler. Kurz vor dem Ende hatte dieser in den Räumen der Reichskanzlei seine Verlobte geheiratet und versuchte nun, der russischen Gefangenschaft zu entgehen. »Nach Hitlers Tod waren wir irgendwie erlöst. Es hatte niemand mehr Befehlsgewalt über uns. Wir konnten

»Die rote Fahne im Zentrum des Reichs« – Der Reichstag galt der sowjetischen Führung als Sinnbild Deutschlands

»Hitler ist tot« – General Krebs vor den Waffenstillstandsverhandlungen mit den Sowjets am 1. Mai 1945

tun und machen, was wir wollten«, berichtet der ehemalige Soldat. »Ich hatte ein nagelneues Sturmgewehr, den Brotbeutel voll Handgranaten, drei Pistolen und die Tasche voll Zigaretten und außerdem noch einen Teelöffel als Souvenir. Wir krochen aus der Reichskanzlei raus und sind dann am Hotel Kaiserhof in die U-Bahn eingestiegen. Hier unten war alles leer. Je näher wir Richtung Friedrichstraße kamen, desto lauter hörten wir das Klirren der russischen Panzer über uns. Dann erreichten wir den U-Bahnhof Friedrichstraße. Als wir wieder an die Oberfläche stiegen, standen wir vor einer Hölle, einem Inferno. Überall Feuer, Schüsse, Schreie, Mord und Tod, Leichen und Verwundete. Im mörderischen Feuer der Russen blieben wir liegen, krochen zurück in die U-Bahnschächte, die völlig überfüllt waren mit angstvoll dreinschauenden Zivilisten.« Im Führerbunker blieben nur die Generäle Burgdorf und Krebs zurück. Als die ersten sowjetischen Soldaten die Treppen zu Hitlers düsterem Verlies hinunterstiegen, fanden sie die Leichen der beiden am Kartentisch lehnend, vor sich halb geleerte Flaschen Kognak. Sie hatten sich erschossen.

Hitlers Tod war für uns wie das Ende eines Zustands der Massenhypnose. Plötzlich entdeckten wir in uns wieder eine unbezwingbare Lust zu leben, wir selbst zu werden, menschliche Wesen zu sein.

Traudl Junge,
Sekretärin im Bunker

Am 30. April hat der Führer Selbstmord begangen und damit alle, die ihm Treue geschworen haben, im Stich gelassen. Getreu dem Befehl des Führers wart ihr, deutsche Soldaten, bereit, den Kampf um Berlin fortzusetzen, obwohl eure Munition zur Neige ging und die Gesamtlage den Widerstand sinnlos machte. Ich ordne die sofortige Einstellung jeglichen Widerstandes an. Jede Stunde, die ihr weiterkämpft, verlängert die entsetzlichen Leiden der Zivilbevölkerung und unserer Verwundeten. Im Einvernehmen mit dem Oberkommando der sowjetischen Truppen fordere ich euch auf, sofort den Kampf einzustellen.

Kapitulationsaufruf
General Weidlings,
2. Mai 1945

Die Reste der SS-Division »Nordland« hatten mit ihren letzten Fahrzeugen in derselben Nacht noch einen verzweifelten Ausbruchsversuch über die Weidendammer Brücke unternommen und waren dann von den Sowjets zusammengeschossen worden. Den sinnlosen Versuch, der Gefangenschaft zu entkommen, bezahlten die meisten Teilnehmer dieses Himmelfahrtskommandos mit dem Leben. Endlich hatte Stadtkommandant General Weidling ein Einsehen und war bereit, den Kampf einzustellen. Da zu den meisten versprengten Einheiten keine Verbindung bestand, einigte er sich mit dem Sowjet-General Wassilij Tschuikow darauf, am Morgen des 2. Mai einen Aufruf zur Niederlegung der Waffen über Lautsprecherwagen in den Ruinen zu verkünden. In dem Chaos kapitulierten indes nicht alle Soldaten – sei es, weil sie den Durchsagen misstrauten oder weil sie nicht bereit waren, aufzuhören. Schließlich ebbten die Kämpfe dennoch ab. Aus Bunkern, Ruinen und Tunneln krochen die Überlebenden. In langen Schlangen sammelten sich die

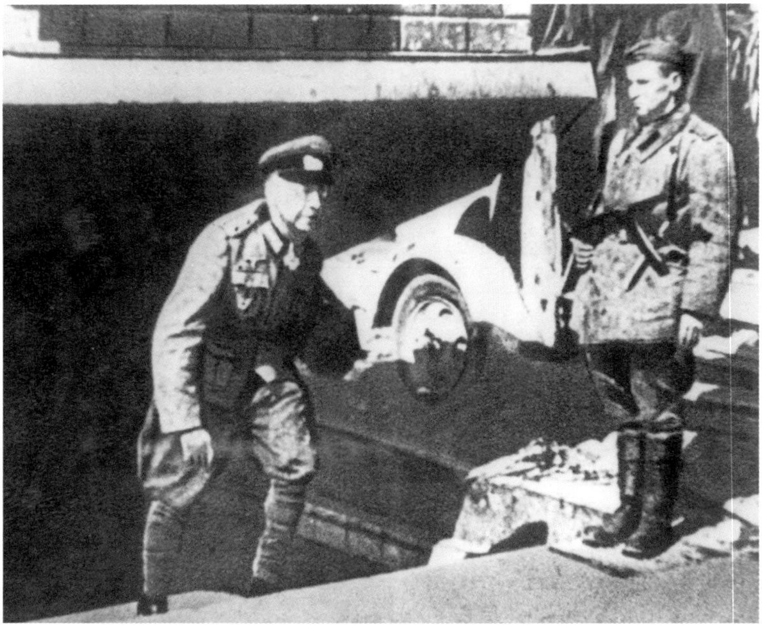

»...fordere ich euch auf, den Kampf einzustellen« – General Weidling verlässt nach der Kapitulation den Bunker unter der Reichskanzlei

»Der Krieg ist aus« – Rotarmisten feiern den Sieg über Hitlerdeutschland

Gefangenen. Das Schießen hörte auf, die Brände erloschen. »Eines Tages war plötzlich Stille. Eine wahnsinnige Stille, eine Stille, die man hören konnte«, schildert Ingeborg Deutschkron. »Ich sagte zu meiner Mutter: ›Hörst du, es ist ganz still! Du, ich glaube, das ist der Frieden!‹« Euphorisch feierten die Rotarmisten auf den Straßen ihren Sieg. Die Schlacht war zu Ende. »Ich weiß noch, dass ich mich hingestellt habe und gesagt habe: ›Das war das Schlimmste, was wir je erlebt haben‹«, erinnert sich Renate Giese. »Schlimmer kann es nicht mehr kommen. Jetzt kann uns nichts mehr passieren.«

Der Wind hat sich gedreht. Der Rauch von den brennenden Ruinen der Millionenstadt ist weggeweht, es ist, als sollte Anti-Jerusalem ganz ausgebrannt, erschlagen sein. Es gibt kein Berlin, es gibt kein Deutsches Reich mehr. Es gibt nur noch Millionen von staatenlosen Deutschen, die die Sklavenketten schleppen müssen, die Hitler ihnen geschmiedet hat.

Theo Findahl, norwegischer Journalist, 9. Mai 1945

Literaturverzeichnis

Allgemein

Benz, Wolfgang (Hrsg.): *Die Vertreibung der Deutschen aus dem Osten. Ursachen, Ereignisse, Folgen.* Frankfurt/Main 1985.

Böddeker, Günter: *Die Flüchtlinge. Die Vertreibung der Deutschen im Osten.* München/Berlin 1995.

Duffy, Christopher: *Der Sturm auf das Reich. Der Vormarsch der Roten Armee 1945.* München 1994.

Hubatsch, Walter (Hrsg.): *Hitlers Weisungen für die Kriegsführung 1939-45. Dokumente des Oberkommandos der Wehrmacht.* Koblenz 1983.

Knopp, Guido: *Die große Flucht. Das Schicksal der Vertriebenen.* München 2001.

Le Tissier, Tony: *Durchbruch an der Oder. Der Vormarsch der Roten Armee 1945.* Frankfurt am Main/Berlin 1995.

Le Tissier, Tony: *Der Kampf um Berlin 1945. Von den Seelower Höhen zur Reichskanzlei.* Berlin 1997.

Scherstjanoi, Elke (Hrsg.): *Rotarmisten schreiben aus Deutschland. Briefe von der Front (1945) und historische Analysen.* München 2004.

Zayas, Alfred M. de: *Anmerkungen zur Vertreibung der Deutschen aus dem Osten.* Stuttgart 1993.

Zeidler, Manfred: *Kriegsende im Osten. Die Rote Armee und die Besetzung Deutschlands östlich von Oder und Neiße 1944/45.* München 1996.

Die Schlacht um Ostpreußen

Dieckert, Kurt / Grossmann, Horst: *Der Kampf um Ostpreußen. Der umfassende Dokumentarbericht über das Kriegsgeschehen in Ostpreußen.* Stuttgart 1994.

Dohna-Schlobitten, Alexander Fürst zu: *Erinnerungen eines alten Ostpreußen.* Berlin 1989.

Fisch, Bernhard: *Nemmersdorf, Oktober 1944. Was in Ostpreußen tatsächlich geschah.* Berlin 1997.

Hauschild, Reinhard: *Flammendes Haff.* Schnellbach 2001.

Hoßbach, Friedrich: *Schlacht um Ostpreußen. Aus den Kämpfen der deutschen 4. Armee um Ostpreußen in der Zeit vom 19.7.1944 - 30.1.1945.* Überlingen 1951.

Jackiewicz-Garniec, Malgorzata / Garniec, Miroslaw: *Schlösser und Gutshäuser im ehemaligen Ostpreußen (Polnischer Teil). Gerettetes oder verlorenes Kulturgut?* Olsztyn 2001.

Kopelew, Lew: *Aufbewahren für alle Zeit!* Göttingen 2002.

Lehndorff, Hans Graf von: *Ostpreußisches Tagebuch. Aufzeichnungen eines Arztes aus den Jahren 1945-1947.* München 1995.

Möllenkamp, Werner: *Die letzte Nacht muss man wachen. Schicksalstage in Ostpreußen.* Limburg/Lahn 1997.

Morgenstern, Erika: *Überleben war schwerer als Sterben. Ostpreußen 1944-1948.* München 2004.

Die Eingeschlossenen

Beckherrn, Eberhard / Dubatov, Alexej: *Die Königsbergpapiere. Schicksal einer deutschen Stadt. Neue Dokumente aus russischen Archiven.* München 1994.
Deichelmann, Hans: *Ich sah Königsberg sterben. Aus dem Tagebuch eines Arztes.* Minden 1995.
Ewert, Erna / Pollmann, Marga / Müller, Hannelore: *Frauen in Königsberg 1945-1948.* Bonn 1998.
Hoppe, Bert: *Auf den Trümmern von Königsberg. Kaliningrad 1946-1970.* München 2003.
Knopp, Guido: *Das Bernsteinzimmer. Dem Mythos auf der Spur.* Hamburg 2003.
Lasch, Otto: *So fiel Königsberg.* Stuttgart 2002.
Lehndorff, Hans Graf von: *Ostpreußisches Tagebuch. Aufzeichnungen eines Arztes aus den Jahren 1945-1947.* München 2003.
Morgenstern, Erika: *Überleben war schwerer als Sterben. Ostpreußen 1944-1948.* München 2004.
Schön, Heinz: *Im Heimatland in Feindeshand. Schicksale ostpreußischer Frauen unter Russen und Polen 1945-1948. Eine ostdeutsche Tragödie.* Kiel 1998.
Wieck, Michael: *Zeugnis vom Untergang Königsbergs. Ein Geltungsjude berichtet.* Heidelberg 2001.

»Die Russen kommen!«

Ahlfen, Hans von / Niehoff, Hermann: *So kämpfte Breslau. Verteidigung und Untergang von Schlesiens Hauptstadt.* München 1959.
Eitner, Hans-Jürgen: *Kolberg: Ein preußischer Mythos 1807/1945.* Berlin 1999.
Gleiss, Horst G.W. (Hrsg.): *Breslauer Apokalypse 1945. Dokumentarchronik vom Todeskampf und Untergang einer deutschen Stadt und Festung am Ende des Zweiten Weltkrieges.* Rosenheim 1986 ff.
Guderian, Heinz: *Erinnerungen eines Soldaten.* Stuttgart 1979.
Kohlase, Fritz: *Brennendes Oderland; 4 Bände.* Sehnde 1998 ff.
Lakowski, Richard / Büll, Hans-Joachim: *Lebenszeichen 1945. Feldpost aus den letzten Kriegstagen.* Leipzig 2002.
Lindenblatt, Helmut: *Pommern 1945: Eines der letzten Kapitel in der Geschichte vom Untergang des Dritten Reiches.* Leer 1993.
Otto-Sprunck, Arnulf: *Die Zeit war aus den Fugen. Pommern 1945. Bericht eines Kösliner Jungen. Kommentare.* Hamburg 1996.
Schieder, Theodor (Hrsg.): *Die Vertreibung der deutschen Bevölkerung aus den Gebieten östlich der Oder-Neiße; Band 1.* Bonn 1954.
Voelker, Johannes: *Die letzen Tage von Kolberg (4.-18.3.1945).* Hamburg 1995.

Die Todesfalle

Gellermann, Günther W: *Die Armee Wenck – Hitlers letzte Hoffnung. Einsatz und Ende der 12. deutschen Armee im Frühjahr 1945.* Koblenz 1997.
Genscher, Hans-Dietrich: *Erinnerungen.* Berlin 2000.
Henke, Klaus-Dietmar: *Die amerikanische Besetzung Deutschlands.* München 1996.
Kehlenbeck, Paul: *Schicksal Elbe. Im Zweifrontenkrieg 1945 zwischen Heide, Harz und Havelland. Ein Bericht nach alten Tagebüchern.* Frankfurt/Main 1993.
Koschan, Heinz: *Der Hölle entronnen.* Schkeuditz 2001.

Lakowski, Richard: *Seelow 1945. Die Entscheidungsschlacht an der Oder.* Berlin 1999.
Lakowski, Richard / Stich, Karl: *Der Kessel von Halbe 1945. Das letzte Drama.* Berlin 1997.
Maerz, Jürgen (Hrsg.): *Wir waren damals 19. 50 Jahre 8. Mai in und um Frankfurt. Berichte, Dokumente, Recherchen, Tagebücher, Erinnerungen, Gespräche. Ein Lesebuch.* Frankfurt/Oder 1995.
Popel, Nikolaj: *Vor uns liegt Berlin.* Klitzschen 2004.
Ramm, Gerald: *Gott mit uns. Kriegserlebnisse aus Brandenburg und Berlin.* Woltersdorf/Schleuse 2000.
Schulze, Lothar: *Der Kessel Halbe-Baruth-Radeland. Der Durchbruch zur Armee Wenck im April 1945.* Wölfersheim-Berstadt 2002.
»Um Beelitz harter Kampf.« *1945 Das Jahr zwischen Krieg und Frieden in Beelitz und Umgebung.* Beelitz 1999.
Voss, Klaus / Kehlenbeck, Paul: *Letzte Divisionen 1945. Die Panzerdivision Clausewitz. Die Infanteriedivision Schill.* Schleusingen 2000.

Das Ende in Berlin

Beevor, Antony: *Berlin 1945. Das Ende.* München 2002.
Erickson, John: *The Road to Berlin.* New York 1983.
Fest, Joachim: *Der Untergang. Hitler und das Ende des Dritten Reiches.* Berlin 2002.
Fröhlich, Elke (Hrsg.): *Die Tagebücher von Joseph Goebbels; Band 15: Januar bis April 1945.* München u.a. 1995.
Kuby, Erich: *Die Russen in Berlin 1945.* Rastatt 1988.
Schäfer, Hans Dieter (Hrsg.): *Berlin im Zweiten Weltkrieg. Der Untergang der Reichshauptstadt in Augenzeugenberichten.* München/Zürich 1991.
Tieke, Wilhelm: *Das Ende zwischen Oder und Elbe. Der Kampf um Berlin 1945.* Stuttgart 1995.

Personenregister

Ortsregister

Bildnachweis

AKG-Images, Berlin:
254
Bayerische Staatsbibliothek München:
24, 71, 88, 122, 189, 233, 234/235
Bildarchiv Preussischer Kulturbesitz, Berlin:
17, 39, 96, 130, 149, 151, 156/157, 163, 182/183, 185, 188, 214, 226, 238, 246, 252, 253, 255
Bundesarchiv, Koblenz:
23, 26, 36, 41, 67, 83, 84/85, 86, 89, 92, 94, 98, 109, 116, 124, 125, 134, 136, 141, 146, 147, 153, 161, 170, 177, 178, 193, 194/195, 203, 220, 221, 244, 245, 263
Interfoto, München:
93, 112, 126, 142, 174, 260
National Archives, Washington:
208/209, 210/211
Picture Alliance, Frankfurt/M.:
6, 21 (oben), 22, 28/29, 31, 42, 44, 46, 49, 50/51, 55, 56, 60, 91, 100/101, 103, 105, 106, 108, 113, 114, 118, 120, 135, 138/139, 152, 154, 158, 160, 168, 175, 186, 192, 198, 200, 206, 218, 223, 228, 240, 241, 242, 249, 257, 261, 262
SV-Bilderdienst, München:
15, 34, 47, 54, 62, 72, 77, 111, 121, 128, 148, 167, 171, 180, 222
Ullstein Bild, Berlin:
2, 11, 12, 18, 20, 21 (unten), 33, 52, 58, 64, 65, 68, 70, 74/75, 76, 78, 79, 80, 82, 97, 132, 144, 164, 165, 172, 176, 179, 184, 190, 197, 201, 204, 213, 216, 225, 227, 230, 231, 237, 248, 251
Privatarchiv:
14, 37, 61, 90, 133, 150

Wir danken allen Rechteinhabern für die freundliche Erlaubnis zum Abdruck der Abbildungen. Trotz intensiver Bemühungen war es nicht möglich, alle Rechteinhaber zu ermitteln. Wir bitten diese, sich an den Verlag zu wenden.

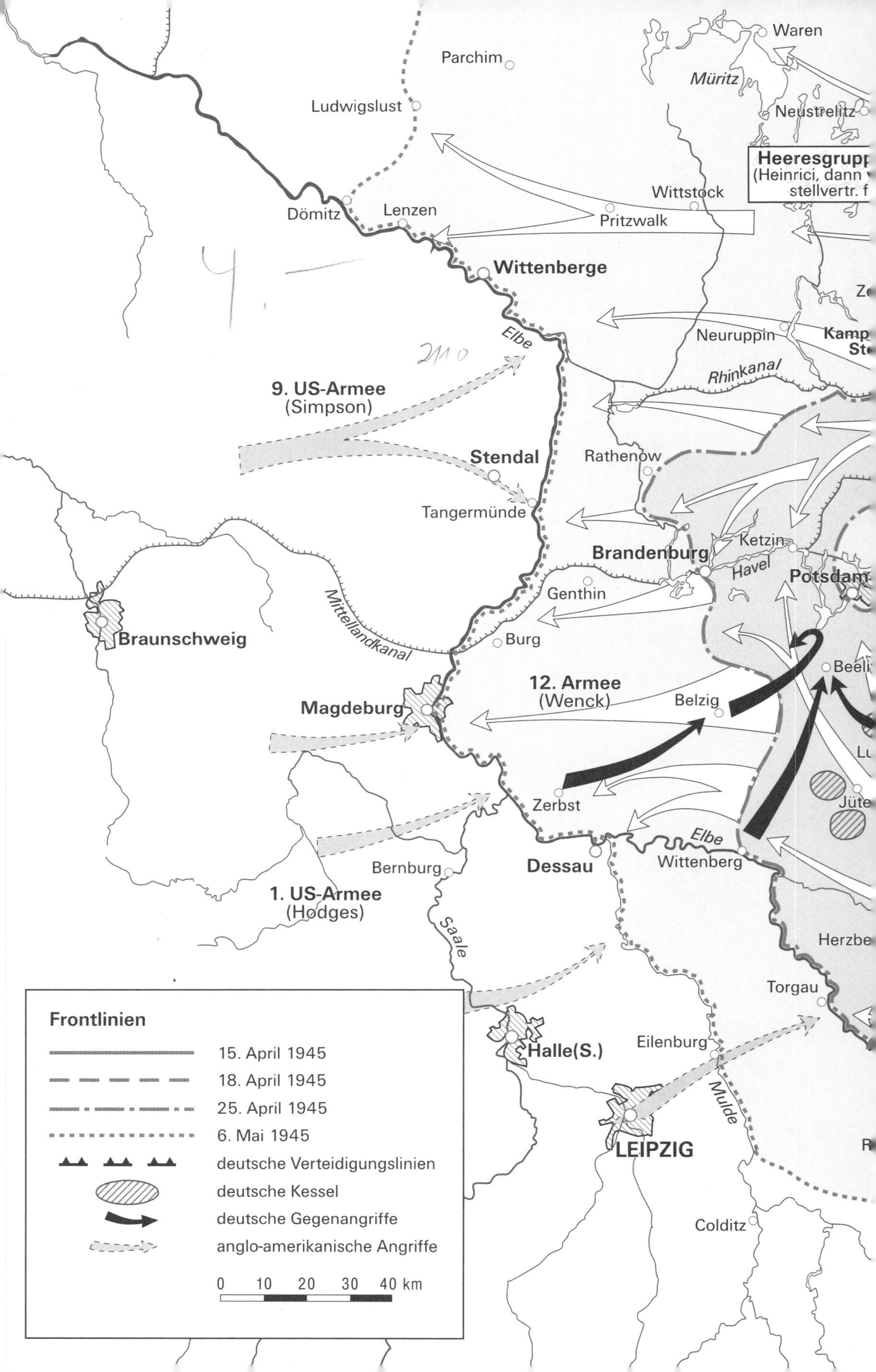

Waren
Parchim
Müritz
Neustrelitz
Ludwigslust
Heeresgrupp
(Heinrici, dann
stellvertr. f
Wittstock
Dömitz
Lenzen
Pritzwalk
Wittenberge
Elbe
Neuruppin
Rhinkanal
9. US-Armee
(Simpson)
Stendal
Rathenow
Tangermünde
Brandenburg
Ketzin
Havel
Potsdam
Genthin
Mittellandkanal
Braunschweig
Burg
12. Armee
(Wenck)
Belzig
Magdeburg
Zerbst
Elbe
Wittenberg
Dessau
Bernburg
1. US-Armee
(Hodges)
Saale
Torgau
Eilenburg
Halle(S.)
Mulde
LEIPZIG
Colditz
Frontlinien
15. April 1945
18. April 1945
25. April 1945
6. Mai 1945
deutsche Verteidigungslinien
deutsche Kessel
deutsche Gegenangriffe
anglo-amerikanische Angriffe
0 10 20 30 40 km